THE PERSUASION SHIFT

설득의 역전

정허로 지음

박영사

이 책을 읽는 독자에게

1. '흩어진 현상'을 관통하는 단 하나의 법칙, 설득의 역전

TV 광고 한번 하지 않은 D2C 뷰티 브랜드는 어떻게 시장의 강자를 위협하게 되었을까? 막대한 광고 예산 없이도 테슬라는 어떻게 팬덤을 만들고 있을까? 넷플릭스는 어떻게 시청자 데이터만으로 초대형 히트작을 만들어냈을까? 아무도 주목하지 않던 아마존베이직스는 어떻게 수많은 전문 브랜드를 위협하는 거인이 되었을까?

언뜻 보기에 이 모든 성공은 서로 다른 산업에서 벌어지는 별개의 사례처럼 보입니다. 그런데 자세히 들여다보면, 이들에게는 공통된 패턴이 있습니다. 바로 기존의 '설득 방식'을 완전히 뒤바꿨다는 것입니다. 이 책은 여기서 출발합니다. 겉으로는 전혀 달라보이는 성공 사례들 속에서 '설득의 역전'이라는 거대한 흐름을 발견해낸 것입니다.

문제는 이런 변화의 핵심을 이해하는 기업과 그렇지 못한 기업 사이의 격차가 점점 벌어지고 있다는 점입니다. 많은 기업들이 이 거대한 변화를 감지하지 못한 채 여전히 과거의 성공 방식에 머물러 있습니다. '우리도 변해야 한다는 건 알겠는데, 정확히 무엇을 어떻게 바꿔야 할까?' - 실무자들의 진짜 고민은 바로 여기에 있습니다.

이 물음은 전략, 실행, 역할이라는 세 가지 층위를 모두 재설계해야 하는 전환의 문제입니다.

- **전략적 차원**: AI 시대에 브랜드의 '감성'은 데이터와 어떻게 연결해야 하는가?
- **실행적 차원**: 고객 여정, 광고 제작, 조직 구성, 예산 투입은 AI 시대에 어떻게 '한꺼번에' 바뀌어야 하는가?
- **역할적 차원**: AI가 마케팅의 판을 바꾸는 상황에서 마케터는 무엇을 해야 하는가?

이 책은 바로 이런 실무적 고민에 체계적으로 답하기 위해 쓰였습니다. 개별 전술을 나열하는 대신, 모든 활동을 관통하는 전략적 지도, 즉 '설득의 역전' 프레임워크를 제시합니다. 이를 통해 여러분은 흩어진 현상들을 하나의 일관된 관점에서 이해하고, AI 시대에 맞는 새로운 마케팅 시스템을 구축하는 구체적인 청사진을 얻게 될 것입니다.

예를 들어 '데이터 내러티브'는 '진정성 있는 스토리텔링'이라는 막연한 목표를 AI가 검증하고 신뢰할 수 있는 '성과, 경험, 가치, 신뢰, 영향력'의 5가지 데이터 서사 구조로 구체화합니다. 마찬가지로 '광고비에서 AI추천비로'는 단순한 예산 항목의 변화를 넘어 AI의 신뢰를 얻기 위한 투자가 무엇인지 세부 항목별로 정의합니다.

더 나아가 이 책은 독자가 실제 행동에 옮길 수 있도록 돕는 구체적인 행동 가이드를 부록으로 제공합니다. AI의 기술적 작동 원리에 대한 심층 해설부터 당장 실무에 적용할 수 있는 브랜드 데이터 전환 가이드, 그리고 마케터 스스로의 역량을 진단하고 성장 계획을 세울 수 있는 워크북까지, 이론을 현실로 바꾸는 실용적인 도구들을 풍부하게 담았습니다.

2. 새로운 역할 정의: 시인에서 건축가로

'마케터는 건축가가 되어야 한다'와 '브랜드는 설계의 대상이다'라는 주장은 추상적인 비유로 끝나지 않습니다. 책 전체가 이 개념을 구체적인 '설계도'와 '건축 자재'로 증명하고 있기 때문입니다.

'건축가'는 단순한 비유가 아닌, 새로운 역할 정의입니다

과거 '시인'으로서의 마케터는 완성된 제품에 감성적인 이야기를 입히는 역할을 해 왔습니다. 반면 '건축가'로서의 마케터는 근본적으로 다른 방식으로 일합니다.

건축가 마케터는 제품 개발 초기부터 AI가 이해할 수 있는 데이터 구조를 설계하고, 고객의 숨겨진 질문을 분석하며, AI 알고리즘의 작동 방식을 해석합니다. 이를 통해 브랜드라는 건물을 새롭게 짓는 것입니다. 이 책은 이러한 새로운 직무들을 구체적으로 정의하고 실행 가능한 방법론을 제시합니다.

설계 대상으로서의 브랜드는 '살아있는 유기체'를 의미합니다

과거의 브랜드는 그 이미지가 한 번 정해지면 잘 바뀌지 않는 '관리 대상'이었습니다. 그러나 이 책이 말하는 브랜드는 고정된 존재가 아닙니다.

'애자일 브랜딩' 장에서 설명하듯, 이는 끊임없이 실험하고 실패로부터 학습하며 시장의 변화에 실시간으로 적응하는 '동적 평형' 상태의 유기체가 되어야 합니다.

3. 어떤 독자가 이 책을 읽어야 하는가?

다음과 같은 고민을 하는 분들에게는 특히 '유레카'의 순간을 선사할 것입니다.

- **통합적인 전략 프레임이 없어 답답했던 CMO, 마케팅 책임자**: 여러 트렌드를 접했지만 "그래서 이걸 어떻게 우리 회사 비즈니스에 맞게 하나의 그림으로 꿰어야 할지"가 막막했던 분들에게는 명확한 '지도'가 되어 줄 것입니다.
- **자신의 역할과 미래에 대해 고민하는 브랜드 매니저 및 마케팅 리더**: 기존의 감성 캠페인만으로는 성과가 나지 않고, 데이터 기반의 성과 분석에 어려움을 느끼며 자신의 역할이 어떻게 변해야 할지 고민하는 분들에게는 새로운 '나침반'을 제공할 것입니다.
- **대기업과 경쟁해야 하는 스타트업 창업자**: 막대한 광고 예산 없이 데이터와 시스템의 힘으로 시장의 규칙을 바꾸고 싶은 분들에게는 날카로운 '무기'가 될 수 있습니다.

다만, 만약 최신 AI 마케팅 툴 사용법이나 즉각적인 성과를 내는 '꿀팁'을 기대하신다면, 이 책은 다소 무겁고 관념적으로 느껴질 수 있습니다. 이 책은 '전술'보다는 '전략'을, '방법'보다는 '관점'의 전환을 이야기하기 때문입니다.

이 책은 'AI 시대의 마케팅'이라는 안갯속에서 방향을 잃은 마케터들에게 '지금 우리가 어디에 있고, 어디로 가야 하며, 어떻게 가야 하는지'를 보여주는 체계적인 항해술이 될 것입니다. 독자들이 이 책을 통해 자신의 생각을 정리할 수 있게 된다면 글쓴이로서 큰 영광이자 보람이 될 것입니다.

설득의 역전
The Persuasion Shift

차례

들어가며　브랜드의 새로운 도전　　　　　　　　　　　2
일러두기　　　　　　　　　　　　　　　　　　　　　9

1부　성공 공식의 붕괴 · 11

1장　AI, 새로운 설득의 대상　　　　　　　　　　　14
2장　제품에서 문제해결로: 니즈 중심 포지셔닝　　　24
3장　Purpose 경제 시대의 브랜드　　　　　　　　　42

2부　브랜드 구조 설계의 시대 · 55

4장　구조적 신뢰: 증명하고 측정하는 자산　　　　　58
5장　브랜드 스토리에서 브랜드 데이터로　　　　　　70
6장　커뮤니티에서 네트워크로: 연결된 브랜드의 힘　84
7장　압축과 대화: 새로운 고객 여정　　　　　　　 100
8장　AI 시대, 광고창작의 르네상스　　　　　　　　110

3부　실전 마케팅의 재설계 · 123

9장　광고비에서 AI추천비로: 마케팅 투자의 변화　 126
10장　브랜드 언어 전환: AI 시대의 이중 언어 전략　138

11장	애자일 브랜딩: 실험하고 학습하는 브랜드	150
12장	시인에서 건축가로: 브랜드 조직의 재탄생	162
13장	윤리적 브랜드: AI 시대의 책임	172

4부 브랜드의 미래 설계 · 183

14장	미래 설계도: 2030년 브랜드의 미래	186
15장	"설득의 역전"을 향한 21개의 질문	196

맺으며	건축가로서 내딛는 첫걸음	228

부록 A	AI는 브랜드를 어떻게 이해하는가? (기술편)	232
부록 B	AI 시대, 브랜드 언어 전환 실무 가이드	244
부록 C	AI 시대, 브랜드 매니저를 위한 워크북	254
부록 D	브랜드 AI 페르소나 설계 알고리즘	260
부록 E	설계의 대상, 브랜드	266
부록 F	낙인에서 시스템까지 – 브랜드 정의의 변천사	270
부록 G	용어집	276

들어가며

브랜드의 새로운 도전

마케터의 밤잠을 설치게 하는 현실

한 대기업 브랜드 매니저의 경험을 종합해 보면 다음과 같은 상황이 펼쳐진다. 20년간 샴푸 시장의 최강자로 군림해 왔던 대표 브랜드의 온라인 매출이 급감했다. 그런데 더 충격적인 사실은, 그 자리를 차지한 것이 경쟁 대기업이 아니라 TV 광고 한 번 본 적 없는 D2C 스타트업 브랜드라는 점이었다.

이런 현상이 일어나는 이유는 무엇일까? 바로 고객들이 더 이상 특정 브랜드명을 검색하지 않기 때문이다. 대신 AI 에이전트에게 "기름기 많은 머리에 좋은 샴푸 추천해 줘"라고 질문하고, AI가 추천한 제품을 선택하게 된다. 20년간 브랜드 인지도 구축에 투자한 대기업보다 AI에 최적화된 스타트업이 더 쉽게 고객을 만나게 된 것이다.

설득의 역전: 게임의 룰이 바뀌었다

이 책의 핵심 주장은 명확하다. '설득의 구조가 근본에서 변화하고 있다'는 것이다. 이제 더 이상 사람을 설득하는 것만으로는 충분하지 않으며, AI를 먼저 설득해야 브랜드가 고객에게 전달되는 것이다. 이것이 바로 '설득의 역전'이다.

과거의 설득 구조는 '브랜드 → 소비자'로 직접 연결되는 단순한 구조였다. 브랜드가 감성적 설득을 통해 소비자에게 직접 다가가 구매 결정을 이끌어내는 방식이었다. 하지만 AI 시대에는 '브랜드 → AI → 소비자'로 설득 구조가 바뀌게 된다. 브랜드가 구조화된 데이터를 제공하면 AI가 이것을 분석하여 논리적 추천을 하고, 소비자가 최종 승인하는 방식이다. 이러한 변화를 '설득의 이중 역전'이라고 부를 수 있다.

- **1차 역전: 설득 대상의 역전**

설득해야 할 대상 자체가 바뀌었다는 의미다. AI는 감정이 없고, 브랜드 충성도도 없으며, 오직 데이터와 효용성만을 기준으로 판단한다.

- **2차 역전: 설득 주체의 역전**

과거에는 브랜드가 설득의 주체였다. 이제는 AI가 설득하는 주체가 되었다. 브랜드는 더 이상 최종 소비자와 직접 소통하지 않는다. 브랜드는 AI를 설득하고, 다시 그 AI가 소비자를 설득하는 이중 구조 속에서 작동해야 한다.

2025년 1월 발표된 캡제미니 연구에 따르면, 소비자의 71%가 쇼핑 여정에 생성형 AI가 통합되기를 원했다. 또한 58%는 이미 제품이나 서비스 추천을 받을 때 기존 검색 엔진 대신 생성형 AI 도구를 사용하고 있었다[1]. 더욱 주목할 만한 것은 AI 추천에 기반한 주문의 빠른 성장세다. 한 예측에 따르면, AI 에이전트를 통한 구매 활동은 빠르게 증가하여 2028년에는 전체 상업적 상호작용의 15%를 AI 에이전트가 처리할 것으로 전망된다[2].

이러한 변화는 단순히 구매 채널이 바뀌는 것을 넘어, 브랜드 경쟁의 규칙 자체를 바꾸고 있다. 과거에는 소비자의 마음속에 브랜드를 각인시키는 것이 최우선 과제였다. 하지만 이제는 AI의 추천 알고리즘에서 우선순위를 확보하는 것이 더 중요해졌다.

예를 들어, 높은 브랜드 충성도를 가진 호텔이라 하더라도 고객이 AI 에이전트에게 "임신한 아내와 어린아이를 동반한 주말 여행지"를 물어볼 때, AI는 브랜드 명성에 의한 추천을 하기보다 '유아 시설 완비', '임산부 케어 프로그램', '최근 6개월 이용 후기 평점' 같은 구조화된 데이터를 우선 분석한다. 만약 이 호텔이 자사의 강점을 AI가 읽을 수 있는 형태로 제공하지 않았다면, 아무리 훌륭한 브랜드라도 추천 목록에서 밀려날 수 있다.

이것이 바로 '설득의 역전'이 만들어내는 새로운 현실이다. 브랜드는 이제 소비자에게 직접 말을 걸기 전에, 먼저 AI에게 자신의 가치를 정확하게 전달해야 한다.

시인에서 건축가로: 마케터의 진화

전통적으로 많은 마케터들이 '시인'과 같은 역할을 해왔다. 아름다운 언어로 브랜드 스토리를 엮고, 감성적 메시지로 사람의 마음을 움직였다. 하지만 AI 시대의 마케터에게는 '건축가'의 역할이 요구된다.

건축가에 비유하는 이유는 무엇일까? 건축가는 아름다운 건물을 만들면서도 구조적 안전성과 기능적 효율성을 동시에 고려하기 때문이다. 건축가는 예술적 감각과 공학적 정확성을 모두 갖춰야 한다. 마찬가지로 AI 시대의 마케터는 감성적 브랜드 경험을 설계하되, AI가 이해하고 전달할 수 있는 데이터 구조를 함께 설계해야 한다.

AI는 구조적으로 브랜드 스토리의 감성적 의미를 해석하지 못하며, 광고의 시각적 효과 또한 사람처럼 인식하지 못한다. 주로 구조화된 데이터를 읽고 객관적 지표를 비교한다. 따라서 브랜드의 가치를 'AI가 이해할 수 있는 데이터 언어'로 번역하는 능력이 중요해졌다. 예를 들어, "프리미엄 샴푸"라는 브랜드 포지셔닝을 AI가 이해하려면 "실리콘 프리", "pH 5.5 약산성", "모발 단백질 89% 개선" 같은 구체적이고 측정 가능한 속성으로 구조화되어야 한다.

설득의 역전 매트릭스: 새로운 나침반

이러한 마케터의 역할 변화를 이해하기 위해, 이 책에서는 '설득의 역전 매트릭스'라는 개념을 제시한다. 이 매트릭스는 설득의 대상(사람 vs AI)과 핵심 역량(감성 vs 구조)을 두 축으로 하는 4개의 분면으로 구성된다.

구분		설득의 대상	
		사람 고객	AI 에이전트
핵심 역량	감성 스토리텔링	I. 시인 (전통적 브랜드 매니저)	III. 번역가 (AI 콘텐츠 전략가)
	구조 데이터	II. 엔지니어 (퍼포먼스 마케터)	IV. 건축가 (AI 시대 브랜드 매니저)

전통적인 브랜드 매니저들은 주로 감성적 스토리텔링으로 사람을 설득하는 '시인'의 역할을 해 왔다. 코카콜라의 "행복을 여세요" 캠페인이 대표적인 예다[3]. 퍼포먼스 마케터들은 데이터를 다루지만, 여전히 사람에 초점을 맞춘다는 점에서 '엔지니어'의 역할을 수행해 왔다.

AI 시대에는 새로운 역할들이 등장한다. 'AI 콘텐츠 전략가'는 사람의 감성을 AI가 이해할 수 있는 언어로 번역하는 '번역가'의 역할을 한다. 넷플릭스는 영화를 76,897개의 세부 장르로 분류한다. 각 작품에 로맨스 수준, 줄거리 완성도, 배경 설정 같은 세부 태그를 부여하는 방식이다[4].

그리고 미래의 마케터가 지향해야 할 지점은 바로 '건축가'다. 감성과 데이터를 동시에 다루되, AI가 이해하고 전달할 수 있는 구조로 설계하는 새로운 창의성의 영역이다. 아마존이 감성적 브랜드 경험과 정교한 추천 알고리즘을 동시에 운영하는 방식이 대표적이다.

설득의 역전 프레임워크: 3단계 여정

이 책은 총 4부에 걸쳐 '설득의 역전'이라는 새로운 현실에 대응하기 위한 4단계 프레임워크를 제시한다. 앞서 제시한 '설득의 역전 매트릭스'가 현재 우리의 위치(시인)를 진단하고 나아갈 방향(건축가)을 알려주는 진단 지도라면, 지금 설명하는 '설득의 역전 프레임워크'는 그 목표를 향해 나아가는 구체적인 4단계의 실행 로드맵이다.

- 1단계: 현상 인식 – "왜 내 브랜드가 AI에게 무시당하는가?" (1부): 왜 기존의 성공 공식이 무너졌는지, '설득의 역전'이라는 새로운 현실을 명확히 진단하는 단계다.
- 2단계: 브랜드 구조 설계 – "AI가 이해하는 언어로 말하기" (2부): 감성에 호소하던 '시인'에서 데이터 기반의 '건축가'로 역할을 전환하고, AI가 이해하고 신뢰할 수 있는 새로운 브랜드의 뼈대를 설계하는 단계다.
- 3단계: 실전 마케팅 재설계 – "즉시 실행 가능한 핵심 전략" (3부): 설계된 브랜드 구조를 바탕으로 투자, 운영, 조직 등 마케팅의 모든 실행 영역을 AI 시대에 맞게 재구성하는 구체적인 방법론을 적용하는 단계다.
- 4단계: 통합과 미래 설계 – "미래를 주도할 건축가에게 하는 최종 제언" (4부): 지금까지의 모든 논의를 통합하여 2030년 브랜드의 미래 비전을 제시하고, '브랜드 건축가'로서 지속적으로 진화하기 위한 최종적인 통찰과 실행 가이드를 제공하는 단계다.

이 책은 AI 에이전트 시대의 마케터들을 위한 전략서이자 실무 가이드다. CMO에게는 AI 시대의 브랜드 전략 방향을, 브랜드 매니저에게는 즉시 적용 가능한 실행 방법을, 스타트업 창업자에게는 대기업과 경쟁할 수 있는 전략을, 디지털 마케터에게는 새로운 역량 개발 방향을 제공한다.

당신의 선택이 브랜드의 운명을 결정한다

변화는 이미 시작되었지만, 지금부터 준비해도 늦지 않다. 이 책을 읽고 나면 우리 브랜드가 AI의 선택을 받기 위해 지금 당장 무엇을 해야 하는지에 대한 명확한 답을 얻게 될 것이다.

지금 이 순간, 당신의 브랜드는 AI가 추천하고 싶어 하는 브랜드인가? 확신이 서지 않는다면, 설득의 역전 시대를 준비할 때다.

---

(1) https://www.capgemini.com/news/press-releases/71-of-consumers-want-generative-ai-integrated-into-their-shopping-experiences/
(2) https://www.gartner.com/en/articles/intelligent-agent-in-ai
(3) https://www.coca-colacompany.com/media-center/open-happiness-and-enjoy-lifes-simple-pleasures-with-coca-cola
(4) https://www.theatlantic.com/technology/archive/2014/01/how-netflix-reverse-engineered-hollywood/282679/

일러두기

이 책에서 사용하는 '설득의 역전', '브랜드 아키텍트', 'NSO(Needs-Solution Ontology)' 등은 AI가 비즈니스의 새로운 규칙을 만드는 현상을 설명하기 위해 글쓴이가 새롭게 정의하거나 재해석한 용어다. 각 용어의 구체적인 의미는 본문에서 상세히 설명한다.

본문에 제시된 기업 사례와 통계 자료는 독자의 이해를 돕기 위한 것이며, 2025년 6월까지 공개된 자료를 기준으로 작성했다. AI 기술은 매우 빠른 속도로 발전하고 있어 책 출간 시점 이후 일부 세부 사항이나 시장 상황은 달라질 수 있다. 다만 이 책은 최신 기술의 단편적인 활용법보다는, 변화의 근본적인 '방향성'과 시대를 관통하는 '전략적 프레임워크'를 제시하는 데 초점을 맞췄기 때문에, 기술의 세부적 변화와 관계없이 그 핵심 가치는 유효할 것이다.

일부 사례는 개념 설명을 위해 특정 상황을 가정한 '사고실험'의 형태로 구성했으며, 등장하는 일부 인물·장소·기업명 역시 이해를 돕기 위해 가상으로 설정한 경우가 있다.

외래어는 국립국어원의 외래어 표기법을 따르는 것을 원칙으로 하되, 'ChatGPT', 'Gemini'와 같이 업계에서 널리 통용되는 상표명은 원어를 그대로 표기했다. 이 책에 언급된 모든 상표명은 각 소유권자의 자산이며, 인용된 자료의 출처는 각 장의 마지막에 미주 형식으로 밝혔다.

1부

성공 공식의 붕괴

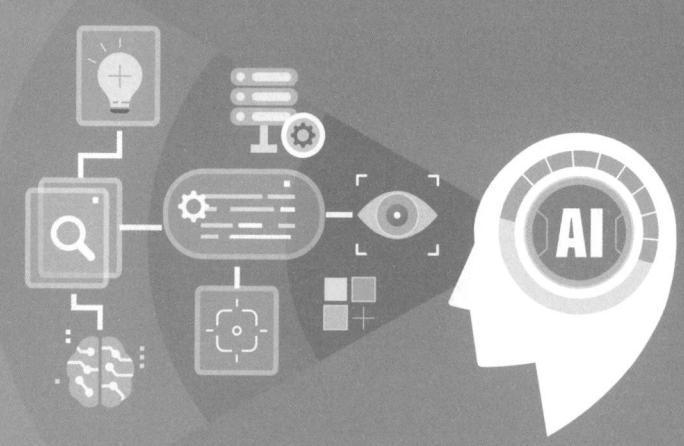

구분		설득의 대상	
		사람 고객	AI 에이전트
핵심 역량	감성 스토리텔링	I. 시인 (전통적 브랜드 매니저)	III. 번역가 (AI 콘텐츠 전략가)
	구조 데이터	II. 엔지니어 (퍼포먼스 마케터)	IV. 건축가 (AI 시대 브랜드 매니저)

설득의 역전 프레임워크 - 1단계: 현상 인식

1부는 우리 앞에 닥친 변화의 본질을 정확히 진단하는 단계다. 마치 의사가 환자를 치료하기 전에 정확한 진단을 내리듯, AI 시대에 브랜드가 나아가기 위해서는 먼저 '설득의 역전'이라는 현상을 명확히 이해해야 한다. 전통적인 I분면(시인)의 역할이 왜 한계에 부딪혔는지, 그리고 왜 IV분면(건축가)으로 진화해야 하는지 그 주요한 이유를 하나씩 해부해 나갈 것이다.

각 장의 탐구 영역

- **1장**: 나이키의 'Just Do It' 사례를 통해 AI 시대의 변화를 살펴보고, '설득의 역전' 현상을 정의한다.
- **2장**: 제품의 가치를 '상품'이 아닌 '솔루션'으로 재정의하고, AI가 이해하는 '니즈 중심 포지셔닝' 방법론을 제시한다.
- **3장**: 브랜드의 사회적 가치(Purpose)가 AI에게 어떻게 평가받는지, 측정 가능한 'ESG 지표'로의 전환 전략을 살펴본다.

1부를 읽으며 주목해야 할 핵심 질문들

- 전통적인 감성 마케팅은 AI 시대에 왜 한계에 부딪히는가?
- AI는 브랜드를 어떤 방식으로 이해하고 평가하는가?
- 마케터가 '시인'에서 '건축가'로 진화한다는 것은 구체적으로 무엇을 의미하는가?

1장

AI, 새로운 설득의 대상

AI가 구매를 결정하는 시대,
당신의 브랜드는 누구를 설득하고 있는가?

나이키의 딜레마: Just Do It이 무력해진 이유

나이키의 'Just Do It'이 무력해진 이유를 이해하기 위해 먼저 2024년 칸 라이언즈 광고제 현장을 살펴보자. 글로벌 브랜드 매니저들이 토로한 공통적인 고민은 이러했다. "우리가 캠페인을 통해 쌓아온 브랜드 자산이 AI 추천 알고리즘에서는 완전히 무시되고 있다. 30년간 구축한 브랜드 이미지와 고객 충성도가 AI에게는 아무 의미가 없어 보인다."

이것은 나이키에게도 예외가 아니다. 나이키는 "Just Do It"이라는 강력한 브랜드 서사를 통하여 소비자에게 신발이 아닌 '도전과 승리의 정신'을 판매해 왔다. 1988년 런칭 이후 30년 이상 전 세계 소비자의 마음을 움직인 이 슬로건은 브랜드 마케팅 역사상 가장 성공적인 캠페인 중 하나로 평가받는다[1].

그런데 시장의 새로운 의사결정 주체인 AI에게 "Just Do It"은 어떤 의미일까? AI 추천 엔진은 "도전과 승리" 같은 추상적 언어를 직접적으로 이해하지 못한다. 대신 측정 가능한 구조화된 데이터로 제품의 가치를 평가한다.

AI가 인식하는 나이키의 핵심 정보는 충격 흡수율, 에너지 반환율, 경량화 수준과 같은 성능 지표들이다. 또한 마모 테스트 결과, 방수 성능, 수명 예측 등의 내구성 데이터도 중요하다. 사용자들의 평균 평점, 리뷰 수, 재구매율 같은 사용자 평가도 AI의 판단에 핵심적인 역할을 한다.

기술적 측면에서는 특허 적용 수, 신소재 적용 현황, 지속가능성 지표 등의 혁신 데이터를 분석하며, 동급 제품 대비 가격, 할인 빈도, 가성비 점수 등의 가격 경쟁력 정보도 종합적으로 평가한다. 이처럼 AI는 감성적 메시지가 아니라 구체적이고 객관적인 수치를 통해 제품의 가치를 판단한다.

이것은 브랜딩이 근본적으로 변화해야 함을 보여준다. "Just Do It"이라는 감성적 메시지로 수십 년간 구축한 브랜드 자산이 AI 환경에서는 새로운 방식으로 재해석되어야 한다는 것이다. 더욱 중요한 것은, 이제 브랜드가 설득해야 할 대상이 소비자만이 아니라는 점이다. AI가 먼저 판단하고 소비자에게 추천하는 새로운 시대가 시작되고 있기 때문이다.

AI는 브랜드를 어떻게 읽는가?

앞서 나이키 사례에서 본 것처럼, AI는 성능 지표, 사용자 평가, 혁신 데이터 등 다양한 정보를 분석한다. 그렇다면 이러한 개별 데이터들이 어떤 단계를 거쳐 최종적인 브랜드 판단으로 통합될까? AI는 먼저 제품 성능 데이터와 브랜드를 연결하여 인식하고[2], 기술 혁신 이력을 통해 브랜드의 발전 궤적을 추적한다[3]. 또한 경쟁사와의 비교를 통해 시장 내 포지션을 파악하려 한다[4].

이러한 다차원적 연결망을 통해 AI는 "나이키 = 혁신적 스포츠 기술"이라는 판단을 내리게 된다[5]. 여기서 중요한 것은 이 모든 연결고리가 측정 가능한 데이터에 기반한다는 점이다. AI에게 브랜드란 감성적 이미지가 아니라 구체적 수치들의 패턴으로 존재한다.

좀 더 구체적으로 설명하면, AI는 벡터 공간에서 브랜드를 수치화된 점으로 인식한다. 나이키라는 브랜드 주변에는 '운동', '승리', '도전', '혁신', '젊음' 같은 연관 단어들이 가중치를 가지고 배치된다. AI는 이 모든 단어들의 가중평균을 통해 브랜드의 의미적 위치를 결정하고, '나이키는 도전적이고 혁신적인 스포츠 브랜드'라고 평가한다.

더 흥미로운 점은 AI가 브랜드들 사이의 관계도 이런 식으로 계산한다는 것이다. 예를 들어, 나이키에서 '스포츠'라는 요소를 빼고 '기술 혁신'을 더하면 애플과 비슷한 특성을 가진 브랜드가 된다. 실제로 두 브랜드 모두 '도전적 혁신'이라는 공통분모를 가지고 있다.

그렇다면 이런 AI의 브랜드 인식이 실제 추천 과정에서는 어떻게 작동할까? AI가 "편안한 운동화"라는 소비자의 요청을 처리하는 과정을 살펴보면 다음과 같다. 먼저 언어 해석 단계에서 "편안한"이라는 단어를 의미 단위로 분해하고 수치화한다[6]. 다음으로 의미 변환 단계에서 이것을 쿠셔닝 수치, 무게 데이터, 통기성 지표처럼 측정 가능한 속성들로 번역하고, 제품 데이터베이스의 정보와 비교하여 최적의 대안을 찾을 수 있도록 준비한다[7]. AI는 이처럼 감정적·추상적 표현을 데이터 패턴으로 분석하여 논리적인 결정을 내리게 된다.

이처럼 AI는 감성적 메시지가 아닌 구조화된 데이터만을 인식한다는 현실은 마케터들에게 새로운 과제를 제시한다. 이제 마케터는 두 가지 언어를 동시에 구사해야 한다. 사람의 마음을 움직이는 감성적 언어와 AI가 이해하고 신뢰할 수 있는 구조적 언어를 각각 준비해야 하는 상황에 직면한 것이다.

---

* AI의 브랜드 인식 과정에 대한 상세한 기술적 설명은 '부록 A: AI는 브랜드를 어떻게 이해하는가?'를 참조하십시오.

기억에서 추천으로의 경제학

AI의 이런 새로운 평가 기준은 브랜드 마케팅의 목표까지 바꾸고 있다. 마케터들이 수십 년간 추구해 온 '마음속 점유율' 개념이 'AI 추천율'로 재정의되고 있다. 설득의 역전이 브랜드의 존재 방식까지 변화시키고 있기 때문이다.

그렇다면 이 변화는 구체적으로 무엇을 의미할까? 전통적으로 브랜드는 소비자의 의식 속에 존재하는 관념적 실체였다. '복사기' 하면 제록스, '검색엔진' 하면 구글이 떠오르는 것처럼, 카테고리를 대표하는 브랜드가 되는 것이 최고의 성공이었다. 이를 위해 코카콜라의 빨간색과 곡선형 로고, 나이키의 'Just Do It' 슬로건처럼 반복 노출을 통해 소비자의 장기 기억에 각인시키는 전략을 사용했다.

그러나 AI 시대의 브랜드는 데이터로 구성된 디지털 실체로 전환되고 있다. 예를 들어 아마존의 제품 페이지를 살펴보면, 브랜드는 더 이상 로고나 슬로건이 아닌 성능 지표, 인증마크, 리뷰 점수의 집합체로 존재하는 것을 확인할 수 있다. 브랜드의 가치가 주관적 인식에서 객관적 성능으로 재정의되는 것이다. 무릎 보호용 운동화를 찾는 사용자에게 AI는 나이키의 브랜드 파워보다 실제 무릎 보호 성능 데이터를 우선 고려하게 된다.

이러한 변화는 브랜드 경쟁의 게임 규칙 자체를 바꾸고 있다. 기억의 경제학과 추천의 경제학은 완전히 다른 게임 규칙을 따른다. 사람의 기억은 제한적 자원이다. 브랜드들은 이 희소한 공간을 차지하기 위해 경쟁했다. 더 많은 광고비, 더 자극적인 메시지, 더 유명한 모델이 기억 점유율을 높이는 수단이었다.

반면 AI는 기억 공간의 제약이 없다. 구글의 LaMDA는 1.37조 개의 매개변수를 처리할 수 있으며, 이는 사람이 평생 기억할 수 있는 정보량의 수백만 배에 해당한다[8]. 모든 브랜드가 이론적으로는 AI의 고려 대상이 될 수 있다. 따라서 AI를 대상으로는 기억 공간을 차지하려 경쟁할 필요가 없다. 대신 AI가 이해할 수 있는 언어인 데이터의 품질과 구조화가 핵심 경쟁력이 된다. 이것은 마케팅 예산이 적은 소규모 브랜드에게도 새로운 기회를 제공한다. 데이터 구조화를 잘하면 특정 영역에서 대기업과 동등하게 경쟁할 수 있기 때문이다. 이것이 바로 추천 경제학의 핵심이다.

이런 추천 경제학의 위력을 실제로 보여주는 대표적 사례가 바로 와비파커다. 2010년 12만 달러로 시작한 이 스타트업은[9] 룩소티카가 2012년 미국에서만 3억 779만 달러를 광고비로 지출한 것과[10] 완전히 다른 행보를 보였다.

와비파커는 전통적인 대규모 광고 대신 데이터 기반 접근을 강화했다. 온라인 가상 피팅 기술, 고객 리뷰 데이터 축적, PR 파트너십을 통한 전략적 언론 노출에 집중하여[11] 2020년까지 상대적으로 낮은 마케팅 비용으로 성장했다[12].

그리고 주목할 만한 성과를 이루어냈다. 2024년 기준, 미국 안경 시장에서 의미 있는 점유율을 확보하여 고객 유지율에서는 와비파커(4.3%)가 렌즈크래프터스(2.6%)를 앞섰다[13]. 이는 브랜드 파워가 아닌 실제 고객 경험 데이터로 승부한 결과다.

다이슨도 비슷한 접근으로 성공했다. 5,000개의 프로토타입 개발[14]과 매출의 15~20% R&D 투자[15]로 성능 기반 경쟁력을 구축했다. 감성적 브랜딩 대신 흡입력, 소음 수준, 내구성 같은 측정 가능한 성능 데이터로 승부한 것이다. 영국 진공청소기 시장의 50% 이상, 미국 시장의 27% 점유율로[16] 1위가 되었고, 2023년 매출 71억 파운드는 2015년 대비 4배 성장한 수치다[17].

시인에서 건축가로: 마케터의 새로운 정체성

이제 마케터는 두 개의 완전히 다른 언어를 동시에 구사해야 한다. 소비자를 위한 감성의 언어와, AI를 위한 데이터의 언어. 이것이 바로 '시인'에서 '건축가'로의 진화가 의미하는 바다. 그렇다면 이 두 언어는 구체적으로 어떻게 다를까?

전통 마케팅과 AI 시대 마케팅의 주요한 차이는 다음과 같다.

- **설득 대상의 변화**: 전통 마케팅은 소비자를 직접 설득했지만, AI 시대에는 AI 에이전트가 1차 설득 대상이 되었다. 브랜드는 먼저 AI를 설득해야 하고, AI가 소비자에게 추천하는 2단계 구조가 형성되었다.
- **설득 방식의 전환**: 감성적 어필 중심에서 데이터에 기반한 논리로 중심축이 이동했다. "마음을 움직이는 이야기"보다는 "검증 가능한 성능 지표"가 더 중요해졌다.
- **성공 지표의 재정의**: 브랜드 인지도, 호감도 같은 감성적 지표에서 추천 순위, 선택 확률 같은 행동적 지표로 중심이 이동했다.
- **경쟁 범위의 확장**: 소수의 상위 브랜드 간 경쟁에서 시장 내 거의 모든 대안과의 동시 경쟁으로 확대되었다. AI는 기억 한계가 없기 때문이다.

그렇다면 건축가로서의 마케터는 구체적으로 무엇을 바꿔야 할까? 변화의 방향은 크게 세 가지 전략적 전환으로 요약할 수 있다.

첫 번째 전환은 '노출 경쟁에서 추천 후보 경쟁으로'의 변화다. 과거 마케팅의 핵심은 얼마나 많은 사람의 눈에 띄느냐였다. 하지만 AI 에이전트는 광고를 보지 않는다. AI가 보는 것은 상품 데이터베이스, API 응답, 구조화된 정보뿐이다. 따라서 이제 중요한 것은 사람에게 노출되는 것이 아니라 AI의 추천 후보가 되는 것이다.

두 번째 전환은 '매체 구매에서 데이터 플랫폼의 진입으로'다. 구글 쇼핑 그래프, 아마존 제품 카탈로그, 네이버쇼핑 EP, 쿠팡 상품 카탈로그 등 주요 AI 시스템이 참조하는 데이터베이스에 정확한 정보를 등록하는 것이 새로운 매체 전략이 된다. 데이터 플랫폼 진입은 단순한 등록이 아니다. 정보의 완전성, 정확성, 최신성이 중요하다.

세 번째 전환은 '타겟팅에서 매칭 최적화로'다. 사람을 설득할 때는 '어떤 사람'인지가 중요했다면 AI를 설득할 때는 '어떤 요구사항'인지가 중요하다. AI에게는 나이도, 성별도, 취향도 없기 때문이다. 대신 중요한 것은 사용자의 구체적 요구사항과 제품의 정확한 매칭이다. AI는 단순히 점수가 높은 제품만 추천하지 않는다. 다양성 균형 원리를 적용하여 사용자에게 의미 있는 선택지를 제공한다.[18]

이러한 세 가지 전환은 지난 100년간 기업들이 고객과의 관계를 재정의해 온 세 번의 큰 전환과 맥을 같이 한다.

Push 시대(1900~1990)는 "우리가 만든 것을 사세요"였다. 20세기는 Push 전략이 지배했다.[19] 헨리 포드는 "고객은 내가 검은색이라고 하는 한, 어떤 색의 차도 가질 수 있다"고 말했다.[20] 기업이 제품을 만들고, 광고로 욕구를 창출하며, 유통망을 통해 고객에게 '밀어내는' 시대였다.

Pull 시대(1990~2020)는 "필요하면 우리를 찾아오세요"였다. 1990년대 인터넷의 등장으로 Pull 전략이 부상했다. 세스 고딘은 "고객이 당신을 찾도록 하라"고 조언했다[21]. 검색 엔진 최적화, 인바운드 마케팅, 콘텐츠 마케팅이 핵심이 되었다.

Predict 시대(2020~)는 "당신이 필요하기 전에 준비하겠습니다"이다. AI 시대는 'Predict & Prescribe' 전략을 요구한다. 고객이 니즈를 인식하기도 전에 AI가 선제적으로 예측하고, 최적의 솔루션을 처방하는 시대다.

2013년 아마존이 특허를 받은 '예측 배송'은 이러한 전환을 보여주는 상징적 사례다. 이 특허는 고객이 주문하기 전에 AI가 구매 가능성을 예측하여 상품을 가까운 물류센터로 미리 이동시키는 시스템[22]이다. 쿠팡, 마켓컬리 역시 AI 수요 예측으로 로켓배송과 샛별배송을 구현하며 Predict 시대를 선도하고 있다.

건축가가 설계하는 새로운 정체성: 문제 해결 브랜드

이러한 전환의 시대에 건축가로 진화한 마케터가 설계해야 할 브랜드의 새로운 정체성은 무엇일까? 바로 '문제 해결 브랜드'를 설계하는 것이다. 문제 해결 브랜드란 고객의 궁극적인 목표 달성을 브랜드 정체성의 핵심으로 하는 브랜드다. 제품이나 서비스 자체가 아니라, 그것을 통해 고객이 달성하고자 하는 목표의 실현에 초점을 맞춘 브랜드 전략이다.

아마존은 이미 오래전부터 이러한 전환을 준비해 왔다. "지구상에서 가장 고객 중심적인 기업"이라는 비전은 단순한 슬로건이 아니라 실제 비즈니스 모델에 깊이 내재화되어 있다. 고객이 아기 기저귀를 검색하면 아마존은 단순히 기저귀만 보여주지 않는다. 신생아 육아라는 더 큰 목표를 인식하고, 기저귀와 함께 물티슈, 기저귀 발진 크림, 아기 욕조, 체온계 등을 패키지로 제안한다. 더 나아가 Subscribe & Save 프로그램을 통해 육아용품이 떨어질 시기를 예측하고 자동으로 배송함으로써 육아 스트레스 감소라는 상위 목표를 달성하도록 돕는다.

중국 알리바바의 허마셴셩은 소비자가 단순히 '장을 보러 온다'고 생각하지 않는다. 대신 '신선한 식재료로 건강한 식사를 준비하려는 목표를 가지고 왔다'고 이해한다. 고객이 매장에서 선택한 해산물을 즉석에서 요리해 주고, 모바일 앱으로 주문하면 30분 내 배송한다. 또한 AI가 가족 구성원의 영양 상태를 분석하여 맞춤형 식단을 제안한다[23].

넷플릭스는 영화를 보여주는 플랫폼에서 '개인의 엔터테인먼트 니즈를 충족시키는 AI'로 진화했다. 넷플릭스의 추천 알고리즘은 단순히 장르나 배우 기반이 아니다. 시청 시간대, 일시정지 패턴, 되감기 빈도, 완주율 등 수십 가지 행동 데이터를 분석하여 '금요일 밤의 스트레스 해소', '주말 오후의 가족 시간', '출퇴근 시간의 짧은 오락' 등 구체적인 상황별 니즈를 파악한다. 넷플릭스 공식 발표에 따르면, 플랫폼에서 시청되는 콘텐츠의 약 80%가 추천 시스템을 통해 선택된다. 이는 AI가 고객의 엔터테인먼트 목표를 정확히 이해하고 있다는 증거다[24].

이것이 바로 건축가가 설계해야 할 새로운 브랜드의 모습이다. 제품의 기능이 아니라 고객의 목표 달성을 중심으로 모든 브랜드 요소를 체계적으로 설계하는 것이다.

◀ 1장 참고자료

2장

제품에서 문제해결로: 니즈 중심 포지셔닝

제품을 파는 것이 아니라 문제해결을 돕는 것이다.

제품에서 문제해결로: 브랜드 정체성의 전환

전통적인 브랜드 포지셔닝 이론의 한계가 명확해지고 있다. 알 리스와 잭 트라우트가 1972년 제시한 포지셔닝 이론은 "소비자의 마음속에 자리 잡는 것"을 브랜드 전략의 핵심으로 보았다[1]. 하지만 이 이론은 본질적으로 경쟁자와 비교한 상대적 우위를 기초로 한 것으로, AI 시대의 문제 해결 중심 접근법과는 차이가 있다.

이 차이를 구체적으로 살펴보자. AI 에이전트는 고객이 "러닝화 추천해 줘"라고 말할 때 단순히 신발만 찾아주지 않는다. "왜 러닝을 하려고 하는지", "어떤 상황에서 뛸 예정인지", "무엇을 달성하고 싶은지"를 파악한 후 종합적인 솔루션을 제안한다. 그런데 만약 브랜드가 여전히 "우리는 신발 회사다"라고 말한다면, AI는 그 브랜드를 배제하게 될 것이다.

테슬라는 브랜드 정체성의 전환을 가장 극적으로 보여주는 사례다. 테슬라는 더 이상 자신을 전기차 제조업체로 정의하지 않는다. 대신 "지속가능한 에너지로의 전환을 가속화하는" 솔루션 제공자로 포지셔닝하고 있다[2]. AI가 고객의 "환경을 보호하면서 살고 싶은 마음"을 파악하고 자동차 후보를 찾을 때, 테슬라는 태양광 패널, 배터리 저장 시스템, 충전 인프라까지 포함한 종합적인 에너지 솔루션으로 자신을 제시할 수 있다[3].

넷플릭스도 마찬가지로 정체성의 전환을 이뤄냈다. 1998년 DVD 우편 대여로 시작한 넷플릭스는 현재 "개인화된 엔터테인먼트 경험 큐레이터"로 자리매김했다. AI 시대에 고객이 "오늘 저녁에 뭔가 재미있는 걸 보고 싶어"라고 말할 때, 제품 중심으로 포지셔닝된 기존 미디어 회사들은 단순히 영화 목록만 제시한다. 하지만 넷플릭스는 개인의 시청 이력, 시간대, 기분 상태까지 고려한 맞춤형 엔터테인먼트 여정을 제안한다[4].

NSO 개념과 이론적 기반

테슬라와 넷플릭스의 사례는 니즈 중심 포지셔닝의 중요성을 보여준다. 하지만 여기서 핵심적인 질문이 남는다. 이러한 브랜드의 정체성을 AI에게 어떻게 전달할 것인가?

AI는 은유적 표현의 상징적 의미를 해독하지 못한다. "Just Do It"이라는 감동적인 메시지도, "Think Different"라는 영감 어린 슬로건도 AI에게는 아무런 의미가 없다. AI가 이해하는 것은 오직 구조화된 관계와 논리적 연결이다. 아무리 브랜드가 스스로의 정체성을 "문제 해결자"로 주장하더라도, AI 에이전트가 그 니즈와 솔루션의 관계를 구조화된 형태로 인식할 수 없다면 고객에게 추천될 수 없다.

이에 대한 답이 바로 NSO(Needs-Solution Ontology)다. NSO는 고객의 니즈와 브랜드가 제공하는 솔루션을 AI가 이해할 수 있는 구조화된 지식 체계로 연결하는 새로운 언어다. 단순한 데이터베이스가 아니라, 의도와 해결책 사이의 의미 있는 관계를 정의하는 '질서의 언어'다.

온톨로지는 원래 철학 용어로 '존재론'을 의미한다. 아리스토텔레스가 "존재하는 것들 사이의 관계"를 탐구했듯이, 니즈 온톨로지는 "고객의 니즈와 브랜드의 솔루션 사이의 관계"를 정의한다. 이것은 단순한 분류 체계를 넘어 AI가 사람의 의도를 이해하고, 적절한 해결책을 찾을 수 있게 하는 의미의 지도다.

NSO는 세 개의 계층으로 구성된다. 첫 번째 '목적 계층'은 고객이 진정으로 원하는 것이 무엇인지를 파악한다. 두 번째 '솔루션 계층'은 그 목적을 달성할 수 있는 제품, 서비스, 콘텐츠를 묶어낸다. 세 번째 '연결 계층'은 유사한 니즈를 가진 고객들의 성공 사례를 분석하여 최적의 조합을 제시한다. 예를 들어 "무릎에 무리 없는 운동화"를 찾는 고객에게 AI는 운동화 한 켤레가 아니라, NSO를 통해 쿠셔닝이 우수한 러닝화, 무릎 보호대, 올바른 운동법 가이드까지 포함한 종합 솔루션을 제안하는 것이다.

NSO 설계의 기반이 되는 주요 이론적 배경은 다음과 같다. 첫째, 대니얼 카네만의 이중과정 이론은 사람의 의사결정이 빠른 직관적 사고(시스템 1)와 느린 분석적 사고(시스템 2)로 나뉜다고 설명한다[5]. 이는 NSO가 고객의 즉각적 욕구와 심층적 욕구를 모두 포착하고 있는 이유를 이론적으로 뒷받침한다.

둘째, 허버트 사이먼의 만족화 이론에 따르면, 사람은 최적해를 찾기보다는 "충분히 좋은" 해답을 찾는 경향이 있다[6]. 이는 NSO가 완벽한 솔루션보다는 맥락에 적합한 솔루션을 우선으로 매핑하는 설계원칙의 이론적 근거가 된다.

매슬로의 욕구 단계 이론은 NSO의 '목적 계층'이 왜 다차원적으로 설계되고 있는지에 대한 중요한 이론적 기반을 제공한다[7]. 예를 들어, 동일한 "운동"이라는 니즈라도 그 동기는 여러 욕구 단계에 걸쳐 나타날 수 있다. 생리적 욕구 차원에서는 "건강 유지", 안전 욕구 차원에서는 "질병 예방", 사회적 욕구 차원에서는 "소속감", 존중 욕구 차원에서는 "성취감", 자아실현 욕구 차원에서는 "개인적 성장"으로 서로 다르게 해석될 수 있다. 이러한 다층적 해석의 필요성을 매슬로 이론이 학술적으로 정당화한다.

NSO가 필요한 이유와 경쟁 구조

니즈 중심의 포지셔닝에 대한 필요성과 NSO라는 개념을 이해했다면, 이제 더 실질적인 질문들에 답해야 한다. NSO를 구축하지 않으면 구체적으로 어떤 문제가 발생하는가? 그리고 NSO를 구축한 후에는 어떤 경쟁이 펼쳐지는가?

NSO가 없다면 브랜드는 AI 에이전트의 상거래 생태계에서 사실상 '투명인간'이 된다. AI 에이전트는 인간의 감성적, 비정형적 언어를 직접 이해하지 못한다. AI는 "힙한 운동화"가 아니라 "20대 남성, 스트리트 패션 선호, 발목 보호 기능, 20만 원 이하"와 같은 구조화된 데이터만 인식할 수 있다. NSO는 바로 이 AI의 요구에 부응하는, 상거래를 위한 체계적인 '기계어'다. AI 에이전트가 상거래의 주체가 되는 한, 그들이 이해할 수 있는 언어인 NSO는 반드시 필요하다.

그렇다면 NSO를 구축한 플랫폼들은 어떤 기준으로 경쟁하게 될까? NSO 간의 경쟁은 다음 세 가지 차원에서 이루어질 것이다.

온톨로지의 깊이와 정확성이 첫 번째 경쟁 요소다. 어떤 NSO가 사람의 복잡한 니즈를 더 깊이 있게, 더 정확하게 구조화했는지가 핵심 경쟁력이다. 니즈 계층의 깊이 측면에서는 단순히 기능적 니즈를 넘어 매슬로의 욕구 단계처럼 사회적, 자아실현의 욕구까지 구조화한 NSO가 우위를 점할 것이다. 또한 '확장된 자아'의 반영 측면에서는 온라인, 오프라인, 메타버스 3개 공간의 데이터를 통합하여 '확장된 자아'의 니즈를 얼마나 잘 모델링했는지가 NSO의 품질을 결정할 것이다.

솔루션 스위트(Solution Suite)의 창의성과 효과성이 두 번째 경쟁 차원이다. 솔루션 스위트란 NSO의 '목적 계층'에서 정의된 특정 목적을 달성하기 위해 필요한 제품, 서비스, 콘텐츠를 통합적으로 묶어 제공하는 가치 제안 방식을 말한다. 즉 NSO는 단순히 상품을 나열하는 것이 아니라, 목적 달성을 위한 '솔루션 스위트'를 조합하고 제안하는 것이다. 따라서 각 플랫폼이 더 창의적이고 효과적인 솔루션 스위트를 얼마나 많이 보유하고 있는지가 핵심 경쟁력이 된다.

예를 들어 '건강한 아침 식사'라는 목적에 대해 A 플랫폼이 시리얼만 제안할 때, B 플랫폼이 영양제, 운동 앱, 명상 콘텐츠까지 묶어서 제안한다면 B플랫폼의 NSO가 더 우월하며, 결국 AI와 고객 모두에게 선택받게 될 것이다.

생태계의 개방성과 네트워크 효과가 세 번째 경쟁 요소다. NSO는 혼자 완성할 수 없다. 얼마나 많은 파트너(브랜드, 서비스 제공자)들이 참여하여 NSO를 풍부하게 만드느냐가 중요하다. 외부 파트너들이 쉽게 자신의 솔루션을 NSO에 등록하고 연결할 수 있도록 개방적인 API와 표준을 제공하는 플랫폼이 결국 승리할 것이다. 더 많은 파트너가 참여할수록 더 좋은 솔루션 스위트가 만들어지고, 이는 더 많은 AI 에이전트와 사용자를 유인하여 강력한 네트워크 효과를 창출한다.

NSO가 특히 위력을 발휘할 분야는 여러 카테고리가 복합적으로 얽혀 있는 '인생의 주요 이벤트'나 '라이프스타일 목표'다. "신혼부부를 위한 결혼 준비"는 웨딩홀(서비스), 스드메(서비스), 혼수(상품), 신혼여행(서비스) 등 극도로 복잡한 카테고리를 통합하여 솔루션을 제공할 수 있다. "건강한 라이프스타일 구축"은 헬스케어(서비스), 운동용품(상품), 건강식품(상품), 피트니스 앱(콘텐츠) 등을 통합한 '라이프스타일 구독 플랫폼'으로 발전할 수 있는 분야다. "아이의 초등학교 입학 준비"는 책가방과 학용품(상품), 책상과 의자(상품), 학습지(콘텐츠), 방과 후 학원(서비스) 등을 통합하여 학부모의 고민을 해결해 줄 수 있다.

결론적으로 식품, 의류, 스포츠 같은 전통적인 '상품 카테고리'에 NSO를 적용하는 것보다, 여러 카테고리가 복합적으로 얽혀 있는 '인생의 주요 이벤트'나 '라이프스타일 목표'에 먼저 적용하는 것이 NSO의 혁신적 가치를 가장 빠르고 확실하게 증명하는 길이다. 이런 복합적 솔루션이야 말로 AI가 가장 잘 이해하고 추천할 수 있는 구조화된 형태이기 때문이다. 이러한 접근을 통해 플랫폼은 단순한 '상품 판매자'에서 AI가 신뢰하고 추천하는 '라이프 솔루션 파트너'로 격상될 수 있을 것이다.

NSO 구축과 활용

체계적인 NSO는 고객의 '목적'을 '솔루션'과 연결하는 세 개의 계층으로 구성된다. "무릎에 무리 없는 운동화 추천해 줘"라는 고객 요청이 어떻게 NSO 3계층을 거쳐 처리되는지 살펴보자.

[1단계] 목적 계층

AI는 먼저 이 요청을 분석한다. 목적의 위계는 "운동" → "건강한 운동" → "부상 없는 운동"으로 구조화된다. 맥락 변수로는 무릎 문제 존재, 운동 지속성 중시, 안전성 우선이 파악된다. 감정 강도 측면에서는 부상 회피 욕구(높음), 운동 효과 기대(중간)가 측정된다.

[2단계] 솔루션 계층

목적 계층의 분석을 바탕으로 AI는 단일 운동화가 아닌 문제해결을 위한 여러 제품들로 솔루션 스위트를 구성한다. 핵심 상품으로는 쿠셔닝이 우수한 러닝화, 보완 상품으로는 무릎 보호대와 발가락 양말, 서비스로는 올바른 운동법 가이드, 콘텐츠로는 무릎 강화 운동 프로그램이 포함된다.

[3단계] 연결 계층

AI는 과거 유사한 요청의 성공 사례를 분석하여 무릎 문제가 있는 고객들이 선택한 브랜드와 모델, 해당 솔루션 스위트의 만족도와 재구매율, 부작용이나 불만족 요소를 종합하여 최종 추천을 제시한다.

스포티파이는 NSO가 실제 서비스에서 어떻게 작동할 수 있는지 보여주는 사례다. 스포티파이의 추천 알고리즘을 NSO 관점에서 보면, 목적 계층에서 "음악 감상"이라는 상위 목적을 "기분 전환", "집중력 향상", "운동 동기 부여" 등으로 세분화하고 있다. 맥락 변수로는 시간대, 요일, 날씨, 활동 상태를 반영하며, 감정 강도는 사용자의 청취 패턴과 스킵 행동을 통해 측정한다.

솔루션 스위트 설계: 통합적 가치 제안

물론 여러 제품과 서비스를 묶어 통합적인 가치를 제안하는 것 자체는 새로운 개념이 아니다. 하지만 AI의 등장은 이러한 접근법을 '하면 좋은 것'에서 '반드시 해야만 하는 것'으로 바꾸어 놓았다. 그 이유는 AI가 작동하는 방식 때문이다.

AI는 단순히 개별 상품의 스펙을 비교하는 것을 넘어, 고객의 근본적인 '문제'를 해결하는 최적의 '해결책 묶음'을 찾으려고 한다. "건강한 체중 관리"라는 목적을 가진 고객을 위해 AI는 덤벨 하나를 추천하는 브랜드보다 운동기구, 식단 가이드, 맞춤형 운동 프로그램, 커뮤니티까지 통합적으로 제안하는 브랜드를 '더 나은 해결책'으로 판단한다.

결국 AI 시대의 경쟁은 개별 제품 간의 경쟁이 아니라 고객의 문제를 얼마나 더 완벽하게 해결하는지를 보여주는 솔루션 스위트 간의 경쟁이 된다.

예를 들어 "기타 연주 마스터하기"라는 니즈를 생각해보자. 이를 위한 솔루션 스위트는 입문용 기타, 온라인 레슨, 연습 스케줄 앱, 연주자 커뮤니티, 악보 라이브러리, 튜닝 도구 등을 포함할 것이다.

이런 솔루션 스위트를 실제로 구현하고 있는 대표 사례가 바로 애플이다. 애플은 "기술 제품을 파는 회사"가 아니라 "창의적 생산성을 높이는 토털 솔루션 제공자"로 자신을 포지셔닝한다. "모바일 오피스"라는 니즈에 대해 애플은 iPhone, iPad, MacBook, AirPods, Apple Watch, iCloud, Apple Pencil 등을 하나의 통합된 솔루션으로 제공한다.

각 제품은 개별적으로도 훌륭하지만, 함께 사용할 때 시너지 효과가 극대화된다. Handoff 기능을 통해 iPhone에서 시작한 작업을 iPad나 Mac에서 이어서 할 수 있고, AirDrop을 통해 기기 간 파일 공유가 즉시 가능하다. 아이폰 사용자의 약 85%가 후속 아이폰을 구매할 의향이 있다고 답했으며, iPad와 iPhone을 모두 소유한 소비자 5명 중 1명은 은행 계좌를 바꾸는 것보다 애플 생태계를 바꾸는 것이 더 어려울 것이라고 생각한다는 조사 결과가 있다.[8]

솔루션 스위트의 또 다른 성공 사례를 국내에서 찾아보면 마켓컬리가 있다. 마켓컬리의 성공은 단순히 신선함이나 속도에 있지 않다. 그들은 NSO의 첫 단계인 목적 계층에서 고객의 숨겨진 니즈를 정확히 파악했다. 핵심 고객인 워킹맘의 진짜 목적은 '식재료 구매' 자체가 아니라 "일과 육아로 바쁘지만, 아이와 가족에게는 품질 좋은 식재료로 준비한 건강한 저녁"이라는 복합적인 것이다.

이러한 복합적 목적을 해결하기 위해 컬리는 솔루션 계층에서 개별 상품이 아닌 하나의 완성된 해결책, 즉 '믿을 수 있는 한 끼 솔루션 스위트'를 설계했다. 이 스위트는 70여 가지 기준으로 엄선된 유기농 식재료와 풀콜드체인 기반의 샛별배송 시스템, 그리고 상세한 레시피 콘텐츠까지 결합된 형태다.

토스의 혁신 역시 NSO 프레임워크로 설명할 수 있다. 토스가 목적 계층에서 발견한 고객의 근본적인 니즈는 "여러 앱을 오가는 불편함 없이, 나의 모든 금융 현황을 한눈에 파악하고 주체적으로 관리하고 싶다"라는 것이었다. 이를 해결하기 위해 토스는 솔루션 계층에서 '원 앱 금융 솔루션 스위트'를 구축했다. 간편 송금, 통합 계좌 조회, 맞춤형 대출 및 카드 추천, 심지어 주식 투자 기능까지, 그동안 파편화되어 있던 금융 서비스들을 하나의 앱 안에 유기적으로 결합한 것이다.

목적 기반 브랜드 체계 구축

고객의 니즈를 중심으로 브랜드 정체성을 재정의하고 통합적인 솔루션을 설계하는 방법을 살펴보았다면, 다음 단계는 그 니즈가 달성하려는 목적을 중심으로 브랜드 체계를 재설계하는 것이다. 전통적인 브랜드 체계는 제품 카테고리나 가격대를 기준으로 했다. 하지만 니즈 중심 포지셔닝을 실현하기 위해서는 고객의 니즈 분석을 통해 파악된 근본적인 목적을 중심으로 브랜드를 재조직해야 한다.

이런 목적 중심의 브랜드 재설계 대표 사례가 구글이다. 구글은 "정보를 조직화하여 전 세계를 접근 가능하고 유용하게 만든다"는 명확한 목적을 중심으로 검색, 지메일, 구글 드라이브, 유튜브, 안드로이드 등 다양한 제품을 개발해 왔다. 이들은 모두 "정보 접근성 향상"이라는 공통 목적하에서 서로 다른 맥락의 니즈를 해결한다. 구글의 Workspace는 이런 목적 기반 통합의 대표적 사례다. 고객의 "효율적인 협업"이라는 니즈를 분석하여 "협업 생산성 향상"이라는 목적을 도출하고, 이메일, 문서 작성, 화상회의, 클라우드 저장소 등을 통합하여 제공한다. 2024년 기준으로 구글 Workspace는 전 세계 30억 명 이상이 사용하고 있으며, 기업 고객만 1,000만 개를 넘어섰다[9].

이처럼 목적 중심의 브랜드 통합은 IT 기업에만 국한되지 않는다. 엔터테인먼트 업계에서도 비슷한 성공 사례를 찾을 수 있는데, 바로 디즈니다. 디즈니는 고객의 여가와 엔터테인먼트 관련한 니즈를 분석한 결과, 그 본질이 "마법 같은 경험을 통해 행복을 선사받고 싶다"라는 데 있음을 발견했다. 이런 고객 니즈를 충족하기 위해 디즈니는 영화, 테마파크, 크루즈, 스트리밍 서비스, 상품 등을 통합적으로 운영한다. 이는 전통적인 업계 구분을 넘어선 목적 기반 통합의 성공 사례다. 특히 디즈니의 Disney+ 스트리밍 서비스는 고객의 "편안한 휴식 시간"이라는 니즈에서 출발하여 "가족과 함께 즐기는 시간"이라는 목적을 도출하고, 이에 맞춰 설계되었다. 2024년 4분기 기준으로 Disney+는 약 1억 6천만 명의 구독자를 확보했으며[10], 디즈니파크는 연간 1억 5천만 명이 방문하고 있다[11].

이러한 목적 기반 브랜드 체계의 가장 큰 장점은 기존의 제품 카테고리 경계를 넘나들 수 있다는 것이다. 예를 들어, 고객의 "스트레스 해소"라는 니즈를 분석하면 그 목적이 "심리적 안정과 재충전"임을 알 수 있고, 이를 위해서는 운동용품, 아로마 제품, 음악 플랫폼, 여행 서비스가 모두 관련될 수 있다. 브랜드가 이런 니즈 → 목적 → 솔루션의 통합적 관점을 갖추면 고객에게 훨씬 더 포괄적이고 효과적인 솔루션을 제공할 수 있다.

니즈 중심 브랜딩의 실행 로드맵

앞서 살펴본 목적 기반 브랜드 체계 구축은 니즈 중심 브랜딩의 핵심 요소 중 하나다. 하지만 진정한 니즈 중심 브랜딩을 위해서는 목적 기반 체계 구축을 포함한, 보다 포괄적인 전환이 필요하다. 고객의 니즈 파악부터 목적 기반 브랜드 체계 구축, NSO 설계, 솔루션 스위트 개발, 그리고 최종적인 솔루션 제공까지의 전 과정을 체계적이고 단계적으로 실행하는 로드맵이 필요하다.

[1단계] 니즈 발견 및 매핑(1~3개월)

첫 번째 단계는 고객의 진짜 니즈를 발견하고 구조화하는 것이다. 기존의 시장조사 방식을 넘어서 고객의 행동 패턴, 감정적 반응, 숨겨진 욕구까지 파악해야 한다. 고객 여정 분석을 통해 각 고객 접점에서 고객이 겪는 문제점과 미충족 니즈를 파악해야 한다.

[2단계] NSO 설계 및 구축(2~4개월)

두 번째 단계는 발견한 니즈를 AI가 이해할 수 있도록 NSO를 설계하고 구축하는 것이다. 목적 계층, 솔루션 계층, 연결 계층의 3단계 구조로 NSO를 설계한다. 각 계층은 서로 유기적으로 연결되어 AI가 고객의 의도를 정확히 파악하고 적절한 솔루션을 제안할 수 있게 한다.

[3단계] 솔루션 스위트 개발(3~6개월)

세 번째 단계는 파악된 니즈에 맞는 솔루션 스위트를 개발하는 것이다. 각 솔루션 스위트는 제품, 서비스, 콘텐츠, 커뮤니티 등 다양한 요소가 조합된 통합적 경험이어야 한다. 개별 요소들이 독립적으로도 가치가 있지만, 함께 사용할 때 시너지 효과를 창출할 수 있게 설계한다.

[4단계] 목적 기반 브랜드로 아키텍처 재편(4~8개월)

네 번째 단계는 파악된 니즈와 도출된 목적에 맞게 브랜드 체계를 재편하는 것이다. 기존의 제품 카테고리 중심 구조에서 고객의 목적 기반 구조로 전환하는 것이다. 이는 브랜드 포트폴리오를 고객의 니즈가 추구하는 목적을 중심으로 재조직하는 과정이다. 나이키를 예로 들어보자. 운동화 - 의류 - 용품이라는 제품 카테고리 중심의 기존 구조를 고객 니즈 분석을 통해 파악된 '러닝 퍼포먼스 향상', '일상 피트니스', '프로 스포츠 도전' 등의 목적을 중심으로 재조직하고 각 목적별로 필요한 제품, 서비스, 콘텐츠, 커뮤니티를 통합적으로 제공하는 것이다.

[5단계] 지속적 최적화(지속적)

마지막 단계는 니즈 중심 브랜딩의 효과를 측정하고 지속적으로 최적화하는 체계를 구축하는 것이다. 전통적인 마케팅 지표를 넘어서 니즈 충족도와 목적 달성률을 측정해야 한다.

물론 이 과정에는 전통 기업들의 전환 어려움, NSO 구축의 복잡성과 비용, 데이터 프라이버시 문제, 측정의 어려움 등 현실적인 도전들이 있다. 하지만 이러한 어려움들을 극복하고 니즈 중심 브랜딩을 성공적으로 구현하는 기업들이 AI 시대의 승자가 될 것이다.

결국 니즈 중심 브랜딩은 단순히 고객 중심으로 돌아가자는 구호가 아니다. AI가 새로운 문지기가 된 '설득의 역전' 시대에, 고객 중심이라는 가치를 AI가 이해하고 검증할 수 있는 '구조'로 증명해야 하는 절박한 생존 전략이다. 이제 브랜드는 자신의 존재 이유를 감성적 이야기로만 전하는 것을 넘어, AI에게 데이터로 설명하고 증명할 수 있어야 한다. 고객의 니즈를 파악하고, 그 목적을 이해하며, 최적의 솔루션을 제공하는 '문제해결 파트너'로 진화해야 비로소 AI가 우리 브랜드를 고객에게 추천할 수 있게 되기 때문이다.

NSO 구현을 위한 기술적 접근법

NSO의 개념과 필요성, 경쟁 구조를 파악했다면 이제 가장 현실적인 질문에 직면하게 된다. 실제로 어떻게 구축할 것인가? 아무리 훌륭한 NSO 개념도 실제로 구축되지 않으면 무용지물이다. 특히 NSO는 단순한 데이터베이스가 아니라 복잡한 관계와 논리를 담은 지식 체계이기 때문에, 어떤 기술적 접근법을 선택하느냐에 따라 구현의 성공 여부가 결정된다. 니즈와 솔루션을 AI가 이해할 수 있는 구조로 번역하고, 이를 실시간으로 작동시키려면 적합한 기술 플랫폼이 필수적이다.

현재 NSO 구현을 위한 기술적 접근법은 통합 플랫폼, 그래프 데이터베이스, 공개 표준 및 오픈소스의 세 가지 방향으로 나뉜다.

통합 플랫폼 접근법(예: Palantir Foundry)

통합 플랫폼은 온톨로지 설계부터 운영까지 모든 기능이 통합된 All-in-One 솔루션이다. 개발 속도가 매우 빠르고, 고성능 추론 및 분석 기능이 내장되어 있으며 비전문가도 사용 가능한 시각화 도구를 제공한다. 대규모 데이터를 다루는 대기업이나 빠른 시장 선점이 중요한 플랫폼 기업에 가장 적합하다. NSO의 복잡한 논리와 실시간성을 가장 잘 구현할 수 있다.

단점으로는 높은 도입 비용과 라이선스 비용, 플랫폼 종속성 발생, 세밀한 커스터마이징의 한계가 있다. 하지만 B2A(Business to AI) 시장의 주도권을 빠르게 확보해야 하는 대형 플랫폼에게는 가장 현실적인 선택지다. 초기 투자 비용은 높지만, NSO 구현 시간을 상당히 단축시켜 경쟁사보다 먼저 AI 에이전트 생태계를 선점할 수 있는 결정적 시간을 벌어준다.

그래프 데이터베이스 접근법(예: Neo4j, Amazon Neptune)

그래프 데이터베이스는 온톨로지를 저장하고 쿼리하는 핵심 엔진 역할을 한다. 유연성이 높고 커스터마이징이 가능하다. 강력한 개발자 커뮤니티를 보유하고 있으며 플랫폼 종속성 없이 독자적인 시스템을 구축할 수 있다.

하지만 높은 수준의 내부 개발 역량이 필요하고, 초기 구축에 많은 시간과 노력이 소요되며 주변 시스템(시각화, 데이터 통합 등)을 별도로 구축해야 하는 단점이 있다. 장기적으로 NSO를 회사의 핵심 자산으로 내재화하고, 경쟁사가 모방할 수 없는 독자적인 '문제 해결' 알고리즘을 개발하려는 기술 중심 기업에 적합하다. 쿠팡, 네이버 같은 기업이 자체 추천 시스템을 개발하는 것과 같은 접근법이다.

공개 표준 및 오픈소스 접근법(예: Schema.org, RDF/OWL)

공개 표준은 온톨로지를 기술하기 위한 언어와 문법을 제공한다. 무료이며 개방적이다. 또한 플랫폼 간 호환성 확보에 유리하고, 웹 표준으로 널리 사용된다는 장점이 있다.

단점은 그 자체로는 작동하는 시스템이 아니며, 구현을 위해서는 별도의 엔진과 플랫폼이 필요하다는 점, 복잡한 비즈니스 논리 표현에 한계가 있다는 점이다. Schema.org는 AI 에이전트들이 이해하는 가장 기본적인 공용어다. 따라서 어떤 방식으로 NSO를 구축하든, 상품의 기본 정보(제품명, 가격, 리뷰 등)는 Schema.org 표준을 준수하여 외부 AI 에이전트와의 호환성을 확보해야 한다.

하이브리드 접근법의 필요성

실제 구현에서는 하이브리드 접근법이 가장 효과적이다. 공개 표준(Schema.org)을 기초 어휘로 채택하여 외부 생태계와의 호환성을 확보하고, 그 위에 독자적인 비즈니스 논리를 담은 NSO를 그래프 데이터베이스(Neo4j 등)를 활용해 직접 구축하거나, 속도와 성능이 중요하다면 통합 플랫폼(Palantir Foundry)을 도입하여 구축하는 것이다.

이러한 접근을 통해 플랫폼 간의 기본적인 소통은 가능하게 하면서도, 우리 플랫폼만이 제공할 수 있는 독창적인 '문제 해결 능력'으로 경쟁 우위를 확보할 수 있을 것이다.

니즈 중심 브랜드의 소통 방식: 대화형 커뮤니케이션

니즈 중심으로 브랜드를 재포지셔닝했다면 커뮤니케이션 전략도 이에 맞춰 전환되어야 한다. 전통적인 브랜드 메시지는 "우리가 누구인가"를 강조했지만, 니즈 중심 커뮤니케이션은 "당신이 무엇을 이루고 싶은가"에 초점을 맞춘다. AI 에이전트와의 상호작용이 주된 접점이 되는 시대에는 브랜드 메시지도 대화형으로 설계되어야 한다.

이런 대화형 커뮤니케이션을 실제로 구현한 대표 사례가 나이키의 트레이닝 클럽 앱이다. 나이키 트레이닝 클럽 앱은 대화형 브랜드 커뮤니케이션의 선구적 사례다. 앱을 처음 실행하면 "오늘 어떤 기분이세요?", "얼마나 운동하고 싶으세요?", "어떤 부위를 집중적으로 단련하고 싶으세요?" 같은 질문을 통해 사용자의 현재 상태와 니즈를 파악한다. 사용자가 "스트레스 해소"를 선택하면 요가와 명상 중심의 프로그램을, "근력 강화"를 선택하면 웨이트 트레이닝을, "체력 향상"을 선택하면 유산소 운동을 중심으로 한 맞춤형 콘텐츠를 제공한다.

대화형 접근과는 다르게 상황 맥락을 자동으로 인식하여 커뮤니케이션하는 방식도 있다. 스포티파이는 시간, 날씨, 활동, 기분 등의 맥락에 따라 다른 메시지와 콘텐츠를 제공하는 상황 적응형 커뮤니케이션의 대표 사례다. "Monday Motivation", "Rainy Day Jazz", "Workout Beats", "Deep Focus" 등의 플레이리스트는 각각 다른 상황과 니즈에 맞춘 음악적 솔루션이다. 더 나아가 스포티파이는 개인의 청취 패턴을 학습하여 "월요일 오전 7시의 당신을 위한 음악", "금요일 저녁 퇴근길의 당신을 위한 음악" 같은 초개인화된 메시지를 제공한다.

이런 상황 기반 개인화를 넘어 감정 상태에 직접 반응하는 커뮤니케이션 방식도 주목할 만하다. 헤드스페이스는 사용자의 감정 상태와 니즈에 따라 맞춤형 명상 콘텐츠를 제공하는 감정 인텔리전스 커뮤니케이션의 사례다. 앱을 열면 "지금 기분이 어떠세요?"라는 질문으로 시작하여 스트레스, 불안, 피로, 흥분 등 다양한 감정 상태에 맞는 명상 프로그램을 추천한다. "오늘 중요한 프레젠테이션이 있어서 긴장돼요"라고 입력하면 "발표 전 자신감을 위한 5분 명상"을, "잠이 잘 안 와요"라고 하면 "숙면을 위한 수면 스토리"를 제안한다.

이런 대화형 접근은 브랜드와 고객의 관계를 근본적으로 재설정한다. 브랜드는 더 이상 일방적인 메시지 전달자가 아니라, 고객의 니즈를 함께 탐색하고 해결하는 '문제해결 파트너'가 된다. 이것이야말로 AI가 중재하는 '설득의 역전' 시대에 브랜드가 추구해야 할 새로운 소통 방식이다.

하지만 고객의 기능적 니즈를 해결하는 것만으로는 충분하지 않다. AI가 이제 브랜드의 사회적 가치와 철학, 즉 'Purpose'까지 데이터로 평가하기 시작했기 때문이다. 고객의 문제 해결 파트너가 되었다면, 이제 다음 질문에 답해야 한다. "우리 브랜드는 더 나은 세상을 만드는 데 어떻게 기여하고 있으며, 그것을 어떻게 AI에게 증명할 것인가?"

◀ 2장 참고자료

3장

Purpose 경제 시대의 브랜드

Purpose가 있는 브랜드만이 AI의 선택을 받는다.

AI 시대의 새로운 가치 평가 기준

2023년 딜로이트의 MZ세대 설문조사에 따르면, 전 세계 밀레니얼 세대의 60%와 Z세대의 59%가 앞으로 지속 가능한 제품과 서비스에 더 많은 비용을 지불할 의향이 있다고 답했다[1]. 또한 2024년의 조사에서는 MZ세대의 24%가 제품을 구매하기 전에 기업이 환경에 끼치는 영향을 고려할 것이라고 밝혔다[2]. 이처럼 윤리적 소비를 중요시하는 상황에서 AI는 이를 어떻게 판단할까?

과거에는 좋은 제품을 만들고 강력한 브랜드를 구축하는 것만으로도 충분했다. 하지만 오늘날의 소비자들은 브랜드에게 더 많은 것을 요구한다. 단순히 무엇을 파는지가 아니라 그 브랜드가 어떤 사회적 가치를 추구하는지, 왜 그 브랜드가 존재하는지를 묻고 있다.

이렇게 '브랜드가 존재하는 사회적 이유'를 마케팅 분야에서는 'Purpose(사회적 목적)'라고 부른다. Purpose는 단순한 기업의 사명이나 비전과는 다르다. 그것은 브랜드가 사회에 끼치고자 하는 긍정적 영향, 더 나은 세상을 만들기 위한 구체적인 약속을 의미한다.

그런데 AI 시대가 되면서 이런 Purpose의 중요성이 한층 더 높아지고 있다. 그 이유는 AI가 브랜드를 평가하고 추천하는 방식에 있다. 전통적으로 브랜드 선택은 주로 제품의 기능, 가격, 브랜드 이미지에 의존했다. 하지만 AI는 개인의 가치관과 신념을 분석하여 소비자를 세그먼트화하고, 각 세그먼트의 가치관에 부합하는 Purpose를 가진 브랜드를 우선 추천하게 될 것이다.

이때 주목할 점은 AI가 사람과 달리 감정적 편향이나 브랜드 로열티에 영향받지 않고 객관적이고 측정 가능한 데이터를 바탕으로 브랜드를 평가한다는 점이다. 이 과정에서 브랜드의 사회적 목적과 그 실행 성과가 중요한 평가 기준이 된다.

"더 나은 세상을 만든다"는 추상적 선언으로는 더 이상 충분하지 않다. AI가 이해하고 평가할 수 있도록 "탄소배출량 30% 감축", "재활용 소재 85% 사용", "공정무역 인증 95%" 같은 구체적이고 측정 가능한 형태로 Purpose를 번역해야 한다.

이러한 변화는 기존의 브랜드 목적 이론에도 새로운 해석을 요구한다. 짐 스텐젤의 '그로우(Grow)' 이론은 목적이 명확한 브랜드가 더 빠르게 성장한다고 주장[3]했지만, 이 이론은 여전히 사람의 감정적 연결과 브랜드 충성도에 기반하고 있다. AI 중심 환경에서는 새로운 접근이 필요하다. 예를 들어, "고객을 감동시킨다"는 목적보다는 "고객 만족도 95% 달성"이라는 측정 가능한 목표를 AI에게 제시하여야 한다.

사이먼 시넥의 'Start With Why' 이론[4]도 마찬가지다. 시넥이 제시한 'Why-How-What' 구조에서 'Why'는 여전히 중요하지만, AI는 이것을 감정적 차원이 아닌 논리적·증거적 차원에서 해석할 것이다. "왜 존재하는가"라는 질문에 대한 답이 측정 가능한 사회적 임팩트로 뒷받침되어야 AI의 인정을 받을 수 있다.

마이클 포터와 마크 크라머의 공유가치창출(CSV: Creating Shared Value) 이론은 AI 시대에 더욱 중요해질 것으로 예상된다. 이 이론은 기업이 사회적 문제를 해결하면서 동시에 경제적 가치를 창출할 수 있다고 주장[5]하는데, AI는 바로 이런 통합적 가치 창출의 효과성을 정량적으로 측정하고 평가할 것이기 때문이다.

ESG의 알고리즘화와 실시간 측정

AI가 분석할 수 있는 Purpose 표현은 구체적이고 측정 가능해야 한다. AI는 자연어 처리 기술을 통해 브랜드의 Purpose 선언문을 분석하고, 이를 실제 행동 데이터와 대조하기 때문이다.

이를 위해 AI 시스템들은 브랜드를 평가할 때 먼저 공개된 정보를 종합적으로 분석한다. 브랜드의 공식 웹사이트, 지속가능성 보고서, 언론 보도 등에서 정보를 수집한다. 그리고 이를 체계적으로 정리하여 일관성과 신뢰성을 평가한다. 또한 제3자 인증기관의 평가 결과와 비교하여 정보의 신뢰도를 판단한다.

AI의 브랜드 평가는 특히 다차원적 성과 측정에 기반한다. 존 엘킹톤이 1994년 제시한 트리플 바텀라인(Triple Bottom Line) 개념은 기업이 이익(Profit), 사람(People), 지구(Planet)의 세 가지 차원에서 성과를 측정해야 한다고 주장했다[6]. 이 개념은 현재의 ESG 프레임워크의 기초가 되었으며, AI 시대에는 이런 다차원적 성과 측정이 브랜드 평가의 핵심이 될 것이다.

이론적 프레임워크를 넘어 실제 시장에서도 이런 변화는 현실이 되고 있다. 래리 핑크 블랙록 CEO가 주도한 ESG 투자의 주류화가 대표적 사례다. 2021년 기준으로 전 세계 ESG 자산은 35조 달러를 넘어섰으며[7], 이는 전체 운용 자산의 큰 부분을 차지하는 것으로 알려져 있다.

이런 투자 시장의 변화는 소비 시장에도 직접적인 영향을 끼치고 있다. ESG 성과가 우수한 브랜드가 프리미엄을 받는 사례가 증가하고 있는 것이다. 테슬라가 환경 가치로 기존 자동차 대비 높은 가격으로 판매되는 것, 파타고니아가 환경 진정성으로 아웃도어 시장에서 프리미엄 브랜드로 자리잡은 것이 좋은 사례다.

ESG의 각 요소는 AI에게 서로 다른 방식으로 평가된다. Environment(환경)는 IoT 센서를 통한 실시간 탄소 배출량 측정, 위성 이미지 분석을 통한 산림 훼손 여부 확인, 에너지 사용량과 재생에너지 비율 등 객관적 데이터를 기반으로 평가된다. Social(사회)은 소셜 미디어 감정분석을 통한 브랜드 평판 측정, 직원 만족도 조사 결과, 지역사회 투자 규모, 공정거래 인증 비율 등 사회적 영향을 수치화하여 평가한다. Governance(지배구조)는 재무 투명성 데이터, 이사회 다양성 지수, 컴플라이언스 위반 기록, 내부 감사 결과 등 기업 운영의 투명성과 책임성을 측정한다.

실제로 이런 AI 친화적 Purpose 전략을 선도하는 기업이 유니레버다. 2010년 시작된 '지속 가능한 생활 계획'은 2030년까지 달성해야 할 50개 이상의 구체적 목표를 설정했다[8]. "환경 영향 50% 감소", "10억 명의 건강과 웰빙 개선", "여성 역량 강화" 등 모든 목표가 정량화되어 있으며, 매년 진행률을 투명하게 공개한다. 그 결과 유니레버의 지속 가능 생활 브랜드들은 일반 브랜드보다 빠른 성장률을 보이고 있다. 이는 목적이 명확하고 성과를 측정할 수 있는 브랜드들이 알고리즘 추천에서도 우위를 점하고 있음을 시사한다.

다른 분야에서도 유사한 사례를 찾을 수 있다. 마이크로소프트의 'AI for Good' 프로그램은 AI 기술을 사회 문제 해결에 활용하는 동시에 이런 활동의 효과를 정량적으로 측정하고 있는 대표적 사례다. 2017년부터 시작된 이 프로그램은 지구 환경 보호, 인도주의적 활동, 접근성 개선, 문화유산 보존 등 4개 영역에서 구체적 성과를 창출하고 있다[9].

국내 기업 중에서는 아모레퍼시픽이 'Beautiful Life 2030'이라는 지속가능경영 비전을 통해 Purpose를 구체적인 수치로 번역하고 있다. 2030년까지 탄소중립 달성, 제품 용기를 재활용 가능한 소재로 100%

전환, 아시아 여성 100만 명의 경제적 자립 지원 등 명확한 수치 목표를 설정했다[10]. 특히 '더 나은 세상을 위한 뷰티'라는 추상적 메시지를 구체적인 ESG 지표로 변환하여 AI가 평가할 수 있는 형태로 만들고 있다.

월마트의 'Project Gigaton'은 2030년까지 공급망에서 기가톤(10억 톤) 규모의 탄소 배출을 줄이겠다는 야심찬 목표를 설정한 프로젝트다[11]. 2017년 시작된 이 프로젝트는 현재 5,900개 이상의 공급업체가 참여하여 에너지, 폐기물, 포장재, 농업, 산림, 제품 사용 등 6개 영역에서 탄소 배출을 줄이고 있다. 2024년 2월 월마트는 Project Gigaton의 목표를 6년 일찍 달성했다고 발표했다[12].

그러나 이런 구체적 목표 설정만으로는 충분하지 않다. AI 시대에는 브랜드가 제시한 목표의 실행 과정과 결과가 검증될 수 있어야 한다.

이케아는 2030년까지 완전한 순환 비즈니스로 전환한다는 목표를 설정하고, 이를 위한 구체적이고 측정 가능한 전략을 실행하고 있다. 'People & Planet Positive' 전략 하에 재생가능 에너지 100% 사용, 순환 소재만을 사용한 제품 개발, 제품 수명 연장 서비스 확대 등을 추진하고 있다. 실제로 이케아는 2019년 말 자체 생산한 재생가능 에너지가 전체 소비량을 초과함으로써 목표를 1년 앞당겨 달성했으며[13], 현재 전 세계 매장에서 에너지 플러스 상태를 유지하고 있다.

특히 이케아는 독립적인 제3자 기관들로부터 지속적인 검증을 받고 있다. Forest Stewardship Council(FSC) 인증을 통한 목재 소싱의 지속가능성, Better Cotton Initiative를 통한 면화 조달의 환경 영향, GREENGUARD 인증을 통한 실내 공기질 안전성 등이 모두 외부 기관의 엄격한 검증을 거치고 있다. 이처럼 축적된 검증 데이터는 AI의 브랜드 평가에서 중요한 역할을 할 것이다.

나아가 AI는 브랜드의 과거와 현재 데이터를 바탕으로 미래의 신뢰성까지 예측할 것이다. 브랜드의 약속 이행 패턴, 위기 상황에서의 대응 방식, 이해관계자와의 관계 관리 능력 등을 종합적으로 분석하여 미래에도 신뢰할 수 있는 브랜드인지를 판단할 것이다. 이런 예측적 평가는 브랜드의 일관성과 진정성을 더욱 중요하게 만들 것이다.

Purpose의 개인화와 참여형 모델

AI 시대에는 브랜드가 단순히 개인화된 경험을 제공하는 것을 넘어, 개인의 가치관과 일치하는 사회적 변혁에 동참할 수 있게 해주는 것이 중요해질 것이다. 이는 단순한 거래를 넘어선 새로운 경제 모델을 요구한다. 조셉 파인과 제임스 길모어가 제시한 '변혁경제'가 바로 이런 맥락에서 주목받고 있다[14]. 그런데 실제로 이런 변혁적 경험을 제공하려면 브랜드는 개인의 가치관을 정확히 파악해야 한다.

그렇다면 AI는 어떻게 개인의 가치관과 브랜드 Purpose를 매칭할까? AI가 개인의 가치관을 분석하고, 브랜드와 매칭하는 방법은 매우 정교하다. 먼저 소비자의 구매 이력, 검색 패턴, 소셜 미디어 활동을 분석하여 가치관 프로필을 생성한다. 예를 들어, 유기농 제품 구매 빈도, 환경 관련 콘텐츠 참여도, 자선 단체 기부 내역 등을 종합하여 '환경 의식 지수'를 산출한다. 다음으로 브랜드의 Purpose 실행 데이터와 매칭하여 적합도를 계산한다.

앞서 언급한 '환경 의식 지수'가 높은 소비자들을 타겟으로 하는 대표 브랜드가 파타고니아다. 파타고니아는 브랜드의 환경적 가치와 일치하는 고객들을 적극적으로 육성하는 전략을 사용한다. '1% for the Planet'

창립, '지구가 우리의 유일한 주주' 선언, 트럼프 정부의 국립공원 축소 정책에 대한 적극적 반대 등을 통해 환경 의식이 높은 고객들과 깊은 유대감을 형성하고 있다. 특히 파타고니아의 'Action Works' 플랫폼은 고객들이 지역사회의 환경 운동에 직접 참여할 수 있도록 연결해 주는 서비스다. 2018년 출시된 이 플랫폼은 현재 1,000개 이상의 환경 단체와 연결되어 있으며 고객들이 자원봉사, 기부, 청원 서명 등 다양한 방식으로 환경 보호에 기여할 수 있게 해준다.

한편 일부 브랜드들은 소비자 참여를 측정 가능한 임팩트로 연결하는 혁신적 모델을 개발했다. 톰스 슈즈의 'One for One' 모델은 브랜드 목적의 두 가지 역할을 잘 보여준다. AI에게는 평가 가능한 측정 지표가 되고, 소비자에게는 사회적 가치 실현에 직접 참여할 수 있는 실천 방법이 된다. 연례 'One Day Without Shoes' 캠페인에서는 전 세계 소비자들이 참여하여 수십만 개의 #withoutshoes 해시태그가 인스타그램에 게시된다. 이는 곧 수십만 명의 아이들이 새 신발을 받게 됨을 의미한다[15].

국내에서는 로컬 브랜드들이 지역 사회 문제 해결을 통해 차별화된 Purpose를 구현하고 있다. 동구밭은 Purpose가 반드시 거대한 글로벌 이슈일 필요가 없음을 보여주는 사례다. '발달장애인과의 행복한 일터'라는 구체적이고 따뜻한 목적을 '매일 사용하는 친환경 비누'라는 일상 제품에 담아, 소비자들로 하여금 구매 행위 자체를 사회적 기여로 인식하게 만들었다. 동구밭은 발달장애인 고용률, 급여 수준, 근속 기간 등의 데이터를 투명하게 공개함으로써 AI가 평가할 수 있는 구체적인 사회적 임팩트를 창출하고 있다[16].

Purpose 기반 비즈니스 모델의 진화

이런 다양한 사례들에서 알 수 있듯 AI가 높게 평가하는 비즈니스 모델은 몇 가지 특징을 가진다. 첫째, 순환적 가치 창출, 둘째, 다중 이해관계자 가치 창출, 셋째, 장기적 지속가능성이다. 이런 특징들은 각각 자원 효율성, 복합적 성과 데이터, 미래 예측 지표 등으로 측정 가능하기 때문에 AI가 객관적으로 평가할 수 있다.

H&M은 2030년까지 100% 순환형 기업이 되겠다는 목표를 설정하고, 이를 위한 구체적인 전략을 실행하고 있다. 'Conscious Collection'을 통한 지속 가능한 소재의 사용 확대, 의류 수거 프로그램 운영, 렌탈 서비스 시범 도입 등 다각도의 접근을 시도하고 있다. H&M의 의류 수거 프로그램은 2013년부터 진행되어 왔으며 전 세계 H&M 매장에는 의류 수거함이 구비되어 있다[17]. 수거된 의류는 재착용, 업사이클링, 재활용 섬유 생산 등 다양한 방식으로 재활용되고 있다.

제조업에서는 포스코가 2050년 탄소중립 달성을 위해 수소환원제철 기술을 개발하고 있다. 기존 석탄 기반의 제철 방식에서 수소 기반으로 전환하여 탄소 배출을 혁신적으로 줄이는 것이 목표다. 이는 단순한 환경 개선을 넘어 새로운 수익 모델을 창출하는 Purpose 기반 비즈니스 혁신의 사례다.

비슷한 접근을 보이는 기업이 테슬라다. 테슬라는 전기차 판매뿐만 아니라 탄소 크레딧 판매를 통해서도 상당한 수익을 창출하고 있으며[18], 이는 Purpose와 경제적 이익이 일치하는 비즈니스 모델의 사례다.

이처럼 Purpose를 추구하는 것이 비용이 아닌 수익 창출의 원천이 되는 비즈니스 모델들이 등장하고 있다. 탄소 크레딧 거래, 지속가능성 프리미엄, ESG 펀드의 우선 투자 등을 통해 사회적 가치 창출이 직접적인 경제 이익으로 연결된다.

Purpose 경제의 미래 전망

AI 추천 시스템의 영향력이 확대될 경우, Purpose를 기반으로 한 브랜드는 더욱 경쟁 우위를 점하게 될 것이다. 이런 경향은 젊은 층에서 더욱 강해질 것이다. Z세대와 알파세대는 디지털 네이티브이면서 동시에 사회적 의식이 높은 세대다. 이들은 AI의 도움을 받아 자신의 가치관과 일치하는 브랜드를 쉽게 찾아내고 선택한다.

나아가 이들이 투자자가 되면서 사회적 가치에 기반한 새로운 금융 상품들이 등장할 것이다. 사회적 임팩트가 금융 상품의 기초 자산이 되는 시대가 올 가능성이 있다. '임팩트 파생상품'을 통해 브랜드의 사회적 성과에 투자하거나 위험을 헤지할 수 있게 될 것이다. 예를 들어, 탄소 저감 성과에 연동된 채권, 사회적 일자리 창출에 따라 수익이 결정되는 펀드 등이 일반화될 것이다.

이런 새로운 금융 상품들이 공정하게 거래되려면 통일된 평가기준이 필요하다. UN, ISO, GRI 등 국제기구들이 협력하여 '글로벌 브랜드 목적 표준'을 제정할 가능성이 있다. 이 표준은 브랜드의 사회적 임팩트를 측정하고 보고하는 통일된 기준을 제공함으로써 AI가 전 세계 브랜드들을 공정하게 비교 평가할 수 있도록 할 것이다.

이런 표준화된 평가가 실현되면 개별 브랜드의 인증 시스템도 진화할 것이다. 예를 들어 향후 모든 브랜드가 '디지털 Purpose 여권'을 발급받게 될 가능성도 있다. 이는 블록체인 기반의 변조 불가능한 디지털 인증서로, 브랜드의 사회적 임팩트 이력과 현재 성과를 실시간으로 보여주는 시스템이다.

이처럼 다양한 변화들이 모이면 경제 패러다임의 전환을 만들어 낼 수 있다. Purpose 경제는 단순한 트렌드가 아닌 새로운 경제 질서의 출현을 의미한다. 그렇다면 왜 하필 지금 이 시점에 Purpose 경제가 중요해지는 것일까?

첫째, 기술적 가능성의 확보다. 과거에는 브랜드가 "환경을 생각한다"라고 선언해도 이를 실시간으로 검증할 방법이 없었다. 하지만 이제 AI, IoT, 블록체인, 위성 이미지 분석 등의 기술로 브랜드의 실제 행동을 24시간 모니터링하고 검증할 수 있게 되었다.

둘째, 사회적 요구의 임계점 도달이다. 기후변화, 사회적 불평등, 지속가능성 등의 글로벌 이슈가 심화되면서 소비자들, 특히 MZ세대는 브랜드에게 사회적 책임을 강력히 요구하고 있다.

셋째, 정보 투명성의 혁명적 확산이다. 소셜 미디어를 통해 브랜드의 모든 행동이 실시간으로 노출되고, 데이터 접근성이 향상되면서 소비자들이 직접 브랜드를 검증할 수 있게 되었다.

넷째, AI의 게임 체인저 역할이다. 사람과 달리 AI는 감정적 편향 없이 데이터를 기반으로 브랜드를 평가한다. 대량의 정보를 객관적으로 분석하여 립서비스와 진정성을 명확히 구별할 수 있다.

결국 Purpose 경제는 "예전에는 Purpose를 검증하고 싶어도 못했는데, 이제 AI가 등장했기 때문에 검증 가능해져서 Purpose가 중요해졌다"는 명제가 핵심이다. 기술적 가능성, 사회적 요구, 정보 투명성이 함께 작용하면서 AI가 마침내 브랜드의 진정성을 판별할 수 있는 시대가 열린 것이다.

AI가 중개하는 이 새로운 질서에서는 진정성 있는 사회적 가치 창출이 브랜드 생존의 필수조건이 될 것이다. 브랜드의 Purpose는 더 이상 연례 CSR 보고서의 한 페이지가 아니다. 그것은 AI가 매일 평가하고, 소비자가 매 순간 확인하며, 투자자가 지속적으로 감시하는 실시간 경쟁력의 핵심이 될 것이다.

이제 브랜드들은 "무엇을 팔 것인가"를 넘어 "어떤 세상을 만들 것인가"를 진지하게 고민해야 할 시점에 도달했다.

◀ 3장 참고자료

2부

브랜드 구조 설계의 시대

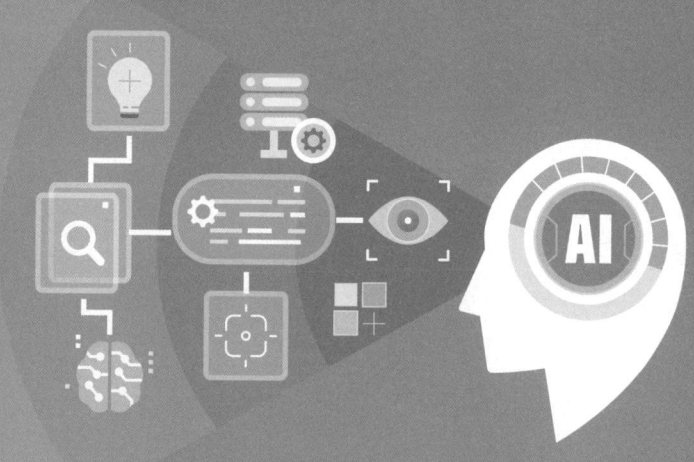

구분		설득의 대상	
		사람 고객	AI 에이전트
핵심 역량	감성 스토리텔링	I. 시인 (전통적 브랜드 매니저)	III. 번역가 (AI 콘텐츠 전략가)
	구조 데이터	II. 엔지니어 (퍼포먼스 마케터)	IV. 건축가 (AI 시대 브랜드 매니저)

설득의 역전 프레임워크 - 2단계: 역할 전환

진단이 끝났으니 이제 설계도를 그릴 차례다. 2부에서는 새로운 시대의 브랜드 매니저가 갖춰야 할 핵심 역량, 즉 III분면(번역가)과 IV분면(건축가)의 역할을 집중적으로 탐구한다. 사람의 마음을 움직이는 감성적 가치를 AI가 이해할 수 있는 논리적 구조로 '번역'하고, 이를 바탕으로 AI 생태계에서 선택받을 수 있는 견고한 브랜드 구조를 '설계'하는 구체적인 방법론을 살펴볼 것이다.

각 장의 탐구 영역

- 4장: 추상적인 '신뢰'를 검증 가능한 데이터와 구조적 일관성으로 재설계하는 '구조적 신뢰' 구축 방법론을 탐구한다.
- 5장: 감성적 브랜드 스토리를 AI가 이해하고 설득될 수 있는 '데이터 내러티브'로 전환하는 구체적 방법론을 제시한다.
- 6장: 브랜드 중심의 '커뮤니티'를 넘어 고객들이 자발적으로 가치를 창출하고, 확산시키는 '네트워크'를 설계하고 활용하는 방법을 다룬다.
- 7장: 전통적 AIDA 모델을 넘어, AI가 중재하는 압축된 '고객 여정'을 재창조하는 방법을 다룬다.
- 8장: 사람의 창의성이 AI의 분석력과 결합되는 '하이브리드 광고 창작' 협업 프로세스를 설계한다.

2부를 읽으며 주목해야 할 핵심 질문들

- 우리 브랜드의 감성적 가치를 AI가 어떻게 이해하고 고객에게 전달할 수 있을까?
- AI가 최적의 성능을 발휘할 수 있는 브랜드 구조는 어떻게 설계해야 할까?
- 사람의 마음을 움직이면서도 AI의 추천을 받는 브랜드는 어떻게 만들어야 할까?

4장

구조적 신뢰: 증명하고 측정하는 자산

신뢰는 느낌에서 측정 가능한 지표로 변화하고 있다.

감정의 신뢰에서 구조의 신뢰로

전통적인 브랜드 자산은 데이비드 아커의 브랜드 자산 모델에 따라 인지도, 연상, 충성도, 지각된 품질로 구성되었다[1]. 이는 사람의 감정과 기억에 기반한 무형 자산으로써 정량적 측정이 어려운 영역으로 인식되었다. 케빈 레인 켈러의 고객 기반 브랜드 자산 모델도 브랜드 인지도와 브랜드 이미지라는 사람 중심의 인지적 구조에 기반했다[2]. 하지만 AI를 먼저 설득해야 하는 '설득의 역전' 시대가 도래하면서, 브랜드 신뢰를 구축하고 평가하는 방식 자체가 뿌리부터 흔들리고 있다.

이런 변화는 브랜드 자산 개념을 뒷받침하던 신뢰의 조건도 바꾸고 있다. 가장 핵심적인 변화는 브랜드가 신뢰를 얻어야 하는 대상이 바뀌고 있다는 점이다. 이전까지 브랜드 메시지의 수신자는 '사람'이었지만, 이제는 'AI 에이전트'가 더 중요한 수신자로 부상하고 있다. 이것은 채널의 변화 정도가 아니라 신뢰의 작동 방식 자체가 전환되고 있음을 의미한다.

1장에서 살펴보았듯이 AI의 정보 처리 방식은 사람의 브랜드 인식과 본질적으로 다르다. AI는 브랜드의 슬로건에 감동하는 대신, 구조화된 정보를 읽고 패턴과 일관성을 판단한다. 즉 AI가 신뢰하는 브랜드란 감정을 잘 표현하는 브랜드가 아니라, 자신을 명확하게 설명하는 브랜드다. 설명 가능성, 일관된 구조, 반복 가능한 행동이 바로 AI가 인식하는 신뢰의 새로운 조건이다.

이러한 전환은 브랜드 전략에 근본적인 질문을 던진다. '당신의 브랜드는 AI에게 설명될 수 있는가?' 이는 브랜드 철학을 명료하게 정의하는 것 이상의 의미를 가진다. 브랜드가 어떤 키워드로 태깅되어 있고, 어떤 속성값으로 구조화되어 있으며, 다양한 상황에서 어떤 반응 패턴을 보이는지를 AI가 이해할 수 있는 방식으로 제시해야 한다는 뜻이다.

즉, 더 나아가 이는 신뢰 자체의 정의도 바꾸게 될 것이다. 오래되고 친숙하며 기억에 의존하던 전통적 신뢰는 이제 명확한 근거와 증거에 기반한 신뢰로 대체되고 있다. AI는 브랜드가 약속한 것을 실제로 이행했는지, 투명하게 정보를 공개하는지, 일관된 품질을 유지하는지 등을 추적하고 평가한다. 예를 들어 브랜드가 "48시간 내 배송"을 약속했다면, AI는 실제 배송 데이터를 분석하여 이 약속의 이행률을 계산한다.

전통적 브랜드 가치 이론의 재해석

인터브랜드의 브랜드 가치 평가 방법론은 금융 성과, 브랜드의 구매 결정 영향력, 브랜드 강도의 세 요소에 기반한다[3]. 하지만 AI 시대에는 이 중에서 '브랜드 강도'의 개념이 재정의될 필요가 있다. 전통적으로 브랜드 강도는 차별화, 관련성, 존경, 지식 등의 주관적 요소들로 측정되었지만, AI는 이런 주관적 평가보다는 객관적이고 검증 가능한 데이터를 평가 근거로 삼기 때문이다.

이런 AI의 평가 방식은 기존 브랜드 이론들을 새롭게 해석하게 만든다. 대표적으로 피터 드러커의 "브랜드는 약속이다"라는 개념[4]이 AI 시대에 새롭게 조명받을 것이다. 드러커 이론을 AI 시대에 적용해 보면 드러커의 "고객이 무엇을 가치 있게 여기는가"라는 질문은 AI 맥락에서 "AI가 무엇을 가치 있게 평가하는가"로 확장되어 생각해 볼 수 있다.

실제로 이런 접근을 실천하고 있는 브랜드가 테슬라다. 테슬라는 전통적인 자동차 브랜딩과 달리 구체적 성능 지표를 전면에 내세운다. 테슬라는 "럭셔리"나 "스타일"을 내세우는 대신에 "모델 3 Performance

0~60mph 가속 시간 2.9초", "1회 충전 주행거리 최대 363마일[5]", "오토파일럿 사용 시 사고 발생률이 일반 운전 대비 현저히 낮음[6]" 등의 구체적 성능 지표를 제시한다.

특히 테슬라의 오토파일럿 시스템에 대한 커뮤니케이션은 AI 시대 브랜딩의 방향성을 보여준다. 테슬라는 "편안한 운전"이라는 감성적 메시지 대신, "오토파일럿 사용 시 744만 마일마다 한 번의 사고가 발생하여, 일반 운전의 70만 2천 마일당 한 번보다 10배 이상 안전하다[7]"는 구체적이고 검증 가능한 안전성 데이터를 제시한다. 이런 데이터 중심 접근법은 AI의 평가 방식과 유사하며, 실제로 테슬라는 다양한 AI 기반 자동차 추천 시스템에서 높은 순위를 기록하고 있다.

데이터 중심 접근과는 다른 방식으로 AI 친화적 브랜딩을 구현한 사례는 애플이다. 애플은 제품 품질과 사용자 경험의 일관성을 통해 브랜드 신뢰성을 구축해 왔다. 애플의 모든 제품은 동일한 디자인 철학, 사용자 인터페이스, 품질 기준을 공유함으로써 고객이 새로운 애플 제품을 구매할 때 예측 가능한 경험을 제공한다. 특히 애플의 소프트웨어 업데이트 정책은 예측 가능성의 전형을 보여준다. 애플은 매년 9월 새로운 iOS를 출시하고, 5년간 보안 업데이트를 보장한다는 일관된 정책을 유지한다[8]. 이런 예측 가능성은 고객뿐만 아니라 AI 시스템에게도 애플을 신뢰할 수 있는 브랜드로 인식하게 만든다.

테슬라와 애플의 사례가 보여주듯, AI가 인식하는 브랜드 자산은 감정적 친밀감이 아니라, 구조화된 데이터의 정합성과 예측 가능한 일관성에 기반한다. 브랜드 자산 이론은 이제 사람 중심에서 AI 해독 중심으로 점진적으로 전환되고 있다.

신뢰의 정량화와 측정 체계

신뢰를 구성하는 방식이 변화했다면, 이제 그 신뢰를 어떻게 측정할 것인지가 중요한 과제가 된다. 이를 위해서는 신뢰의 다양한 차원을 체계적으로 정량화하는 새로운 측정 프레임워크가 필요하다.

로버트 카플란과 데이비드 노턴의 균형성과표 개념[9]을 브랜드 신뢰성에 적용하면, 신뢰성 측정 체계는 크게 네 가지 차원으로 구성될 수 있다. 첫째, 약속 이행도는 브랜드가 고객에게 한 약속을 실제로 지키는 정도를 측정한다. 구체적 측정 지표로는 배송 시간 준수율, 품질 보장 이행률, 가격 약속 유지율, 서비스 수준 달성률 등이 포함된다.

둘째, 투명성 지수는 브랜드가 중요한 정보를 얼마나 공개적이고 접근 가능한 형태로 제공하는지를 평가한다. 측정 지표로는 제품 정보 공개 수준, 가격 정책 투명도, 환경 영향 데이터 공개율, 공급망 정보 투명성 등이 있다.

셋째, 일관성 점수는 시간과 상황에 관계없이 동일한 수준의 제품과 서비스를 제공하는 능력을 측정한다. 품질 변동 계수, 서비스 표준 편차, 고객 경험 일관성 지수 등이 포함된다.

넷째, 예측 가능성 지수는 브랜드의 미래 행동을 예측할 수 있는 정도를 나타낸다. 정책 변경 빈도, 의사결정 패턴의 일관성, 시장 대응 예측가능성 등을 측정한다.

AI는 이런 신뢰성 지표들을 실시간으로 모니터링하고 업데이트할 수 있다. 고객 리뷰, 소셜 미디어 언급, 공식 발표, 규제 기관 보고서, 제3자 평가 등 다양한 데이터 소스를 종합하여 브랜드의 신뢰성 수준을 지속적으로 재평가할 것이다.

이런 신뢰성 지표의 중요성은 기존 브랜드 사례에서도 확인할 수 있다. 롤렉스는 수십 년간 흔들림 없는 최고가 정책과 장인정신으로 '지위'라는 니즈에 대한 신뢰를 구축해 온 브랜드다. 구체적으로 지속적인 가격 상승률 유지, 인증된 정품 판매점만을 통한 유통, 평생 A/S 보장 정책의 100% 이행, 높은 재판매 가치의 유지 등이 장기간 일관되게 유지되고 있다.

반면 세이코는 그들이 약속한 '합리성'과 '정밀도'의 영역에서 일관된 신뢰를 쌓아왔다. 쿼츠 무브먼트 정확도 월 ±15초 이내의 지속적 유지, 동일 가격대의 제품 성능을 지속적으로 개선, 전 세계 A/S 네트워크를 통한 일관된 서비스 품질, 신기술 도입 시 기존 모델과 호환성 보장 등이 핵심 신뢰 지표다.

두 브랜드 모두 각자의 포지셔닝 안에서 AI가 학습할 수 있는 일관된 신뢰의 데이터를 축적하고 있다. 중요한 것은 자신의 약속 영역을 명확히 정의하고, 그 영역에서만큼은 쉽게 타협하지 않는 일관성이다.

검증 가능한 증거: 신뢰의 기반 구축

AI가 브랜드를 신뢰하려면 먼저 그것을 '이해'할 수 있어야 한다. 이해를 가능하게 하는 유일한 언어는 구조화된 데이터다. 핵심은 브랜드의 주장을 측정 가능하고 반증 가능한 형태로 변환하는 것이다. "최고의 품질"이라는 주장은 검증 불가능하지만, "불량률 0.1% 이하"라는 주장은 명확히 검증하고 반증할 수 있어 AI가 신뢰성 평가에 활용할 수 있다.

이런 검증 가능한 증거 구축을 기술적으로 뒷받침하는 것이 블록체인이다. 월마트는 2018년부터 블록체인 기술을 활용하여 식품의 원산지와 유통 과정을 추적하는 시스템을 구축했다. 실제로 망고의 원산지를 추적하는 데 기존에는 6일 18시간 26분이 걸렸지만, 블록체인 시스템을 도입한 이후에는 2.2초 만에 완전한 유통 이력을 확인할 수 있게 되었다[10]. 이 시스템의 핵심은 농장에서 소비자까지의 모든 단계를 실시간으로 기록함으로써 식품 안전 문제 발생 시 즉시 해당 제품을 추적하고 격리할 수 있게 한다는 점이다. 이는 브랜드의 품질 약속을 단순한 마케팅 메시지가 아닌, 검증 가능한 데이터로 전환시킨 사례다.

투명성을 통한 신뢰 구축의 또 다른 접근은 파타고니아에서 찾을 수 있다. 파타고니아는 'Footprint Chronicles'를 통해 모든 제품의 환경 영향을 상세히 공개한다[11]. 각 제품이 사용하는 물의 양, 탄소 배출량, 재활용 소재 비율, 제조 공장의 노동 조건까지 모든 정보를 투명하게 제공한다. 특히 주목할 점은 파타고니아가 자사 제품의 부정적 영향도 숨기지 않고 공개한다는 것이다. 폴리에스터 플리스 재킷이 세탁 시 미세 플라스틱을 방출한다는 문제점을 스스로 공개하고, 이를 해결하기 위한 연구 결과와 개선 노력을 지속적으로 업데이트한다[12]. 이런 투명성은 단기적으로는 부정적 정보 노출의 위험이 있지만, 장기적으로는 브랜드 신뢰성을 크게 높이는 효과를 가져왔다.

한편 제품 자체의 진위성을 기술적으로 보장하는 접근도 있다. 드비어스는 2018년 블록체인 플랫폼 '트랙케어(Tracr)'를 출시하여 다이아몬드의 진위와 출처를 검증하는 시스템을 구축했다[13]. 각 다이아몬드에는 고유한 디지털 지문이 부여되어 채굴에서 소매까지의 전 과정이 기록된다. 이 시스템의 혁신성은 전쟁이나 분쟁 자금으로 거래되는 비윤리적 다이아몬드, 즉 '갈등 다이아몬드' 문제를 해결하고 고객에게 정당한 방법으로 얻은 원료임을 보장하는 동시에, AI가 평가할 수 있는 객관적 신뢰 증거를 제공한다는 점이다.

이러한 다양한 접근들은 AI가 제품의 진정성과 윤리성을 평가할 때 활용할 수 있는 명확한 데이터를 제공한다. 신뢰는 더 이상 메시지의 품격이 아니라, 데이터 구조의 일관성과 AI 해석 가능성에 의해 결정된다. 브랜드가 제시하는 모든 증거는 검증 가능한 형태로 계량화, 구조화되어야 한다. 이는 AI 시대 신뢰 구축의 새로운 전제 조건이 되었다.

신뢰성 위기 관리와 회복 전략

AI가 브랜드를 평가하는 시대에는 위기 대응의 속도와 투명성이 더욱 중요해진다. 사람은 시간이 지나면 부정적 기억이 희미해질 수 있지만, AI는 모든 위기 대응 데이터를 영구적으로 기록하고 브랜드의 신뢰성 점수에 반영하기 때문이다.

팀 콤스의 상황적 위기 커뮤니케이션 이론은 위기의 책임 정도에 따라 다른 대응 전략을 제시한다[14]. AI 시대에는 이 이론이 더욱 정교해져서, AI가 브랜드의 위기 대응을 실시간으로 평가하고 점수화할 것이다.

이때 가장 중요한 원칙은 문제를 숨기거나 책임을 회피하지 않는 것이다. 빠르고 투명한 대응은 오히려 신뢰성을 향상시킬 수 있을 것이다.

이런 원칙이 실제로 어떻게 작동하는지는 과거의 위기 사례에서 확인할 수 있다. 2009~2010년 토요타는 급발진 문제로 인해 전 세계적으로 800만 대 이상의 차량을 리콜하는 대규모 품질 위기를 겪었다[15]. 초기에는 대응이 늦고 불투명했지만, 위기가 심화되자 토요타는 전면적인 투명성 정책을 채택했다. 토요타는 문제의 원인을 상세히 분석하여 공개하고 품질 관리 시스템을 전면 개편했다. 특히 '고객 제일' 원칙을 재확인하고, 전 세계 모든 공장에 동일한 품질 기준을 적용하는 새로운 시스템을 도입했다.

더 빠른 대응을 보인 사례로는 삼성전자를 들 수 있다. 삼성전자는 2016년 갤럭시 노트7에서 배터리 발화 문제가 발생했을 때 사건 발생 9일 만에 전 세계 250만 대를 전량 리콜하고 생산을 중단하는 결정을 내렸다[16]. 이후 문제의 원인을 투명하게 공개하고, 8단계 배터리 안전성 검사 프로세스를 새롭게 도입했다. 이런 투명하고 책임감 있는 대응으로 2년 내에 신뢰를 회복할 수 있었다.

토요타와 삼성 사례가 보여주는 공통점은 위기를 성장의 기회로 전환했다는 점이다. 신뢰성 회복은 단순한 원상복구가 아니라 이전보다 더 강한 신뢰 기반을 구축하는 기회가 될 수 있다. 위기로부터 학습한 교훈을 시스템 개선에 반영하고, 이런 개선 과정을 투명하게 공개하는 브랜드는 AI로부터 높은 평가를 받을 것이다. AI는 브랜드의 학습 능력과 개선 의지 역시 신뢰성 평가의 중요한 요소로 고려하기 때문이다.

신뢰는 문화에서 시작된다

외부에 보여주는 데이터의 신뢰성은 결국 내부의 투명한 의사결정 문화에서 비롯된다. 조직의 모든 의사결정 과정에서 그 결정이 신뢰성에 끼칠 영향을 고려하는 체계를 구축해야 한다. 새로운 제품 개발, 공급업체 선정, 마케팅 메시지 결정, 가격 정책 수립 등 모든 과정에서 "이것이 우리의 신뢰성에 어떤 영향을 끼칠 것인가?"를 핵심 질문으로 삼아야 한다.

세일즈포스는 이런 문화를 구축한 모범 사례를 보여준다. 세일즈포스는 'V2MOM'(Vision, Values, Methods, Obstacles, Measures) 프레임워크를 통해 "이것이 고객 신뢰에 어떤 영향을 끼칠 것인가?"를 모든 의사결정의 판단 기준으로 삼는다. 특히 '신뢰'를 최우선 가치로 설정하여 새로운 기능을 출시할 때 성능과 편의성뿐만 아니라 데이터 보안과 프라이버시에 끼칠 영향을 철저히 분석한다[17]. 이런 일관된 가치에 기반한 의사결정이 세일즈포스의 브랜드 신뢰성을 높이는 핵심 요소다.

신뢰 구축의 또 다른 핵심은 실패를 대하는 조직의 자세다. 이의 대표 사례가 3M이다. 3M은 '실패를 축하하는 문화'로 유명하다. 직원들에게 근무시간의 15%를 자유로운 실험에 할애하도록 허용하고, 실패한 프로젝트에서도 학습한 점을 공유하도록 장려한다. 포스트잇 같은 혁신 제품들이 모두 '실패한' 실험에서 탄생했다는 사실은 잘 알려져 있다. 3M은 실패 사례를 데이터베이스화하여 전사적으로 공유함으로써 같은 실수를 반복하지 않고 새로운 시도를 지속할 수 있는 시스템을 구축했다. 이렇게 체계적인 학습 문화가 3M의 지속적 혁신 능력과 브랜드 신뢰성의 기반이 되고 있다. AI는 이런 일관된 조직 문화와 그 실행력을 브랜드의 신뢰성 평가에 반영하게 될 것이다.

미래 시나리오: 2030년의 신뢰 경제

가까운 미래에는 대부분의 브랜드가 실시간으로 업데이트되는 신뢰 점수를 갖게 될 가능성이 높다. 이것은 현재의 신용 점수와 유사하지만 훨씬 더 포괄적이고 동적인 시스템이 될 것이다. AI는 브랜드의 모든 활동을 실시간으로 모니터링하여 약속 이행률, 투명성, 일관성, 예측 가능성 등을 종합적으로 평가할 것이다.

높은 신뢰 점수를 가진 브랜드는 우수한 신뢰 등급을 받아 AI 추천

목록에서 우선순위를 확보하고, 검색 결과 상위 노출, 온라인 플랫폼의 프리미엄 배지, 신뢰 배지 획득, 인플루언서 협업 시 우선권 등 다양한 혜택을 받을 것이다. 반면 낮은 신뢰 점수를 가진 브랜드는 AI 시스템에서 자동으로 필터링되어 소비자 선택에서 배제될 위험이 높아질 것이다.

이런 신뢰 점수 시스템이 제대로 작동하려면 데이터의 신뢰성이 보장되어야 한다. 블록체인 기술은 이런 요구에 대한 해답을 제공할 수 있다. 모든 브랜드의 약속과 이행 결과가 블록체인에 기록되어 위조나 조작이 불가능해질 것이다. 스마트 컨트랙트를 통해 브랜드의 약속 이행이 자동으로 검증되고, 이행하지 못할 경우 자동으로 벌칙이 실행될 수 있을 것이다.

소비자들 역시 구매 결정에서 브랜드의 감성적 어필보다는 객관적인 신뢰성 지표를 더 중시하게 될 가능성이 높다. Z세대와 알파세대는 AI 네이티브 세대로서 AI가 제공하는 데이터 기반의 추천을 자연스럽게 받아들일 것이다.

신뢰의 평가자가 사람에서 AI로 바뀐 지금, 브랜드는 감정이 아닌 데이터로 신뢰를 증명해야 하는 시대가 되었다.

◀ 4장 참고자료

설득의 역전
The Persuasion Shift

5장

브랜드 스토리에서
브랜드 데이터로

이제 브랜드는 이야기와 함께 데이터로 말해야 한다.

스토리텔링의 진화와 데이터 내러티브의 부상

20세기 마케팅의 황금률은 "좋은 브랜드는 좋은 이야기를 가지고 있다"는 것이었다. 월터 피셔의 내러티브 패러다임 이론은 사람이 본질적으로 스토리텔링하는 존재라고 주장했고[1], 조지프 캠벨이 주창한 영웅의 여정 이론은 수많은 브랜드 스토리텔링의 기반이 되었다[2]. 코카콜라의 "행복을 여세요", 나이키의 "Just Do It", 애플의 "Think Different" 같은 감성적 슬로건이 수십 년간 브랜드 가치를 만들어 왔다.

그러나 브랜드가 소비자가 아닌 AI를 먼저 설득해야 하는 '설득의 역전' 시대가 도래하면서 이 위대한 공식은 근본적인 도전에 직면했다. 1부에서 살펴본 바와 같이 '설득의 역전' 현상으로 인해 감성적 스토리텔링만으로는 AI의 추천을 받기가 어려워졌기 때문이다. AI는 감정을 직접 느끼지 못하며, 애매한 개념보다는 명확하게 정의되고 측정할 수 있는 정보들을 통해 세상을 파악한다. "혁신적인 브랜드"라는 감성적 표현은 AI에게는 불분명한 신호이지만 "연간 특허 출원 127건, R&D 투자 매출 대비 15%, 신제품 출시 주기 평균 6개월"이라는 구체적 데이터는 분명한 의미를 전달한다.

이를 잘 보여주는 대표 사례가 바로 P&G의 전환이다. P&G의 전통적 스토리텔링은 "우리는 지속 가능한 생활을 위해 노력한다"였다. 감동적이고 의미 있는 메시지였지만, AI에게는 해석하기 어려운 추상적 표현이었다. 이것이 데이터 내러티브로 전환되면 완전히 다른 형태가 된다. P&G는 "2010년 기준 대비 생산 단위당 물 효율 25% 향상, 폐수 재활용을 통해 31억 리터 재활용 달성"과 같은 구체적 성과를 전면에 내세우기 시작했다. 또한 "팬틴 린스 프리 컨디셔너로 전통적 제품 대비 물 사용량 50% 절약하는 기술을 구현했다[3]"고 적극 알렸다. 이러한 데이터 내러티브는 감성적 호소 없이도 브랜드의 가치와 영향력을 명확히 전달한다.

이런 변화는 브랜드의 커뮤니케이션뿐만 아니라 의사결정 과정에서도 나타난다. 넷플릭스가 대표적이다. 전통적인 방송사들이 PD의 직감과 경험에 의존했다면, 넷플릭스는 협업 필터링과 콘텐츠 기반 필터링을 결합한 하이브리드 추천 시스템을 통해 주요 시청 행동을 분석한다[4].

넷플릭스는 이렇게 축적된 시청 데이터를 콘텐츠 제작 결정에도 직접 활용한다. 『하우스 오브 카드』의 제작 결정과정에서 넷플릭스는 데이비드 핀처 감독의 과거 작품 시청률 데이터, 케빈 스페이시의 인기도 지수, 영국 원작의 시청 패턴, 그리고 정치 드라마 장르의 완주율 통계를 종합적으로 분석했다. 이는 전통적인 "우리는 사람들이 좋아할 만한 훌륭한 드라마를 만든다"는 감성적 접근에서 벗어나, 구체적인 시청자 행동 데이터를 바탕으로 한 정량적 접근으로 전환한 것이다. 넷플릭스는 이러한 다면적 데이터 분석을 통해 타겟 시청층의 콘텐츠 소비 패턴을 정밀하게 예측하고 투자 결정을 내렸다.

그리고 『하우스 오브 카드』는 2013년 온라인 전용 스트리밍 TV 시리즈로는 최초로 프라임타임 에미상 33개 부문 후보에 올랐다[5].

데이터 내러티브의 구성 요소와 작동 원리

그렇다면 AI라는 새로운 설득 대상을 통과할 수 있는 이야기, 즉 '데이터 내러티브'란 무엇일까? 데이터 내러티브란 브랜드의 가치와 메시지를 구조화된 데이터를 통해 전달하면서도, 고객의 삶에서 의미 있는 이야기로 인식될 수 있도록 구성한 새로운 형태의 브랜드 커뮤니케이션이다. 이는 단순한 수치의 집합이 아니라, AI가 이해할 수 있도록 구조화된 디지털 정보인 동시에 고객에게도 의미를 갖는 서사다.

전통적인 브랜드 정보가 주관적 주장에 의존했다면, 데이터 내러티브는 측정 가능한 객관적 사실로 구성된다. 여기서 중요한 것은 이 데이터들이 단순한 수치의 나열이 아니라 하나의 완성된 이야기를 구성한다는 점이다.

이런 데이터 내러티브는 구체적으로 어떤 요소들로 구성될까? 다섯 가지 핵심 서사 요소를 나누어 살펴볼 수 있다. 첫째, 성능 서사는 제품이나 서비스의 객관적 성능을 나타내는 정량적 지표로 '신뢰할 수 있는 품질'이라는 이야기를 구성한다. 둘째, 경험 서사는 고객이 브랜드와 상호작용하면서 겪는 경험을 수치화한 것으로 '고객 중심적 사고'라는 이야기를 만든다. 셋째, 가치 서사는 브랜드가 제공하는 경제적 가치를 나타내는 데이터들로 '합리적 선택'이라는 이야기를 구성한다. 넷째, 신뢰성 서사는 브랜드의 일관성과 신뢰도를 보여주는 데이터들로 '변함없는 약속'이라는 이야기를 만든다. 마지막으로 영향력 서사는 브랜드가 사회와 환경에 끼치는 영향을 측정한 데이터들로 '더 나은 세상을 위한 노력'이라는 이야기를 형성한다.

이러한 데이터 서사 요소들이 실제로 어떻게 작동하는지 펠로톤 사례를 통해 살펴보자. 펠로톤은 각 서사 요소를 다음과 같이 데이터로 구성한다.[6] 성능 서사로는 "지난 30일간 평균 심박수 152bpm, 총 소모 칼로리 8,420kcal, 작년 대비 23% 향상"과 같은 운동 성과 데이터를, 경험 서사로는 "개인 신기록 달성, 전체 사용자 중 상위 15%" 같은 개인화된 성취를, 가치 서사로는 "월 $39로 무제한 클래스 이용"이라는 비용 효율성을, 신뢰성 서사로는 "12개월 사용자 유지율 95%"라는 높은 충성도를, 영향력 서사로는 "2026년 재생에너지 100% 전환, 50만 명 건강형평성 프로그램 추진"과 같은 사회적 임팩트 데이터를 제시한다.

더 나아가 펠로톤은 이러한 성과 데이터를 "당신은 이제 6개월 전의 당신보다 강해졌다"라는 감정적인 울림이 있는 메시지로 번역하여 제공한다[7]. AI는 이러한 데이터 서사를 통해 펠로톤을 '목표 달성을 돕는 파트너'로 인식하게 되며, 결과적으로 AI는 꾸준한 자기계발을 추구하는 고객에게 펠로톤을 우선적으로 추천할 가능성이 높아진다.

AI가 이해하는 브랜드 정보 체계

'설득의 역전' 시대에 AI의 선택을 받기 위해서는 단순히 많은 데이터를 나열하는 것이 아니라, AI가 이해하고 처리할 수 있는 구조화된 데이터로 제공해야 한다. AI 에이전트는 감성적인 수사나 정보의 양보다, 고객의 복잡한 의도와 맥락을 해석할 수 있는 데이터의 구조와 관계망을 더 중시하기 때문이다. 따라서 브랜드는 '양적인 확대'가 아니라 고객의 니즈를 정교하게 담아내는 '의미 있는 구조화'를 통해 AI의 신뢰를 얻어야 한다.

그렇다면 AI가 진정으로 이해할 수 있는 브랜드 정보 체계란 무엇인가? 단순히 제품 스펙을 나열하는 것만으로는 부족하다. AI는 "이 제품이 왜 고객의 문제를 해결하는가?"라는 논리적 연결을 요구한다. 바로 이 요구에 답하는 것이 2장에서 제시한 NSO 프레임워크다. NSO는 고객의 니즈와 브랜드의 솔루션을 AI가 해석 가능한 의미망으로 모델링하는 질서의 언어다.

물론 이 체계에는 제품군, 성능 지표, 가격, 재고 상태 같은 객관적 속성 정보도 포함된다. 하지만 NSO 프레임워크에서 이러한 속성들은 단순히 나열되는 것이 아니라, 브랜드의 해법을 증명하는 '솔루션 계층'의 핵심 메타데이터로 기능한다. 이는 AI가 제품을 이해하는 필수적인 첫 걸음이다. 그리고 이 솔루션 계층의 진정한 힘은 이러한 데이터가 고객의 '니즈 및 목적 계층'과 연결될 때 발휘된다.

테슬라의 사례를 다시 살펴보자. '주행거리'나 '가속 성능' 같은 데이터(솔루션 계층)는 단순히 나열된 숫자가 아니다. 이 데이터들은 "환경을 보호하면서도 최고의 성능을 경험하고 싶다"는 고객의 목적(니즈 계층)에 대한 구체적인 답변이자, '지속 가능한 고성능 모빌리티'라는 브랜드 서사의 핵심 증거로 작동한다.

바로 이 두 계층을 연결하는 '연결 계층'을 통해, 브랜드 정보는 "[목적] 때문에 [솔루션]이 [증거]를 바탕으로" 최적의 선택이라는 완성된 'NSO 핵심 서술문'으로 구성된다.

이렇게 니즈와 솔루션, 그리고 증거가 하나의 논리로 통합될 때, 브랜드 정보체계는 비로소 AI에게 강력한 설득력을 갖게 된다. 또한 이러한 연결 구조가 효과적으로 작동하려면 각 정보는 AI가 의미와 맥락을 정확히 해석할 수 있도록 풍부한 부가 정보, 즉 메타데이터를 포함해야 한다.

실제로 아마존은 이것을 체계적으로 구현하고 있다. 각 상품에 대한 상세하고 방대한 양의 메타데이터 필드를 관리하는데[8], 이는 분류를 위해서가 아니라 '완벽한 상품 이해'라는 서사를 구성하기 위함이다.

이러한 정보 구조화를 위한 업계 표준도 등장했다. 구글, 마이크로소프트, 야후, 얀덱스가 공동으로 만든 Schema.org는 웹상의 정보를 구조화하는 표준을 제공한다[9]. 브랜드들은 이를 활용해 AI가 이해할 수 있는 형태로 정보를 체계적으로 관리할 수 있다. 더 중요한 것은 이러한 구조화된 수치들이 브랜드 서사의 구체적 증거가 된다는 점이다.

하지만 아무리 체계적으로 구조화되어 있어도 정적인 브랜드 정보만으로는 AI 시대의 경쟁에서 살아남기 어렵다. 효과적인 브랜드 관리를 위해서는 브랜드 데이터가 실시간으로 변화하고 업데이트되는 동적 구조를 가져야 한다. 우버의 다이내믹 프라이싱 시스템은 이러한 동적 데이터 구조의 좋은 사례다. 실시간 수요량, 운전자 공급 현황, 교통 체증 수준, 기상 조건 등 15개 이상의 변수를 실시간으로 분석하여 가격을 조정한다[10]. 이 과정에서 투명성을 유지하기 위해 "현재 1.5배 할증이 적용되고 있다. 이유: 강남역 일대 차량 부족"과 같이 명확한 설명을 제공한다.

증거 기반 커뮤니케이션 전략

AI 시대의 브랜드가 '시인'이 아닌 '건축가'의 역할을 해야 한다는 것은, 결국 모든 주장을 데이터 기반의 '증거 중심 서사'로 구축해야 함을 의미한다. 의학계의 근거 기반 의학 개념을 브랜드에 적용하면 증거의 신뢰도를 계층적으로 구분할 수 있으며, 각 계층의 증거가 브랜드의 신뢰성 서사를 뒷받침하는 요소가 된다.

구체적으로 적용해 보면, 가장 신뢰도가 높은 1차 증거는 무작위 대조 시험 수준의 데이터다. 제3자 기관의 독립적 테스트 결과, 대규모 사용자 실증 데이터, 정부 기관의 인증 및 승인이 '객관적 검증'이라는 서사의 핵심을 구성한다. 2차 증거는 관찰 연구 수준이다. 자체 실험실 테스트 결과, 고객 만족도 조사, 업계 평가 및 수상 이력 등이 '전문성과 우수성'이라는 이야기를 만든다. 3차 증거는 전문가 의견 수준으로, 전문가 추천 및 리뷰, 미디어 보도, 사례 연구 등이 '인정받는 가치'라는 서사를 뒷받침한다.

이러한 증거 기반 접근법은 전통적 감성 마케팅의 한계를 극복하고, AI가 신뢰하는 정보 체계에 맞춘 새로운 브랜드 서사를 가능하게 한다.

이 중에서도 특히 1차 증거 구축이 중요한데 P&G는 이를 체계적으로 실현한 대표 사례다. P&G는 모든 제품 주장을 과학적으로 증명하는 체계를 구축했을 뿐만 아니라, 이러한 검증 과정 자체가 '과학에 기반한 신뢰'라는 브랜드 서사를 구성하도록 했다. 올레이 리제네리스트의 경우, P&G 연구소와 피부과학 전문기관이 공동으로 진행한 12주간의 임상시험에서 35~65세 여성 120명을 대상으로 이중맹검 테스트를 실시했다[11]. 비지아 피부 분석 장비를 사용하여 주름 깊이 20% 개선, 피부 탄력도 15% 증가, 피부 톤 균일도 25% 향상이라는 객관적 측정 결과를 확보했다.

물론 이러한 증거 기반 전략이 효과적이려면 일관성이 핵심이다. AI는 여러 소스에서 정보를 수집하여 교차 검증한다. 그러므로 브랜드의 주장은 모든 채널에서 일관되어야 하며, 이러한 일관성 자체가 '신뢰할 수 있는 브랜드'라는 서사를 형성한다. 이런 맥락에서 컨슈머 리포트는 이러한 독립적 검증의 대표적 기관이다. 제조사 후원 없이 중립적 평가를 수행하고, 동일한 조건에서 모든 제품을 테스트하며, 실사용 환경을 반영한 테스트를 설계함으로써 '공정하고 객관적인 평가'라는 서사를 구성한다[12].

따라서 브랜드는 독립적 검증 결과를 적극 활용하여 신뢰성 서사를 강화해야 한다. 동시에 자체 데이터가 이러한 외부 평가와 일치하도록 지속적으로 관리해야 한다. AI는 정보의 불일치를 즉시 감지하므로, 브랜드 주장의 일관성 유지는 신뢰도 확보의 핵심 요소가 된다.

데이터 서사의 전제 조건: 진실성

하지만 증거 기반 커뮤니케이션에는 절대적 전제 조건이 있다. 바로 데이터의 진실성이다. 아무리 정교한 데이터 내러티브라도 거짓 정보에 기반한다면 결국 더 큰 신뢰 손실로 이어진다.

폭스바겐의 디젤게이트 사건은 데이터 조작이 브랜드에 끼치는 치명적 영향을 보여준다. "클린 디젤"이라는 친환경 서사를 뒷받침하기 위해 조작된 배출가스 데이터는 발각 후 브랜드 신뢰도를 완전히 무너뜨렸다[13]. 테라노스의 혈액 검사 기술도 마찬가지다. "한 방울의 혈액으로 200가지 검사"라는 혁신적 서사를 뒷받침하는 기술 데이터가 조작된 것으로 드러나면서 회사가 완전히 몰락했다[14]. 웰스 파고의 가짜 계좌 스캔들 역시 인위적으로 부풀려진 성과 데이터가 진실이 밝혀진 후 브랜드 가치를 급락시켰다[15].

이 모든 사례들의 공통점은 단순히 거짓말이 들통났다는 것이 아니라 브랜드 이미지가 완전히 뒤바뀌었다는 점이다. 폭스바겐은 '친환경'에서 '환경 사기꾼'으로, 테라노스는 '혁신 기업'에서 '사기 회사'로, 웰스 파고는 '신뢰받는 은행'에서 '고객을 속이는 은행'으로 인식이 완전히 바뀌었다. 그런데 AI 시대에는 이러한 위험이 더욱 커진다. AI는 다양한 소스의 정보를 교차 검증하므로 조작된 데이터는 더 빨리 발각될 가능성이 높다. 따라서 데이터 내러티브의 핵심은 정교한 구조나 매력적인 서사가 아니라 '진실성'에 있다. 진실한 데이터만이 지속 가능한 브랜드 신뢰의 기반이 될 수 있다.

데이터 내러티브 구축 방법론

효과적인 데이터 내러티브는 명확한 논리 구조를 가져야 할 뿐만 아니라, 고객의 삶 속에서 의미 있는 변화를 보여주는 완성된 이야기여야 한다. 앞서 제시한 5가지 핵심 서사 요소(성능, 경험, 가치, 신뢰성, 영향력 서사)를 실제로 구축하기 위한 체계적 접근법으로 다음 5단계를 제시한다.

1단계: 핵심 가치 정의에서는 브랜드가 고객에게 제공하는 궁극적 가치를 명확히 설정한다. 이는 추상적 개념이 아니라 측정 가능한 결과로 표현되어야 한다. 2단계: 측정 가능한 지표 선정에서는 핵심 가치를 뒷받침하는 구체적이고 객관적인 지표들을 선별한다. 3단계: 데이터 수집 및 검증에서는 신뢰할 수 있는 출처에서 정확한 데이터를 확보하고, 가능한 한 제3자 검증을 받는다. 4단계: 서사 구조 설계에서는 수집된 데이터들을 고객의 삶과 연결되는 의미 있는 이야기로 구성한다. 5단계: 맥락별 커스터마이징에서는 동일한 데이터라도 고객의 상황과 니즈에 따라 다른 관점에서 접근할 수 있도록 맥락별 서사를 차별화한다.

슬립넘버는 이러한 데이터 내러티브 구축의 모범 사례를 보여준다. 이 회사는 메이요 클리닉과의 협력을 통해 매일 밤 100억 개 이상의 생체 데이터 포인트를 수집하는 SleepIQ 기술을 개발했다[16]. 360° 스마트 베드는 개인별 수면 패턴을 학습하여 실시간으로 매트리스 경도를 조절한다. 특히 이 기술의 정확성은 의료 수준으로 검증되었다. 심박수와 호흡률 측정에서 병원에서 사용하는 폴리솜노그래피(수면다원검사) 결과와 각각 0.81, 0.71의 높은 상관계수를 기록하여, 의료기기에 준하는 정확도를 입증했다[17].

이제 슬립넘버의 사례를 통해 5단계 방법론의 실제 적용을 살펴보자. 1단계에서 "더 나은 수면을 통한 삶의 질 향상"을 측정 가능한 결과로 설정했다. 2단계에서는 수면 효율성, 뒤척임 횟수, 심박수 변화, 수면 단계별 시간 등 객관적 지표들을 선별했다. 3단계에서는 메이요 클리닉 수면 연구소와의 공동 연구 결과를 바탕으로 문제를 정의했다[18]. 4단계에서는 "360° 스마트 베드는 개인별 수면 패턴을 학습하여 실시간으로 매트리스 경도를 조절한다. 사용자 중 89%가 첫 주부터 수면의 질 개선을 체감했으며, 6개월 사용 후 평균 깊은 잠 시간이 23% 증가했다"라는 해결책과 결과를 하나의 완성된 이야기로 구성했다. 5단계에서는 사용자 맥락별로 서사를 차별화했다. 불면증으로 고민하는 고객에게는 '깊은 잠 시간 23% 증가', 운동 후 회복을 원하는 고객에게는 '심박수 안정화 데이터'를, 부부 침실 사용자에게는 '파트너 움직임 감지 및 독립 조절 기능'을 중심으로 한 맞춤형 서사를 제공한다.

이처럼 같은 제품이라도 사용 맥락에 따라 강조해야 할 서사가 다르다. AI는 사용자의 의도를 파악하여 적절한 데이터 서사를 선택한다. 애플 에어팟 프로의 경우, 운동 중 사용을 고려하는 고객에게는 'IPX4 방수 등급'이 '땀과 비에도 안전한 운동'이라는 서사를, 업무 중 사용을 생각하는 고객에게는 '액티브 노이즈 캔슬링의 주변 소음 85% 차단 능력'이 '집중력 향상을 위한 완벽한 환경'이라는 서사를 만들어 낸다.

또한 효과적인 데이터 내러티브는 시간의 흐름에 따라 진화하고 성장한다. 스포티파이의 Wrapped 캠페인은 이러한 시간축 서사의 좋은 예시다. 매년 말, 스포티파이는 사용자의 1년간 청취 데이터를 분석하여 개인화된 음악 여정을 보여준다. "당신은 올해 73,829분을 음악과 함께했다"라는 수치가 '음악과 함께한 소중한 순간들'이라는 감성적 서사로 변환된다.

하지만 한 가지 오해가 있다. AI 시대의 데이터 내러티브가 순전히 차가운 숫자만으로 구성되어야 한다는 것은 잘못된 인식이다. 오히려 데이터가 사람의 감정과 연결될 때 가장 강력한 서사가 된다. 중요한 것은 감정이 데이터로 뒷받침되고, 데이터가 감정으로 의미를 갖는 상호보완적 관계를 구축하는 것이다. 펠로톤의 성공은 이러한 융합의 힘을 보여준다. "당신은 이번 달 15회 운동했고, 총 8,547칼로리를 소모했다"라는 데이터는 단순한 수치가 아니라 '꾸준함이 만든 변화'라는 개인적 성취 서사의 근거 데이터가 된다.

미래 전망: AI 시대 브랜드 자산의 진화

브랜드 스토리에서 브랜드 데이터로의 전환은 단순한 형식의 변화가 아니다. 이는 브랜드 가치가 창출되고 전달되며 축적되는 방식의 근본적 재정의다. AI가 소비자와 브랜드 사이의 문지기로 자리잡는 이러한 상황에서 브랜드 자산은 어떻게 변모할까?

이 변화의 핵심 동력은 생성형 AI의 진화다. ChatGPT, Claude, Gemini 같은 생성형 AI의 등장은 브랜드 데이터의 새로운 가능성을 열어준다. 이들은 단순히 데이터를 검색하고 비교하는 것을 넘어, 브랜드 데이터를 바탕으로 새로운 인사이트와 추천을 생성한다.

먼저, 복잡한 맥락을 이해하고 다차원 데이터를 통합할 수 있다. 예를 들어 "내일 중요한 프레젠테이션이 있는데, 자신감 있게 보이면서도 편안한 비즈니스 캐주얼을 추천해 줘"라는 요청에 대해, 사용자의 과거 구매 이력, 체형 데이터, 선호 브랜드, 예산, 날씨 예보, 미팅 장소의 드레스 코드까지 종합적으로 고려할 수 있다.

더 나아가, 이런 데이터를 바탕으로 개인화된 인사이트를 생성한다.

"당신은 밝은 재킷을 입었을 때 청중 설득력이 더 높았습니다" 또는 "비슷한 업계의 성공한 프레젠터들은 이런 스타일을 선호합니다"와 같은 패턴 분석 결과를 제공하면서, 단순 제품 나열이 아닌 맥락 있는 추천을 할 수 있다.

이러한 AI의 추천 능력은 데이터의 신뢰성에 전적으로 의존한다. 블록체인 기술의 발전은 브랜드 데이터의 진위성과 투명성을 보장하는 새로운 방법을 제시한다. LVMH의 AURA 블록체인 플랫폼은 이미 이런 미래를 구현하고 있다. 루이비통, 디올, 불가리 등 럭셔리 제품의 진품 인증서, 원산지 정보, 소유권 이력, 제작 과정의 장인 정보까지 블록체인에 기록된다[19]. 고객은 제품의 전체 여정을 투명하게 확인할 수 있고, AI는 이 데이터를 바탕으로 진품 여부를 즉시 판단할 수 있다.

그러나 이처럼 발전하는 기술에도 불구하고 데이터 중심 접근법이 완벽한 해결책은 아니다. 데이터 편향의 위험, 개인정보 침해 우려, 인간성 상실의 가능성, 경쟁사 대응 전략의 필요성 등 중요한 한계와 위험 요소가 존재한다. 이러한 한계를 극복하기 위해서는 데이터의 다양성 확보, 투명한 데이터 수집 정책, 그리고 데이터와 감성의 균형 잡힌 활용이 필요하다.

정리하면 브랜드 스토리에서 브랜드 데이터로의 전환은 AI 시대의 핵심적 변화다. 하지만 이것이 브랜드의 인간적 가치나 감성적 연결의 종말을 의미하는 것은 아니다. 데이터는 브랜드가 고객에게 제공하는 가치를 AI에게 전달하는 새로운 언어일 뿐이다. 결국 데이터로 AI를 먼저 설득하고, 그 AI가 다시 사람의 마음을 움직이게 만드는 것. 이것이 바로 '설득의 역전'을 성공적으로 이뤄낸 브랜드의 모습이다.

성공적인 브랜드들은 데이터를 통해 더 풍부하고 의미 있는 서사를 구축할 것이다. 숫자는 차갑지만, 그것이 만들어내는 이야기는 따뜻할 수 있다. 수면 시간이 36분 늘어났다는 데이터는 '더 활기찬 아침'이라는 개인적 변화의 이야기가 되고, 탄소 배출량 15,000톤 감소는 '다음 세대를 위한 책임'이라는 사회적 서사가 된다.

이렇게 데이터와 서사를 연결하려면 AI 시대의 브랜드 매니저에게는 감성적 가치를 데이터로 번역하는 새로운 역량이 필요하다. 브랜드의 모든 활동과 성과를 의미 있는 데이터로 변환하고, 이를 고객의 삶과 연결되는 서사로 재구성하는 능력이 핵심 역량이 될 것이다. 이는 단순히 숫자를 수집하는 것이 아니라, 그 숫자들이 어떤 인간적 가치와 연결되는지를 발견하고 전달하는 창조적 과정이다.

이제 브랜드는 스토리텔링을 넘어 측정 가능하고 검증 가능한 데이터 서사로 자신을 증명해야 한다. 이렇게 구조화되고 축적된 브랜드 데이터는 단순히 AI를 설득하는 것을 넘어, 새로운 차원의 가치를 창출하는 동력이 된다. 바로 고객들을 서로 연결하고, 상호작용하게 하며, 함께 새로운 가치를 만들어내는 '네트워크'의 기반이 되는 것이다.

◀ 5장 참고자료

6장

커뮤니티에서 네트워크로: 연결된 브랜드의 힘

개별 설득에서 네트워크 확산 방식으로 변화하고 있다.

개별 설득에서 네트워크 설득으로의 패러다임 진화

전통적인 브랜드 마케팅은 개별 소비자를 독립적인 의사결정자로 보고, 각각을 설득하는 데 집중했다. 20세기 중반, 광고 대행사들이 확립한 "대중 매체 시대의 마케팅 공식"은 한 명 한 명의 고객에게 브랜드 메시지를 전달하고, 개인의 구매 결정을 이끌어내는 것을 핵심으로 삼았다[1]. 하지만 소셜 네트워크가 구매 결정에 끼치는 영향이 커지면서[2] 개별 설득만으로는 충분하지 않다는 것이 점점 드러나고 있다.

이것이 바로 '설득의 역전' 시대에 네트워크가 중요해지는 결정적인 이유다. AI라는 새로운 문지기는 브랜드의 일방적인 주장보다는 네트워크에서 자발적으로 생성되는 방대한 양의 데이터, 즉 리뷰, 토론, 추천 등을 훨씬 더 신뢰할 수 있는 판단 근거로 삼기 때문이다. 결국 활성화된 네트워크를 구축하는 것이 AI를 체계적으로 설득하는 가장 효과적인 전략이 된다.

더욱 중요한 점은 AI 에이전트들 역시 고립된 환경에서 작동하지 않는다는 사실이다. ChatGPT, Claude, Gemini와 같은 주요 AI 시스템들이 공통적으로 Reddit, Wikipedia, 뉴스 사이트 등의 웹 데이터를 학습함에 따라 특정 브랜드에 대한 평가가 AI 생태계 전반에서 수렴할 가능성이 높아지고 있다. 예를 들어, 테슬라에 대한 긍정적 리뷰와 오너 커뮤니티의 활발한 활동이 다양한 온라인 플랫폼에 축적되면, 이는 여러 AI 시스템의 학습 데이터에 공통적으로 반영되어 AI들이 테슬라를 일관되게 긍정적으로 평가하게 될 것이다.

이처럼 네트워크를 통한 집단적 평가가 AI 시대에 중요해지면서 전통적 마케팅 이론에 대한 재검토가 필요해졌다. 예일 커뮤니케이션 연구자 칼 호블랜드가 확립한 "송신자 - 메시지 - 수신자" 모델은 개별 소비자를 독립적인 정보 처리 단위로 본다[3]. 하지만 현실에서 소비자들은 Netflix를 선택할 때 친구들의 추천을 신뢰하고, 새로운 레스토랑을 찾을 때 네이버 플레이스나 카카오맵의 방문자 리뷰에 의존한다. 그러므로 개별 소비자를 독립적인 의사결정자로 보는 접근법은 사회적 네트워크 안에서 상호 영향을 주고받으며 의사결정을 내리는 현실을 충분히 반영하지 못하게 된다.

이런 한계를 극복하기 위해 네트워크 이론은 새로운 관점을 제공한다. 그중에서도 마크 그라노베터의 '약한 연결의 힘' 이론은 브랜드 확산에 중요한 통찰을 제공한다. 강한 연결(가족, 친한 친구)보다 약한 연결(지인, 동료)이 새로운 정보나 기회의 전파에 더 효과적일 수 있다는 것이다[4]. 실제 연구에 따르면 새로운 직장 정보의 70%가 약한 연결을 통해 전달된다. 브랜드 관점에서 이것은 충성 고객들의 폐쇄적 커뮤니티보다 느슨하게 연결된 광범위한 네트워크가 더 큰 확산력을 가질 수 있음을 의미한다.

네트워크 구조 자체에 대한 이해도 중요하다. 알버트-라즐로 바라바시의 '척도 없는 네트워크' 이론[5]은 브랜드 전략에 더욱 중요한 시사점을 제공한다. 인터넷 웹사이트 링크 구조, 소셜 미디어 팔로워 분포, 도시 간 항공 노선 등 대부분의 현실 네트워크는 소수의 허브가 대부분의 연결을 담당하는 구조를 갖는다. 이는 브랜드가 네트워크 내의 핵심 허브를 파악하고 이들과의 관계를 우선적으로 구축해야 함을 의미한다.

커뮤니티와 네트워크의 개념적 구분과 전환 단계

브랜드 전략에서 커뮤니티와 네트워크를 명확히 구분하는 것이 중요하다. 커뮤니티는 브랜드를 중심으로 형성된 중앙집권적 구조로, 브랜드가 설계한 프로그램과 활동에 구성원들이 참여하는 형태다. 구성원들 간의 연결보다는 브랜드와 개별 구성원 간의 관계가 더 중요하며, 브랜드가 주도적으로 커뮤니케이션과 활동을 관리한다.

반면 네트워크는 구성원들 간의 수평적 연결과 상호작용이 핵심인 분산형 구조다. 브랜드는 네트워크의 중심이 아니라 촉진자 또는 연결 제공자의 역할을 하며, 구성원들이 자발적으로 가치를 창출하고 교환한다. 네트워크에서는 개별 구성원들 간의 관계와 상호작용이 전체 네트워크의 가치를 결정한다.

AI 시대에는 네트워크 구조가 커뮤니티보다 훨씬 더 효과적이다. 앞서 살펴본 바와 같이 AI는 브랜드의 일방적 메시지보다 네트워크에서 자발적으로 생성되는 방대한 데이터를 더 신뢰하기 때문이다. 따라서 브랜드들은 전통적인 커뮤니티 운영 방식에서 벗어나 네트워크 중심의 접근법으로 전환해야 한다.

이러한 전환을 체계적으로 실행하기 위해 다음과 같은 4단계를 제안한다. 1단계: 연결 촉진에서는 고객들이 서로 만날 수 있는 기회와 플랫폼을 제공한다. 2단계: 상호작용 활성화에서는 고객들 간의 대화와 정보 교환을 장려하는 시스템을 구축한다. 3단계: 자율성 부여에서는 고객들이 스스로 모임을 조직하고 콘텐츠를 생성할 수 있도록 권한을 이양한다. 4단계: 생태계 조율에서는 브랜드가 직접 관리하지 않고 네트워크가 자율적으로 성장할 수 있도록 인프라를 제공하고 조율하는 역할로 전환한다.

이 4단계가 실제로 어떻게 적용되는지 룰루레몬의 사례를 통해 확인할 수 있다. 이 브랜드는 매장을 요가 클래스와 러닝 클럽이 열리는 커뮤니티 허브로 운영하여 연결을 촉진하고(1단계), 앰버서더 프로그램을 통해 지역 강사들과 고객들의 상호작용을 활성화했다(2단계). 또한 고객들이 자발적으로 러닝 그룹과 요가 세션을 조직하도록 지원하고(3단계), 현재는 룰루레몬이 전 세계 수천 개의 자율적인 피트니스 커뮤니티들로 구성된 거대한 네트워크의 조율자 역할을 하고 있다(4단계).

네트워크 구조 분석과 브랜드 포지셔닝

브랜드가 고객 네트워크에서 어떤 위치를 차지하느냐는 그 브랜드의 영향력과 성장 잠재력을 결정하는 중요한 요소다. 이는 전통적인 시장 점유율이나 브랜드 인지도와는 다른, 새로운 경쟁력 지표다.

이러한 네트워크 지표들은 '설득의 역전' 시대에서 브랜드의 새로운 이력서가 된다. AI는 본질적으로 거대한 네트워크 분석가처럼 작동하며 연결 중심성, 매개 중심성 같은 지표들로 브랜드의 실제 영향력과 신뢰도를 측정한다. 그리고 이는 브랜드의 가치를 증명하는 핵심 데이터가 된다.

AI가 활용하는 네트워크 분석에서 가장 중요한 개념은 '중심성'이다. 이는 네트워크 내에서 특정 노드가 얼마나 중요한 위치에 있는지를 측정하는 지표로, 브랜드의 네트워크 포지션을 평가하는 데 핵심적인 역할을 한다.

이러한 중심성은 크게 네 가지 유형으로 구분되며, 각각이 브랜드에게 다른 의미를 갖는다. 연결 중심성은 한 노드에 직접 연결된 다른 노드의 수를 측정한다. 브랜드 관점에서는 직접적으로 상호작용하는 고객 수를 의미한다. 매개 중심성은 한 노드가 다른 노드들을 연결하는 브릿지 역할을 얼마나 수행하는지를 측정한다. 브랜드가 서로 다른 고객 그룹을 연결하는 역할을 하는 정도를 나타낸다. 근접 중심성은 한 노드가 네트워크 내 모든 다른 노드와 얼마나 가까이 있는지를 측정한다. 브랜드가 전체 고객 네트워크에 얼마나 빠르게 메시지를 전달할 수 있는지를 나타낸다. 영향력 중심성은 연결된 노드들의 중요도를 고려한 중심성이다. 영향력 있는 고객들과 연결된 브랜드가 더 높은 점수를 받는다.

이러한 중심성 개념들이 실제 비즈니스에서 어떻게 활용되는지 대표 사례를 통해 살펴보자. 구글은 검색과 광고 생태계에서 중심적 위치를 차지하는 전략을 택했다. 전 세계 검색 시장의 92%를 차지하며, 대부분의 웹 트래픽이 구글 검색을 통해 이동한다. 이는 구글에게 강력한 문지기 역할을 부여한다.

매개 중심성을 활용한 사례로는 페이스북(현 메타)이 대표적이다. 페이스북은 단순히 소셜 네트워크 플랫폼을 넘어 인스타그램, 왓츠앱, 메신저 등 다양한 커뮤니케이션 채널을 연결하는 브릿지 역할을 수행한다. 전 세계 30억 명 이상의 사용자들이 메타의 플랫폼을 통해 서로 다른 커뮤니티와 콘텐츠에 접근하며, 이는 메타가 다양한 정보 흐름의 중개자로 기능할 수 있게 한다. 특히 페이스북은 개인 네트워크와 비즈니스 네트워크, 지역 커뮤니티와 글로벌 커뮤니티를 연결하는 핵심 허브 역할을 담당한다.

이들과 다른 접근을 보이는 아마존은 전자상거래에서 중심적 역할을 하지만, 다각화된 연결점 역할도 수행한다. AWS를 통해 클라우드 컴퓨팅 생태계의 핵심 인프라를 제공하고, 마켓플레이스를 통해 제3자 판매자들을 연결하며, 알렉사를 통해 스마트홈 생태계를 조율한다.

집단 지성과 플랫폼 활용

AI 시대의 브랜드에게는 고객들의 집단 지성을 체계적으로 활용할 수 있는 고객 관계 네트워크가 필요하다. 이러한 네트워크는 단순한 의견 수렴을 넘어 실질적인 비즈니스 가치를 창출하는 메커니즘으로 작동한다. 특히 AI 에이전트들이 이런 집단 지성의 결과물을 학습하고 활용하기 때문에, 브랜드 평가와 추천에도 직접적인 영향을 끼치게 될 것이다.

집단 지성이란 다수의 개체가 협력하거나 경쟁을 통해 나타내는 집단적 지능을 의미한다. 브랜드 맥락에서 집단 지성은 수많은 고객들의 분산된 의견, 경험, 평가가 집계되어 개별 전문가나 마케터의 판단보다 더 정확하고 포괄적인 브랜드 인사이트를 제공하는 현상이다.

특히 '설득의 역전' 시대에 집단 지성은 또 하나의 중요한 역할을 맡는다. 바로 AI에게 '이 브랜드는 고객과 함께 진화하고 있으며, 수많은 사람들에게 검증되었다'는 강력한 증거를 제공하는 것이다.

이런 집단 지성의 힘은 기존 방법론과 어떻게 다를까? 전통적인 시장 조사 방법론인 포커스 그룹 인터뷰나 설문조사는 제한된 샘플을 대상으로 특정 시점의 의견을 수집하는 정적인 방법이다. 하지만 AI 시대의 집단 지성은 수백만 명의 실시간 행동 데이터와 의견이 집계되어 분석되는 동적 시스템이다. 아마존의 리뷰 시스템, 구글의 검색 트렌드, 소셜 미디어의 감정 분석 등을 통해 브랜드에 대한 집단적 인식을 실시간으로 파악할 수 있다.

이 중에서도 대표적인 성공 사례가 트립어드바이저의 리뷰 시스템이다. 이 시스템에는 수백만 건의 여행자 리뷰와 평점이 집계되어 호텔과 레스토랑의 실제 품질을 평가하는 신뢰할 만한 지표가 되었다. AI는 단순 평점뿐만 아니라 리뷰 내용의 감정 분석, 리뷰어의 신뢰도, 시간별 트렌드 변화 등을 종합적으로 분석하여 더 정확한 평가를 제공한다.

위키피디아는 지식에 기반한 집단 지성의 대표 사례다. 2005년 네이처지의 연구에 따르면, 위키피디아의 과학 항목 정확도가 브리태니커 백과사전과 거의 동일한 수준으로 나타났다[6]. 이것을 브랜드에 적용하면, 개별 전문가나 마케터의 브랜드 분석보다 수만 명의 실제 사용자 경험을 집계한 데이터가 더 정확한 브랜드 진단을 제공할 수 있다는 것이다.

집단 지성을 실제 상품 개발에 연결시킨 사례로는 레고의 Ideas 플랫폼을 들 수 있다[7]. 레고 Ideas는 팬들이 직접 새로운 레고 세트 아이디어를 제안하고, 다른 팬들의 투표를 통해 실제 제품으로 출시되는 시스템이다. 2008년 출시 이후 현재까지 200만 명 이상의 사용자가 참여했으며 70개 이상의 제품이 실제로 출시되었다. 특히 'Women of NASA', 'Ship in a Bottle' 등은 연간 매출 1,000만 달러 이상을 기록하는 베스트셀러가 되어 크라우드소싱의 상업적 가능성을 입증했다.

스타벅스의 My Starbucks Idea도 유사한 접근법이다. 고객들이 새로운 메뉴, 서비스 개선, 매장 환경 등에 대한 아이디어를 제안하고, 다른 고객들이 투표할 수 있는 플랫폼이다[8]. 스타벅스는 이를 통해 수천 개의 아이디어를 수집했고, 그중 300개 이상을 실제로 구현했다.

펠로톤과 핀둬둬: 네트워크 마케팅의 혁신 사례

홈피트니스 브랜드 펠로톤은 브랜드 중심의 커뮤니티에서 자율적 네트워크로의 진화를 보여주는 대표 사례다. 초기 펠로톤은 전문 강사가 진행하는 라이브 클래스에 참여자들이 모이는 전통적인 피트니스 커뮤니티 모델에서 출발했다.

하지만 펠로톤은 점진적으로 사용자들 간의 직접 연결과 상호작용을 강화하는 방향으로 발전했다. 이제 사용자들은 실시간 리더보드를 통해 전 세계 수만 명과 동시에 경쟁하고, 친구의 운동 기록에 '하이파이브'를 보내며 즉각적인 동기부여를 주고받는다. 특정 강사를 중심으로 자발적인 팬클럽이 형성되고, 같은 목표를 가진 사용자들끼리 비공식적인 챌린지 그룹을 만들어낸다.

펠로톤의 진정한 혁신은 'Power Zone Pack'이라 불리는 사용자 주도 커뮤니티의 등장이다. 이는 펠로톤이 공식적으로 만든 것이 아니라 Matt Wilpers라는 인기 강사의 팬들이 자발적으로 만든 페이스북 그룹에서 시작되었다. 현재 4만 명 이상의 회원을 보유한 이 그룹은 자체적인 챌린지를 기획하고, 트레이닝 가이드를 제작하며, 오프라인 모임까지 조직한다.

결과적으로 펠로톤은 강력한 네트워크 효과를 통해 높은 사용자 유지율을 달성하고 있다. 펠로톤의 월간 순 이탈률은 0.65%에 불과하며[9], 이는 업계 평균인 2.4%보다 현저히 낮은 수치다. 네트워크 효과와 이탈률 간의 인과관계는 펠로톤의 내부 데이터 분석에서도 확인된다. 친구가 5명 이상인 사용자의 이탈률은 0.3%에 불과한 반면, 친구가 없는 사용자의 이탈률은 1.2%에 달하는 것으로 나타났다.

중국의 핀둬둬(Pinduoduo)는 소셜 네트워크를 활용한 구매 결정 촉진의 또 다른 사례다. 2015년 창립된 이 플랫폼은 그룹 구매와 소셜 쇼핑을 결합한 독특한 모델로[10], 2021년 3월 7억 8천 8백만 명의 연간 활성 사용자를 기록하여 중국 최대 이커머스 플랫폼인 알리바바의 7억 7천 9백만 명을 넘어서는 성과를 달성했다[11].

핀둬둬의 혁신은 개별 소비자에게 "이 제품이 좋다"고 설득하는 대신 소셜 네트워크의 집단 역학을 활용한 데 있다. 사용자들이 WeChat 등 소셜 플랫폼을 통해 친구나 가족을 초대하여 공동 구매 그룹을 형성하면 대폭 할인된 가격에 제품을 구매할 수 있는 구조다. 이는 플랫폼이 제시한 할인 조건에 불특정 다수가 모여야 거래가 성사되는 전통적인 공동구매와는 다르다. 핀둬둬의 모델은 소비자가 직접 자신의 지인들을 초대하는 '소셜 네트워크'를 구매 과정의 핵심 동력으로 활용한다. 이를 통해 소비자를 브랜드의 자발적인 마케터로 만든다는 점에서 차별화된다.

핀둬둬의 '팀 구매' 기능은 평균적으로 개별 구매 대비 20~40%의 할인을 제공하며 강력한 네트워크 참여 동기를 만들어낸다. 개인의 구매 의사결정이 네트워크의 참여로 전환되면서, 바이럴 확산과 구매 전환이 동시에 일어나는 모델을 구현했다.

네트워크 기반 마케팅의 실전 적용

AI 시대의 네트워크 기반 마케팅은 고객과의 일대일 관계를 넘어, 고객들 간의 관계와 네트워크 전체와의 관계를 포괄하는 접근법이 필요하다. 과거의 CRM이 개별 소비자를 설득하는 데 집중했다면 AI 시대의 네트워크 기반 마케팅은 AI를 설득할 수 있는 강력한 증거, 즉 활성화된 네트워크를 구축하는 데 집중해야 한다.

네트워크 기반 마케팅을 실행하기 위해서는 무엇보다 마케팅 지표들의 재정의가 필요하다. 그중에서 가장 시급히 재정의되어야 할 개념 중 하나가 바로 고객생애가치(LTV)다. 기존 LTV가 개별 고객의 직접적 구매 행동에만 초점을 맞췄다면, 이제는 개인의 직접 구매뿐만 아니라 네트워크 효과로 인한 간접 가치까지 포함하는 새로운 측정 방식이 필요하다. 이를 위해 이 책에서는 '네트워크 LTV'라는 새로운 지표를 제안한다. 네트워크 LTV는 다음의 공식으로 계산할 수 있다.

Network LTV = 개별 LTV + 직접 추천 수익 + 간접 네트워크 영향 수익
- 직접 추천 수익: 고객이 명시적으로 지인에게 추천하여 발생한 매출
- 간접 네트워크 영향 수익: 고객의 소셜 미디어 활동, 리뷰, 커뮤니티 참여 등이 불특정 다수에게 끼친 영향으로 발생한 매출

이 개념이 중요한 이유는 네트워크 시대 한 고객의 진정한 가치는 그 고객 개인의 직접 구매를 훨씬 넘어설 수 있다는 점 때문이다. 한 명의 충성도 높은 고객이 자신의 네트워크를 통해 창출하는 간접적 가치는 때로는 그 자신의 평생 생애 가치보다 몇 배나 클 수도 있다. 특히 AI 시대에는 이런 네트워크 효과가 더욱 증폭되어 나타날 가능성이 높다. AI가 고객의 소셜 미디어 포스팅, 리뷰, 공유 활동 등을 학습 데이터로 활용하여 추천 시스템에 반영할 뿐 아니라 유사한 성향의 사용자들을 찾아내어 제안할 수 있기 때문에, 전통적인 입소문보다 훨씬 정교하고 광범위한 영향력을 발휘할 수 있다.

실제로 네트워크 효과의 힘을 보여준 선구적 사례가 드롭박스이다. 드롭박스는 '친구 추천 프로그램'을 통해 사용자가 친구를 초대해 가입시키면, 추천인과 신규 가입자 모두에게 추가 저장 공간을 제공했다. 이 전략의 결과, 추천 프로그램을 통해 유치된 고객의 70%가 실제로 유료 서비스로 전환했으며, 이는 전체 성장의 35%를 차지했다. 더 중요한 것은 추천을 통해 유입된 고객들이 일반 고객보다 더 높은 참여도와 재구매율을 보였다는 점이다. 이들은 이미 신뢰할 수 있는 추천자를 통해 브

랜드를 접하게 되었기 때문에 브랜드에 대한 초기 신뢰도가 높아 장기적인 충성도로 이어졌다. 실제로 이 프로그램은 15개월 만에 가입자 수를 10만 명에서 400만 명으로 3,900% 증가시키는 데 결정적인 역할을 했다[12].

네트워크 LTV 관점에서 보면, 드롭박스에서 한 명의 적극적인 추천자는 자신의 직접 구독료 외에도 평균 3~4명의 신규 고객을 유치함으로써 개별 LTV의 3~5배에 해당하는 총가치를 창출한 셈이다. 이는 브랜드가 고객을 평가하고 투자할 때 개인의 구매력만이 아닌 네트워크 영향력을 함께 고려해야 한다는 중요한 시사점을 제공한다.

이런 네트워크 효과를 더욱 극대화한 사례로 테슬라의 오너 네트워크를 들 수 있다. 테슬라는 전통적인 광고 대신 오너들의 네트워크를 통한 브랜드 확산에 의존해 왔다. 테슬라는 소셜 미디어 광고비가 0달러임에도 불구하고 다른 모든 자동차 회사들을 능가하는 강력한 소셜 미디어 프로필을 보유하고 있으며[13], 이러한 오너 네트워크 전략이 2022년 신규 판매의 10%에 기여하는 성과를 달성했다[14].

네트워크 효과는 B2C를 넘어 B2B로 확장되며, 쿠팡의 로켓배송 시스템처럼 판매자, 배송업체, 고객이 모두 참여하는 복합 생태계를 형성한다. 이 시스템의 혁신성은 각 참여자의 이익이 전체 시스템의 효율성과 직결된다는 점이다. 쿠팡은 '로켓그로스' 프로그램을 통해 중소 판매자들의 성장을 지원한다. 쿠팡의 물류 인프라를 활용하여 당일 배송을 가능하게 하고, 데이터 분석을 통해 재고 관리를 최적화한다. 이처럼 정교하게 설계된 네트워크의 효율성이 쿠팡 브랜드의 핵심 경쟁력이 되며, 각 참여자들이 네트워크 내에서 창출하는 상호가치가 브랜드의 평판과 신뢰도 형성에 중요한 영향을 끼친다[15].

미래 전망과 네트워크 시대의 브랜드 전략

전통적인 브랜드 측정 지표들의 한계도 명확하다. 데이비드 아커의 브랜드 자산 측정 모델은 브랜드 인지도, 지각된 품질, 브랜드 연상, 브랜드 충성도 등 개별 소비자 관점의 지표들에 초점을 맞춘다. 하지만 이러한 접근법은 네트워크 효과나 고객들 간의 상호작용을 반영하지 못한다. 예를 들어, 개별 고객의 충성도는 높지 않더라도 네트워크 내에서의 영향력이 크다면 그 고객은 브랜드에게 매우 높은 가치를 창출하는 고객일 수 있다.

그렇다면 이러한 네트워크 효과를 어떻게 측정할 수 있을까? 대표적인 지표 중 하나가 바로 바이럴 계수 또는 K-팩터다. 바이럴 계수란 기존 사용자 한 명이 평균적으로 몇 명의 새로운 사용자를 유치하는가를 나타내는 지표다. K-팩터가 1보다 크면 자연적 성장이 가능하고, 1보다 작으면 외부 마케팅이 필요하다.

바이럴 계수 = (초대 수 ÷ 기존 사용자 수) × (전환율)

앞서 예를 들었던 드롭박스는 초기에 추천 프로그램을 통해 3.5~4의 높은 K-팩터를 달성했다[16]. 이는 기존 사용자 1명이 평균적으로 3.5~4명의 새로운 사용자를 유치한다는 것을 의미한다.

K-팩터가 직접적인 추천을 통한 확산을 측정한다면, 네트워크 밀도와 참여도를 통한 간접적 확산도 중요하다. 카카오톡의 오픈채팅방은 이런 간접적 네트워크 효과를 보여주는 네트워크 플랫폼의 대표적 성공 사례다. 2019년 출시 이후 월간 활성 사용자 2,000만 명을 돌파한 오

픈채팅방은[17] 관심사 기반의 느슨한 연결을 통해 강력한 네트워크 효과를 창출하고 있다.

네트워크 효과는 사용자 생성 콘텐츠(UGC)와 결합될 때 더욱 강력해진다. 무신사가 이를 잘 보여준다. 무신사는 UGC를 통해 단순한 패션 이커머스를 넘어 패션 네트워크 플랫폼으로 진화했다. '무신사 스트릿'은 일반 사용자들이 자신의 코디를 공유하고, 다른 사용자들의 평가를 받는 플랫폼이다. 2024년 기준 누적 게시물 500만 개, 일일 활성 사용자 100만 명을 기록하고 있다.[18]

지금까지 논의한 성공 사례들을 종합해 볼 때 미래의 성공 브랜드들은 어떤 형태로든 네트워크 중심의 전략을 갖추게 될 것이다. 개별 고객만을 대상으로 하는 전통적 마케팅은 점점 비효율적이게 될 것이며, 네트워크 효과를 활용하지 못하는 브랜드들은 경쟁에서 뒤처질 것이다.

특히 기술 발전과 함께 AI 에이전트들 간의 정보 교환과 학습 패턴이 더욱 정교해져서, 브랜드에 대한 정보와 평가가 AI 생태계 내에서 공유되고 업데이트될 것이다. 이로 인해 브랜드의 평판이 네트워크를 통해 즉시 확산되고, 위기 또는 기회가 순식간에 전파되는 환경이 형성될 것이다.

또한 메타버스와 가상현실 기술의 발전으로 브랜드 네트워크는 물리적 제약을 넘어 완전히 새로운 형태의 상호작용이 가능해질 것이다. 가상 공간에서의 아바타를 통한 네트워크 참여, 가상 제품 체험, 브랜드 경험 등이 일상화되면서 네트워크 마케팅의 개념 자체가 확장되는 것이다.

더 나아가 블록체인 기술의 발전은 브랜드 네트워크의 개념도 변화시킬 것이다. 기존의 브랜드가 회사에서 일방적으로 운영되었다면, 이제는 고객들이 실제 소유자가 되어 브랜드를 함께 운영하는 DAO(탈중앙화 자율조직) 형태의 브랜드들이 등장할 것이다.

이미 이런 새로운 형태의 초기 사례들이 나타나고 있는데, Friends With Benefits는 그 대표 사례로 토큰 기반의 소셜 클럽이다. 이 브랜드에 가입하려면 75개의 FWB 토큰을 보유해야 하는데[19], 이것은 일종의 멤버십 자격증인 동시에 브랜드의 지분을 의미한다. 토큰을 보유한 멤버들은 단순한 고객을 넘어 브랜드의 공동 소유자가 된다. 직접 거버넌스에 참여하고, 이벤트를 기획하며, 브랜드가 나아갈 방향을 투표로 결정한다. 즉, 브랜드의 운영과 의사결정이 중앙의 경영진이 아니라 토큰 보유자들의 집단 지성에 의해 탈중앙화된 자율 조직으로 운영되는 것이다.

네트워크 마케팅에는 몇 가지 중요한 한계와 위험요소가 존재한다. 첫째, 통제력 상실의 위험이다. 네트워크가 자율적으로 작동할수록 브랜드의 직접적 통제력은 약해진다. 부정적 정보나 잘못된 메시지가 네트워크를 통해 빠르게 확산될 수 있다. 둘째, 네트워크 의존성의 문제다. 핵심 허브 또는 영향력자에게 과도하게 의존하게 되면, 이들의 이탈이나 부정적 전환이 전체 네트워크에 큰 타격을 줄 수 있다.

성공적인 브랜드들은 이러한 한계를 인식하고 네트워크 마케팅과 전통적 마케팅 간의 균형점을 찾게 될 것이다. 개별 고객과의 관계는 여전히 중요하며, 네트워크 효과는 이를 보완하고 증폭시키는 역할을 하게 된다. 마케터들은 개별 설득과 네트워크 설득을 함께 활용하는 접근이 필요하다. 예를 들어 핵심 고객층에게는 깊이 있는 개별 관계를 구축하고, 이들을 중심으로 네트워크 확산을 도모하는 전략이 가능할 것이다.

이 장에서 논의한 커뮤니티에서 네트워크로의 진화는 브랜드 마케팅의 중요한 패러다임 변화를 의미한다. 이런 변화는 마케팅 기법의 개선이 아니라, 브랜드와 고객 간의 관계 자체를 재정의하는 변화다. 이러한 관계의 재정의는 'AI를 먼저 설득해야 하는' 설득의 역전 시대에서 더욱 중요해진다. 브랜드가 고객을 일방적으로 설득하던 과거와 달리, 이제는 네트워크가 생성하는 방대한 데이터와 상호작용이 AI의 판단 근거가 되기 때문이다. AI 시대의 성공하는 브랜드는 개별 고객의 만족을 넘어 전체 네트워크의 가치 창출에 기여하는 브랜드가 될 것이다.

개별 설득과 네트워크 설득이 공존하는 새로운 환경에서, 네트워크 효과를 극대화하는 브랜드가 미래의 승자가 될 가능성이 높다. 결국 AI라는 새로운 문지기를 설득하는 가장 강력한 목소리는 브랜드의 외침이 아닌, 연결된 브랜드가 만들어내는 네트워크의 합창이기 때문이다.

◀ 6장 참고자료

7장

압축과 대화:
새로운 고객 여정

AI가 쇼핑하는 시대,
브랜드는 고객과의 접점을 어떻게 재설계해야 할까?

브랜드가 AI를 먼저 설득해야 하는 '설득의 역전' 시대는, 브랜드가 고객을 만나는 여정 자체를 근본적으로 재설계할 것을 요구한다. AI라는 새로운 문지기가 과거의 선형적이고 예측 가능했던 길을 완전히 새로운 지형으로 바꾸어 놓기 때문이다. 이 장에서는 AI가 어떻게 전통적인 고객 여정을 붕괴시키고, '압축'과 '대화'라는 새로운 규칙을 만들고 있는지 살펴본다.

전통적 고객 여정의 붕괴와 AI 시대의 도래

과거 고객들은 니즈 인식부터 구매 완료까지 상당한 시간을 투자하는 다단계 의사결정 과정을 거쳤다. 정보 탐색을 위해 다수의 채널을 활용하고, 대안 비교를 통해 점진적으로 구매 결정에 도달하는 선형적 여정이 일반적이었다.

이러한 전통적 고객 여정은 1898년 엘리어스 세인트 엘모 루이스가 고안한 AIDA(Attention-Interest-Desire-Action) 모델로 체계화되었다[1]. 이 프레임워크는 현대에도 적용되어, 예를 들어 노트북 구매 시 온라인 리뷰를 검색하고(Attention/Interest), 여러 브랜드의 사양을 비교하며(Desire), 오프라인 매장에 방문하여 직접 체험한 후 최종 결정을 내리는(Action) 단계적 과정으로 나타났다.

그러나 현재는 AI에 기반한 추천 시스템의 발달로 이러한 전통적 패턴이 급격히 압축되고 있다. 맥킨지의 2024년 연구에 따르면, AI의 도입으로 B2B 구매 의사결정 시간이 평균 40% 단축되었으며, B2C 영역에서는 평균 탐색 시간이 60% 이상 감소했다[2]. AI 기반의 추천 시스템이 고도화되면서 고객들은 복잡한 탐색 과정을 거치지 않고도 최적화된 솔루션에 즉시 접근할 수 있게 된 것이다.

이러한 변화는 고객의 검색 행태에서도 확인할 수 있다. 베인앤컴퍼니의 2024년 조사에 따르면, 미국 소비자의 80%가 검색의 40% 이상을 '제로클릭' 결과에 의존하고 있다[3]. 이는 고객이 더 이상 링크를 클릭하지 않고, AI가 요약하고 정리한 답변에 만족한다는 의미다. 결과적으로 전통적인 AIDA모델의 '흥미 → 욕구 자극'이라는 중간 단계를 뛰어넘어 '관심 유발'에서 즉시 '구매 행동'으로 연결되는 새로운 패턴이 만들어지고 있다.

압축된 의사결정: AIDA에서 QRA로

변화의 특징은 이 책에서 제시하는 새로운 의사결정 구조인 QRA(Question-AI Recommendation-Approval)의 등장이다. QRA 모델은 '질문 - AI 추천 - 승인'의 세 단계로, 전통적인 AIDA 모델의 네 단계를 압축한 구조다. 기존 고객 여정 모델들과 비교해 보면 QRA의 차별점이 더욱 분명해진다. AIDMA(Attention-Interest-Desire-Memory-Action)는 기억 단계를, AISAS(Attention-Interest-Search-Action-Share)는 검색과 공유 단계를 추가하여 디지털 시대의 변화를 반영했지만, 여전히 고객이 주도하는 선형적 과정을 전제로 했다. 반면 QRA는 AI가 중재자 역할을 함으로써 고객의 의사결정 부담을 획기적으로 줄이는 완전히 새로운 패러다임을 제시한다.

이 QRA 모델이야말로 브랜드가 AI를 설득하고, 그 AI가 다시 소비자를 설득하는 '설득의 역전'이 실제 상거래에서 구현되는 핵심적인 작동 방식이다. QRA 모델의 실제 적용 과정을 보면 그 설명력이 더욱 분명해진다.

예를 들어 리바이스의 현재 디지털 전략을 AI 기술과 결합한다고 가

정해 보자. 고객이 AI 에이전트에게 "편안하면서도 스타일리시한 청바지를 찾고 있어"라고 말하는 순간, AI는 즉시 리바이스의 전체 제품 데이터베이스를 스캔한다. 고객의 과거 구매 이력, 체형 데이터, 선호 스타일, 예산 범위를 밀리초 단위로 분석하여 최적의 옵션 3~5개를 제시한다. 이 과정에서 전통적인 '주의 끌기'나 '관심 유발' 단계는 완전히 생략된다.

이처럼 즉각적인 개인화가 가능한 이유는 데이터의 정교한 구조화에 있다. 그리고 이러한 데이터 구조화는 단순히 효율성을 위한 것이 아니라, AI와 사람의 협력을 통해 더 나은 고객 경험을 만들기 위한 전략적 선택이다.

역퍼널 현상과 대화형 커머스

전통적인 마케팅 퍼널 이론도 AI 시대에 맞게 근본적으로 재해석될 필요가 있다. 과거의 깔때기 모델은 넓은 상단에서 좁은 하단으로 점차 고객을 걸러내는 구조였다. 그러나 AI 시대에는 이것이 역전된다.

'역퍼널' 현상의 핵심은 AI가 구매 여정의 초기 단계인 탐색 과정을 압축한다는 점이다. 고객은 수십 개의 대안을 직접 비교하는 대신에 AI가 선별한 소수의 최적화된 옵션 중에서 빠르게 선택하게 된다. 때문에 퍼널의 상단이 오히려 좁고, 구매 이후의 확장(연관 상품 추천, 리뷰 작성, 추천 등)으로 하단이 넓어지는 구조가 형성된다.

이러한 퍼널의 역전은 '설득의 역전'이 만들어낸 필연적인 결과다. 가장 중요한 설득의 순간이 소비자가 브랜드를 만나는 순간에서, 그보다 앞선 AI의 브랜드 선별 과정으로 옮겨갔기 때문이다.

그 결과 소비자는 의사결정이 더 쉬워지고 결정 피로가 줄어드는 효과를 얻는다. 실제로 선택지가 적을수록 결정 피로가 감소한다는 연구[4]가 이를 뒷받침한다.

한편, 고객과 브랜드 간의 소통 방식도 근본적으로 전환되고 있다. "청바지"라고 검색하여 수백 개의 결과를 스크롤하던 시대에서 "허리는 여유 있게, 다리는 슬림하게 떨어지는 청바지를 찾고 있어"라고 대화하는 시대로 변화하고 있다. 단순한 기술의 발전을 넘어, 상거래의 패러다임 자체가 바뀌는 것이다.

그렇다면 대화형 시대의 브랜드는 어떻게 자신을 표현해야 할까? 이제 브랜드의 정체성을 '대화'라는 새로운 매체에 맞게 재설계하기 위한 세 가지 핵심 원칙을, 각 브랜드의 실제 전략을 바탕으로 한 개념적 예시와 함께 제시한다.

첫째, 응답 가능성이다. 고객이 던질 수 있는 모든 질문에 대한 답을 브랜드가 준비해야 한다. 스타벅스는 "왜 스타벅스 커피는 비싸죠?"라는 민감한 질문에도 "저희는 공정무역을 통해 농부들에게 정당한 대가를 지불하고, 파트너(직원)들에게 대학 학비를 지원합니다. 한 잔의 커피가 만드는 선한 영향력에 동참해 주셔서 감사합니다"라고 당당하게 답한다.

둘째, 문제 해결 중심의 접근이다. 다이슨은 "진공청소기를 찾고 있어요"라는 요청에 즉시 제품을 나열하지 않고, "어떤 점을 가장 개선하고 싶으신가요? 반려동물 털, 미세먼지, 혹은 무거운 무게인가요?"와 같은 질문으로 시작하여 고객이 겪는 진짜 문제를 파악한다. 이는 제품 판매가 아닌 고객의 근본적인 문제 해결에 집중하는 자세를 보여준다.

셋째, 일관된 목소리의 유지다. 루이비통의 AI 컨시어지는 160년 전통의 하우스 정신을 현대적 대화로 번역하여 정중하면서도 친근하고,

전문적이면서도 따뜻한, 독특한 톤을 구현한다. 가방의 소재를 설명할 때도 "이 가죽은 프랑스 남부의 전통 태너리에서 6개월간 자연 숙성됩니다. 시간이 지날수록 당신만의 고유한 패티나가 생겨 더욱 아름다워집니다"라고 스토리를 들려준다.

이러한 원칙들은 멀티모달 AI 기술의 발전과 함께 더욱 정교하게 구현되고 있다. 구글의 Dialogflow CX는 텍스트, 음성, 이미지를 통합적으로 처리하여 고객과의 자연스러운 대화를 가능하게 한다[5]. 고객이 "이 제품이 내 피부에 맞을까요?"라고 물으며 자신의 피부 사진을 업로드하면 AI는 이미지 분석을 통해 피부 타입을 파악하고, 브랜드의 제품 데이터베이스에서 적합한 상품을 추천한다. 동시에 "민감성 피부를 위한 저자극 포뮬러로 개발된 이 제품을 추천드립니다"라는 브랜드 톤에 맞는 따뜻한 응답을 제공한다. 이는 앞서 제시한 세 가지 원칙(응답 가능성, 문제 해결 중심 접근, 일관된 목소리 유지)이 멀티모달 환경에서 어떻게 구현되는지를 보여주는 훌륭한 사례다.

실시간 맥락 인식과 예측적 개인화

AI 시대의 고객 여정은 고정된 경로가 아니라 실시간으로 변화하는 유동적 흐름이다. 같은 고객이라도 아침과 저녁, 평일과 주말, 집과 사무실에서 완전히 다른 니즈를 가질 수 있다. 성공적인 브랜드는 이러한 맥락을 실시간으로 인식하고 고객에게 제공하는 경험을 즉각 조정한다.

예를 들어 스타벅스의 Deep Brew AI는 2019년 출시 이후 고객 데이터와 거래 패턴을 실시간으로 분석하여 개인화된 경험을 제공하고 있다[6]. 이 시스템이 구체적으로 작동하는 방식을 보면 다음과 같다.

월요일 아침 7시 30분, 단골 고객이 스타벅스 앱을 열면 Deep Brew AI는 즉시 상황을 파악한다. 현재 위치는 자택, 평소 출근 시간까지 30분 남음, 날씨는 쌀쌀한 가을 아침, 그리고 지난주 동일한 시간대의 주문 패턴까지 모든 정보를 종합한다. Deep Brew는 이를 바탕으로 "좋은 아침입니다! 오늘은 평소보다 일찍 나서시는군요. 따뜻한 아메리카노 더블샷은 어떠세요? 출근길 매장에서 기다리지 않으시도록 미리 준비해 두겠습니다"라고 맞춤형 제안을 한다.

이러한 실시간 개인화 효과는 실적으로도 입증된다. 스타벅스의 내부 보고서에 따르면, AI 도입으로 30%의 ROI 증가와 이전 마케팅 방법 대비 15% 높은 고객 참여도를 달성했다[7].

이러한 실시간 맥락 인식의 중요성은 구글이 정의한 '마이크로 모멘트' 개념을 통해서도 확인할 수 있다. 마이크로 모멘트는 소비자가 즉각적인 니즈를 충족시키기 위해 디지털 기기를 사용하는 짧은 순간들로, 'I-want-to-know', 'I-want-to-go', 'I-want-to-buy', 'I-want-to-do'의 네 가지 카테고리로 분류된다[8]. AI 시대에 이 개념은 완전히 새로운 의미를 갖게 되었다. 과거에는 고객이 마이크로 모멘트에서 스스로 정보를 찾고 선택해야 했다면, 이제는 AI가 고객의 맥락을 실시간으로 파악해 최적의 답변을 즉시 제공한다. 이러한 변화의 대표 사례가 2024년 5월 구글이 AI 생성 요약을 검색에 도입한 것이다[9]. 이제 'I-want-to-know' 순간에 사용자들은 수십 개의 링크를 비교하는 대신 맥락을 고려한 종합적 답변을 바로 받을 수 있게 되었다.

초개인화와 미래 고객 여정

AI의 발전은 진정한 의미의 1:1 마케팅을 가능하게 만들었다. 더 이상 세그먼트나 페르소나가 아닌, 각 개인을 위한 완전히 독특한 여정을 설계하는 것이 가능해졌다. 이러한 변화는 이미 마케팅 실무에서 광범위하게 나타나고 있다. 한 연구에 따르면, 마케팅 메시지의 92%가 AI에 기반한 개인화 기술로 작성되고 있으며, 마케터의 약 90%가 개인화로 인해 비즈니스 결과가 향상되었다고 한다[10].

이러한 초개인화의 실제 구현을 위해서는 고도화된 데이터 분석 도구가 필수적이다. 2024년 4분기부터 출시된 Amazon Brand Analytics의 Customer Journey Analytics 도구는 판매자들에게 고객 여정에 대한 전례 없는 인사이트를 제공하고 있다[11]. AWS의 생성형 AI와 데이터 기술은 소매업체들이 초개인화된 쇼핑 경험을 만들 수 있도록 지원하며, Amazon Bedrock을 통해 더욱 맞춤화된 제품 추천, 동적 콘텐츠 생성, 지능형 검색 기능을 제공한다[12].

하지만 극도의 개인화는 필연적으로 프라이버시 이슈를 동반한다. 고객은 맞춤형 경험을 원하면서도 자신의 정보가 과도하게 수집되는 것을 경계한다. 성공적인 브랜드는 이 두 개의 가치 사이에서 균형을 찾는다.

애플의 '프라이버시 중심 개인화'는 개인화와 프라이버시라는 두 가치 사이의 딜레마에 대한 새로운 해법을 제시한다. 애플은 2024년 WWDC에서 공개한 Private Cloud Compute 시스템을 통해 AI 작업을 가능한 한 기기 내에서 처리하고, 클라우드 서비스와 데이터를 교환해야 할 경우 암호화한 후 즉시 삭제하는 방식을 도입했다[13].

한국형 AI 고객 여정의 특수성

우리나라 시장은 독특한 특성을 갖고 있다. 빠른 배송에 대한 기대, 실시간 소통의 중요성, 사회적 인정에 대한 욕구 등이 AI의 고객 여정에도 반영된다. 한국소비자원의 2023년 새벽배송 서비스 만족도 조사에 따르면, 소비자들이 해당 서비스를 이용하는 가장 큰 이유는 '빠른 배송'(66.5%)이었다[14].

쿠팡의 '로켓배송'은 한국인의 즉시성 욕구를 AI와 결합한 대표 사례다. "내일 오전에 필요해요"라는 고객의 요청을 AI가 분석하여 재고 상황, 배송 루트, 날씨 조건들을 종합 고려해 "오늘 밤 10시까지 주문하시면 내일 오전 7시에 받으실 수 있습니다"라고 정확한 시간을 제시한다. 이는 '빨리빨리' 문화에 익숙한 한국 고객들의 즉시성 욕구에 AI 기술로 대응한 것이다.

배달의민족은 시간대와 날씨에 따라 브랜드 메시지를 조정하는 동적 브랜딩을 실험하고 있다. 비 오는 날에는 "빗소리와 함께하는 치킨"을, 금요일 저녁에는 "한 주의 마무리는 맛있게"를, 새벽 시간에는 "야식 한 입의 행복"을 강조한다.

카카오톡의 '톡스토어'는 우리나라 특유의 관계 중심 문화를 디지털 시대에 맞게 재해석한 사례다. "이거 어때?"라며 친구에게 상품 링크를 공유하고 함께 고민하는 과정 자체가 쇼핑 경험이 되는 것은, 개인주의적 서구 문화와 구별되는 한국만의 특징이다. 네이버의 '스마트스토어'는 개인 판매자와 소비자 간의 직접적인 소통을 AI가 중재하면서도 고객들이 "사장님이 직접 답변해주세요"라고 요청할 수 있도록 함으로써 기계적 효율성보다 사람 간의 정을 중시하는 특성을 반영한다.

지금까지 살펴본 AI 시대 고객 여정의 변화를 제대로 관리하기 위해서는 성과 지표 자체도 재정의되어야 한다. 클릭률, 전환율, 체류시간 같은 기존 지표는 AI 중심의 여정에서는 의미가 퇴색된다. 대신 '의도 파악 정확도', '추천 수용률', '여정 완료율', '만족도 지속성' 같은 새로운 지표가 중요해진다. 특히 '대화 품질 지수'는 AI 시대의 핵심 지표가 될 것이다. 고객과 AI의 대화가 얼마나 자연스러웠는지, 문제를 얼마나 효과적으로 해결했는지, 감정적 만족도는 어떠했는지를 종합적으로 평가하는 것이다.

결국 고객 여정의 재설계는 '설득의 역전'을 실현하기 위한 가장 구체적인 실행 단계다. AI라는 새로운 문지기가 지키고 있는 길 위에서, 브랜드는 QRA라는 압축된 여정에 맞춰 대화형 인터페이스로 말하고, 고객의 보이지 않는 맥락까지 읽어내어 최적의 해답을 제시해야만 고객에게 도달할 기회를 얻는다. 성공의 핵심은 기술 도입을 넘어 AI의 눈으로 고객 여정을 바라보고, 모든 접점을 'AI를 설득하는 기회'로 재설계하는 관점의 전환에 있다.

 ◀ 7장 참고자료

8장

AI 시대, 광고창작의 르네상스

AI가 광고를 만들 수 있다면,
사람이 만든 광고의 존재 이유는 무엇일까?

AI 시대의 광고창작을 논할 때, 이미 일어나고 있는 현실과 아직 구현되지 않은 미래의 가능성을 구분해서 바라봐야 한다. AI가 30초 만에 100개의 카피를 생성하는 것은 현실이지만, 문화적 뉘앙스까지 완벽하게 이해하는 것은 아직 미래의 과제다.

이러한 현재와 미래 사이의 간극을 이해하기 위해, 현재 진행 중인 변화의 연장선에서 가까운 미래를 시뮬레이션하는 시나리오 접근법을 통해 이 새로운 패러다임이 실제 비즈니스 현장에서 어떻게 작동할지 탐색해보겠다.

이미 업계에서는 이러한 변화에 대응하기 시작했는데, 칸 라이언즈가 2024년부터 출품작의 AI 사용 여부와 활용 방식의 공개를 의무화한 것[1]이 대표적인 예다. 흥미롭게도 2024년 출품작 분석 결과, AI를 활용한 작품들은 기술적 완성도는 높았지만 문화적 독창성 평가에서는 상대적으로 낮은 점수를 받았다[2].

이러한 결과는 단순한 평가 결과를 넘어서 광고 업계 전체가 직면한 근본적인 질문을 제기한다. 과연 광고의 창의성이란 무엇인가?

광고창작자의 역할 진화와 현재 도입 현황

광고창작자의 역할은 시대와 함께 진화해 왔다. 19세기 후반, 인쇄 기술의 발달과 함께 광고창작자는 주로 제품 정보를 전달하는 역할을 했다. 20세기 중반에는 라디오, TV의 등장으로 설득력 있는 스토리를 만드는 스토리텔러가 되었고, 디지털 시대에는 고객과의 상호작용을 설계하는 경험 설계자로 변모했다. 그리고 지금, AI 시대를 맞아 광고창작자는 또 한 번의 중요한 역할 변화를 맞이하고 있다.

이번 변화가 과거와 다른 점은 무엇일까? 인쇄술이 필경사의 일을 대체했고, 컴퓨터가 디자이너의 수작업을 대체했던 과거와 달리 AI는 도구의 대체를 넘어 창의적 과정 자체에 관여한다는 점이다. 이는 광고창작자의 정체성과 존재 이유에 대한 실존적 질문을 던진다.

이러한 변화는 이미 업계 전반에서 현실로 나타나고 있다. 2024년 포레스터 보고서에 따르면, 조사 대상인 미국 광고 에이전시의 91%가 이미 생성형 AI를 사용하거나 활용 방안을 모색하고 있으며, 이는 마케팅 조직과 일반 기업들을 앞서는 수치다[3]. 맥킨지의 2024년 조사에서는 전 세계 기업의 72%가 최소 하나 이상의 사업 영역에 AI를 통합했으며, 생성형 AI는 65%의 조직에서 채택되어 주류 비즈니스 도구로 자리잡았다고 보고했다[4].

우리나라의 상황도 크게 다르지 않다. 주요 에이전시들은 AI 협업 프로세스를 도입하고 있으며, 일부 에이전시에서는 AI 제작 관리 전담 조직을 신설하는 추세다[5]. 제일기획은 'AI-cist(카피라이터+아티스트)'와 같은 AI 기반의 크리에이티브 솔루션을 선보이며 제작 과정의 효율성을 높이고 있다[6]. HS애드 역시 AI 전문 조직인 'AI-C(AI-Creative)'를 출범시켜 데이터 분석 기반의 광고 제작과 운영을 고도화하고 있다[7].

이러한 업계 변화의 배경에는 AI가 만들어낸 역설적 상황이 있다. 7장에서 살펴본 바와 같이 AI의 등장으로 고객의 여정이 개인화되면서 각 고객에게 맞춤화된 수천 개의 메시지를 제작해야 하는 과제를 광고창작자에게 안겨주었다. 그런데 바로 이 문제를 해결할 열쇠도 AI에 있다. AI를 활용하면 개인의 맥락에 맞는 무수한 광고 변형을 실시간으로 생성할 수 있기 때문이다.

그렇다면 이런 환경에서 광고창작자의 역할은 무엇일까? 과거처럼 소수의 완성된 광고를 만드는 것이 아니라, AI가 무수히 많은 변형을 생성할 수 있는 '창작의 기준점'을 설계하는 것이다. 즉, AI가 효율적으로 작동할 수 있는 창의적 프레임워크를 구축하는 것이 핵심이 된다.

구체적으로 말하면, AI가 "무엇을(What)"과 "어떻게(How)"를 담당한다면, 사람은 "왜(Why)"와 "누구를 위해(For Whom)"를 책임지는 것이다. 이는 새로운 역할 분담에 그치는 것이 아니라 창작의 정의 자체가 진화하고 있음을 의미한다.

창작자만의 영역: 문화적 맥락, 감정의 뉘앙스, 윤리적 판단

현재 AI 기술로는 완전히 구현하기 어려운 세 가지 영역이 있다. 첫째는 문화적 맥락, 둘째는 감정의 미묘한 뉘앙스, 셋째는 윤리적 판단이다. 이 세 영역이야말로 광고창작자의 마지막 보루인 동시에 새로운 가능성의 출발점이다. 브랜드의 입장에서 AI의 논리적 필터를 통과하는 것이 1차 관문이라면, 이 세 영역은 AI가 연결해 준 최종 소비자로부터 '선택'이라는 2차 관문을 통과하기 위한 광고 크리에이터의 고유한 무기다.

먼저 문화적 맥락을 살펴보자. 문화는 단순한 데이터의 집합이 아니다. 살아있는 유기체처럼 끊임없이 변화하고 진화하는 복잡한 시스템이다. 우리나라의 매운맛 문화를 예로 들어보자. AI는 "고춧가루 선호도 증가", "매운맛 제품 매출 신장", "MZ세대 매운맛 선호 트렌드" 같은 데이터를 완벽하게 분석할 수 있다. 하지만 한국인에게 매운맛은 단순한 맛의 선호가 아니라 "추억의 공유", "참을성의 자랑", "도전의 즐거움"이라는 복합적 의미를 가진다는 점은 이해하지 못한다.

이런 문화적 복합성을 간과할 때 어떤 일이 벌어지는지를 보여주는 사례가 있다. 2019년 글로벌 패션 브랜드 돌체앤가바나가 중국 시장 진출을 위해 제작한 광고에서 젓가락을 '조그만 막대기 도구'라고 부르며 중국 모델이 젓가락으로 피자와 스파게티를 우스꽝스럽게 먹으려 애쓰다 결국 손으로 집어먹는 장면을 담아 중국 소비자들의 거센 반발을 샀다[8]. 데이터상으로는 "이탈리아 음식과 중국 문화의 만남"이라는 콘셉트가 매력적으로 보였겠지만, 문화적 맥락에서는 젓가락 문화를 무시하는 큰 실수였다.

두 번째 영역인 감정의 미묘한 뉘앙스도 마찬가지로 복잡하다. NYU 스타인하트 스쿨의 에드워드 B. 캉 교수의 연구에 따르면, AI의 감정 인식 시스템은 설계할 때 정해 놓은 몇 가지 감정 유형에만 의존하며, 이로 인해 신뢰성과 정확성이 떨어진다. AI는 기본적인 표정이나 음성 톤을 분류할 수 있지만, 미소가 분노를 동반할 수 있다는 것과 같은 감정의 뉘앙스를 이해하지 못한다[9].

이런 차이를 비교해 볼 수 있는 사례로 스포티파이의 2024년 'Wrapped' 캠페인을 살펴보자. 스포티파이는 2024년부터 AI를 도입하여 각 청취자별 개인화된 오디오 리뷰를 제공하기 시작했다[10]. 만약 어떤 청취자가 슬픈 음악을 많이 들었다고 하면, AI는 이 데이터를 분석하여 '당신은 올해 슬픈 노래를 많이 들었다'라고 말할 수 있다. 하지만 광고창작자라면 "당신의 플레이리스트가 말해주는군요. 올해는 이별 후의 치유, 그리고 새로운 시작의 한 해였다는 것을"이라는 메시지를 만들어 낼 수 있다.

감정의 뉘앙스와 함께 AI가 구현하기 어려운 세 번째 영역이 바로 윤리적 판단이다. AI 시대에 광고창작자의 가장 중요한 역할 중 하나는 "윤리적 수문장"이다. AI는 효과적인 것과 비효과적인 것을 구분할 수 있지만, 옳은 것과 그른 것을 판단하는 것은 여전히 사람의 영역이다.

2024년 7월, 패스트 패션 브랜드 망고는 10대 라인의 한정판 컬렉션을 위해 100% AI로 만든 모델을 사용한다고 발표하여 논란을 일으켰다[11]. 이 결정은 빠른 콘텐츠 제작과 젊은 층 타겟팅을 목표로 했지만, 소비자와 업계 전문가들로부터 상당한 반발을 샀다. 논란 이후 망고는 "사람과 AI 모델의 균형 잡힌 활용"으로 정책을 수정했다.

반면 윤리적 판단을 제대로 활용한 경우는 어떨까? 파타고니아의 "Don't Buy This Jacket" 캠페인은 상업적으로는 모순적이지만, 윤리적으로는 혁명적이었다[12]. AI는 "제품을 사지 말라"는 메시지가 매출에 부정적일 것이라고 판단했겠지만, 광고창작자는 이것이 브랜드의 진정성을 보여주는 가장 강력한 방법임을 알았다. 윤리적 판단이 중요한 것은 그것이 규칙 준수에서 끝나는 것이 아니라 "가치 창조"와 직결되기 때문이다. 이런 윤리적 창의성이야말로 AI 시대에 광고창작자만이 가질 수 있는 경쟁력이 된다.

하이브리드 창작 프로세스의 새로운 설계

미래의 창작은 사람과 AI의 협업이다. 이를 위해서는 전통적인 창작 프로세스를 완전히 재설계해야 한다. 퍼블리시스 그룹은 그룹의 모든 데이터를 통합한 'CoreAI' 플랫폼을 통해 브리프부터 아이디어, 제작까지 창작의 전 과정을 지원한다[13]. 세계 최대 광고 회사인 WPP 역시 'WPP Open'이라는 AI 운영체제를 통해 방대한 데이터를 분석하고 창의적인 아이디어를 생성하고 있다[14].

이러한 흐름을 반영하여 이 책에서는 AI라는 새로운 설득 대상을 효과적으로 공략하기 위한 6단계 하이브리드 창작 프로세스를 다음과 같이 정리했다.

첫 번째 단계는 전략적 목표 설정이다. 전략가가 브랜드의 핵심 과제와 목표를 정의한다. 이는 "Why"에 해당하는 부분으로, AI가 대답할 수 없는 근본적인 질문들이다. "왜 이 브랜드가 존재해야 하는가?", "우리가 해결하려는 진짜 문제는 무엇인가?"와 같은 질문들이 여기에 해당한다.

두 번째 단계는 AI의 데이터 분석이다. AI가 방대한 데이터 분석과 패턴 인식을 수행한다. 소비자 행동, 시장 트렌드, 경쟁사 분석, 문화적 신호 등을 종합적으로 스캔한다. 이 과정에서 AI는 사람이 놓칠 수 있는 숨겨진 인사이트를 발견할 수 있다.

세 번째 단계는 아이디어 폭발이다. AI가 수천 개의 제작 옵션을 생성한다. 비주얼, 카피, 콘셉트 등 모든 영역에서 가능성의 우주를 펼쳐 놓는다. 글로벌 브랜드들의 신제품 런칭을 위해 AI는 수천 개의 네이밍 옵션과 수만 개의 패키지 디자인을 생성할 수 있다.

네 번째 단계는 사람의 큐레이션과 정제다. 광고창작자는 AI가 생성한 옵션들을 문화적 적절성, 감정적 공명, 윤리적 타당성의 렌즈로 걸러낸다. 이 과정에서 단순히 선택하는 것이 아니라, 여러 아이디어를 조합하고 발전시켜 새로운 차원의 창작물을 만들어낸다.

다섯 번째 단계는 프로토타이핑과 테스트다. 선택된 아이디어를 AI가 빠르게 시각화하고, 다양한 버전을 만들어 A/B 테스트를 진행한다. 이 과정에서도 사람의 직관과 AI의 데이터 분석이 상호보완적으로 작동한다.

여섯 번째 단계는 데이터 내러티브 설계와 의미 부여다. 아무리 뛰어난 제작물도 맥락과 이야기 없이는 감동을 줄 수 없다. 이 단계에서 광고창작자는 최종 작품에 영혼을 불어넣고, AI가 장차 이 핵심 아이디어를 수천 개의 개인화된 메시지로 확장할 수 있도록 5장에서 다룬 '데이터 내러티브'의 5가지 서사 구조(성능, 경험, 가치, 신뢰성, 영향력)로 번역하여 설계한다. 즉, 사람은 '왜 이 메시지가 중요한가'라는 핵심 스토리를 창조하고, AI는 이 구조화된 내러티브를 바탕으로 각 고객의 맥락에 맞는 최적의 이야기를 전달하는 것이다.

이 하이브리드 창작 프로세스의 핵심원리를 1장에서 살펴본 나이키의 브랜드 전환 사례를 통해 확인해 보자.

나이키는 AI와의 협업을 통해 "도전"이라는 핵심 브랜드 테마를 새롭게 시각화하는 프로젝트를 진행했다. 전략적 목표 설정 단계에서는 "새벽 운동을 하는 현대 여성의 도전 정신"이라는 컨셉이 설정되었고, AI는 이를 바탕으로 "새벽녘 혼자 달리는 여성"이라는 이미지를 수백 개 생성했다.

흥미롭게도 AI가 만들어낸 대부분의 이미지들은 기술적으로 완벽했다. 조명, 구도, 인물의 자세까지 모든 것이 정교했다. 하지만 최종 선택된 것은 다소 의외의 이미지였다. 약간 흔들린 듯하고, 기술적으로는 완벽하지 않은 한 장이었던 것이다.

크리에이티브 디렉터는 이 선택의 이유를 이렇게 설명했다. "AI가 생성한 다른 완벽한 이미지들은 단순히 '달리기'라는 행위만을 보여주었다. 하지만 우리가 선택한 이미지에는 그 순간의 진정성, 즉 '도전하는 순간의 날것 그대로의 감정'이 담겨 있었다."

이는 앞서 논의한 하이브리드 창작 프로세스의 핵심을 잘 보여준다. AI는 무수한 가능성을 제공했지만, 브랜드의 본질과 감정적 진정성을 판단하는 것은 여전히 사람의 몫이었던 것이다.

광고창작자의 새로운 역할과 역량

Thorsten Meyer AI의 2025년 분석에 따르면, AI 시대의 전문가들은 더 이상 실행자가 아닌 "조율자(Orchestrator)"로 변모하고 있다[15]. 즉, 과거처럼 직접 손으로 작업하는 대신에 AI 도구들을 지휘하고, 결과물을 조율하는 역할로 변화하고 있다는 것이다. 마케터는 구체적인 광고 소재 작업 대신 브랜드 목소리와 캠페인의 전략 정의에 집중하고, 디자이너는 포토샵으로 세부 작업을 하는 대신 창의적 방향과 미적 기준 설정에 집중하는 역할로 전환되고 있다.

이러한 개별 전문가들의 역할 변화와 함께 AI 시대에는 새로운 전문 역할들이 등장할 것으로 예상된다. 향후 등장 가능한 역할로는 "AI 제작 총괄"이 있다. AI 도구의 창의적 활용을 총괄하는 역할로, 단순히 기술을 이해하는 것을 넘어 AI의 창의적 잠재력을 극대화하고 광고창작자와의 시너지 창출을 담당할 것이다.

"문화 전략 책임자"는 브랜드가 문화적 적절성을 유지하도록 보장하는 역할이다. 글로벌 문화 트렌드부터 로컬 서브컬처까지 폭넓은 문화적 이해를 바탕으로, AI가 생성한 콘텐츠가 각 시장에서 적절하게 수용될 수 있도록 검토하고 조정한다.

이처럼 변화된 역할을 통해 완성된 크리에이티브는 또 다른 과제에 직면한다. 바로 각 플랫폼의 언어에 맞게 변환되어야 한다는 것이다. '설득의 역전' 시대에는 설득해야 할 AI 문지기가 하나가 아니기 때문이다. AI 시대의 광고창작자에게 "플랫폼별 언어 변환"은 새로운 핵심 역량이 된다. 같은 브랜드라도 네이버에선 정보로, 카카오에선 대화로, 쿠팡에선 효율로 말해야 한다는 원칙이다.

스마트폰 브랜드를 예로 들면, "혁신을 만나다"라는 핵심 메시지는 AI를 통해 각 플랫폼에서 완전히 다른 모습으로 변환된다. 네이버에서는 "A17 프로 칩셋, 3나노 공정, 190억 개 트랜지스터"라는 기술 중심 언어로, 카카오에서는 "당신의 일상을 영화처럼 담아내는 카메라"라는 감성적 접근으로, 쿠팡에서는 "오늘 주문, 내일 도착. 프리미엄을 빠르게"라는 효율성 메시지로 각각 변환되는 식이다. 이는 단순한 채널 전략이 아니라 AI 시대 광고창작자에게 새롭게 요구되는 역량이다.

광고창작 전문가의 미래 준비와 전망

광고창작 전문가들은 이 대전환의 시대를 어떻게 준비해야 할까? 단순히 AI 도구를 배우는 것을 넘어, 근본적인 역량의 재정의가 필요하다. 글로벌 디자인 스쿨들은 이미 커리큘럼의 대대적인 개편을 시작했다. 파슨스, RISD 등 선도적인 교육기관들은 전통적인 기술 교육에서 사고력 교육으로 무게중심을 옮기고 있다[16].

새로운 커리큘럼의 핵심은 인문학적 소양이다. 철학, 인류학, 심리학, 사회학이 필수 과목으로 자리잡고 있다. 이는 AI가 제공하는 기술적 완성도를 넘어, 사람과 사회에 대한 깊은 이해를 바탕으로 의미 있는 창작물을 만들기 위함이다.

이러한 교육 변화가 시사하는 바는 무엇일까? 바로 광고창작 전문가에게 요구되는 역량 자체가 달라지고 있다는 것이다. 구체적으로 광고창작 전문가가 갖춰야 할 핵심 역량은 다음과 같다. 첫째, "깊이 있는 인문학적 소양"을 갖추는 것이다. AI가 기술적 완성도를 담당한다면, 사람은 철학적 깊이를 담당해야 한다. 둘째, "극도의 전문화"다. 현재의 AI

기술로 대체하기 어려운, 극도로 전문화된 영역을 개척해야 한다. 셋째, "크로스컬처럴 감수성"이다. 글로벌 시대에서 문화 간 뉘앙스를 이해하고 번역할 수 있는 능력은 사람의 고유한 영역이다.

그렇다면 이런 변화가 지속될 때 광고산업의 미래는 어떤 모습일까? 현재 트렌드가 지속된다면 향후 광고산업에서는 AI와 사람이 완벽하게 협업하는 생태계가 구축될 것이다. AI가 1초에 1,000개의 아이디어를 생성하는 동안, 사람은 그중 하나를 선택하여 100명의 마음을 움직이는 이야기로 만드는 것이다.

스티브 잡스가 말한 "기술과 인문학의 교차점에서 혁신이 일어난다[17]"는 관점에서 보면, AI 시대의 광고제작은 바로 그 교차점에 서 있다. 한 손에는 AI라는 강력한 도구를, 다른 손에는 사람의 감성과 지혜를 들고서 말이다.

15세기 인쇄술의 발명이 필사가들의 일자리를 없앴지만, 동시에 작가와 사상가들의 황금시대를 열었던 것처럼, AI는 광고창작의 르네상스를 가져올 것이다. '설득의 역전'으로 인해 AI가 타겟팅과 미디어 집행이라는 힘든 일을 맡게 되면서, 광고 창작자들은 비로소 창작의 본질인 사람에 대한 더 깊은 이해, 더 큰 사회적 영향력, 더 의미 있는 문화 창조에 집중할 수 있게 되었기 때문이다.

AI는 광고창작자를 대체하는 것이 아니라 진정한 광고창작의 시대를 만들어 주러 온 것이다. AI가 할 수 없는 일, 오직 사람만이 할 수 있는 일에 집중하는 시대. 그것이 바로 우리가 맞이할 광고창작의 미래다.

◀ 8장 참고자료

설득의 역전
The Persuasion Shift

3부

실전 마케팅의 재설계

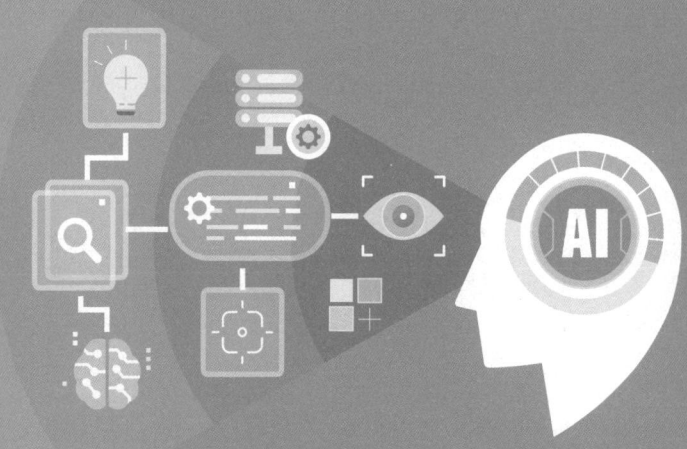

구분		설득의 대상	
		사람 고객	AI 에이전트
핵심 역량	감성 스토리텔링	I. 시인 (전통적 브랜드 매니저)	III. 번역가 (AI 콘텐츠 전략가)
	구조 데이터	II. 엔지니어 (퍼포먼스 마케터)	IV. 건축가 (AI 시대 브랜드 매니저)

설득의 역전 프레임워크 - 3단계: 방법론 적용

설계도가 완성되었으니 이제 실제 건축에 나설 차례다. 3부에서는 브랜드 건축가로서 익힌 모든 역량을 실전 마케팅 현장에 적용하는 방법을 다룬다. 새로운 투자 방식과 브랜드 언어 전략, 그리고 이 모든 것을 지속적으로 개선하는 애자일 운영 시스템과 조직의 구축, 나아가 AI 시대에 필수적인 윤리적 프레임워크의 설계까지, IV분면 건축가의 관점에서 마케팅의 모든 영역을 재구성하는 구체적인 실행 가이드를 제시한다.

각 장의 탐구 영역

- 9장: '광고비'에서 'AI추천비'로 마케팅 투자 구조를 혁신하고 새로운 ROI를 측정하는 방법을 제시한다.
- 10장: 단순한 추천을 넘어 고객 삶의 '동반자'로 진화하기 위한 브랜드 언어와 관계 구축 전략을 수립한다.
- 11장: 끊임없는 실험과 학습이 가능한 '애자일 브랜딩' 운영 시스템의 설계 전략을 탐구한다.
- 12장: 시인에서 건축가로 진화하는 브랜드 매니저의 변신과 새로운 전문직군의 등장, 그리고 '애자일 조직'으로의 전환 방법을 분석한다.
- 13장: AI가 만드는 편향과 불평등에 대한 브랜드의 책임과 '윤리적 프레임워크' 설계를 탐구한다.

3부를 읽으며 주목해야 할 핵심 질문들

- 기존 마케팅 실행 방식의 어떤 부분을 유지하고, 어떤 부분을 혁신해야 하는가?
- AI와 협업하는 마케팅 조직은 어떻게 구성하고 운영하는 것이 효과적일까?
- 기술적 효율성과 인간적 가치 사이의 균형을 어떻게 유지할 것인가?

9장

광고비에서 AI추천비로:
마케팅 투자의 변화

AI가 구매 결정을 좌우하는 시대,
우리의 마케팅 예산은 어디에 써야 할까?

7장에서 살펴본 AI 중심의 고객 여정에서 대다수의 소비자가 AI 추천을 통해 구매 결정을 내린다면, 이것을 실현하기 위한 마케팅 투자는 어떻게 변해야 할까? 8장에서 확인한, 사람과 AI의 창작 협업이 실제 비즈니스 성과로 이어지려면 어떤 투자 구조가 필요할까? 이러한 질문들이 이번 장의 출발점이다.

투자 구조 전환의 필연성

'설득의 역전'은 마케팅 전략에 전면적인 변화가 필요함을 보여준다. 예전에는 고객에게 광고를 많이 보여주는 것이 중요했다면, 이제는 AI에게 우리 브랜드를 알리고 AI가 고객에게 우리 브랜드를 추천해주도록 만드는 것에 초점을 맞춰야 한다. 이는 단순히 전술적 접근법을 바꾸는 것이 아니라, 마케팅이 작동하는 근본 원리가 변화했음을 의미한다.

베인앤컴퍼니의 2025년 보고서에 따르면, ChatGPT 등 AI를 통해 소매업체 웹사이트를 찾아오는 고객이 6개월 만에 1,200%나 폭증했으며, 특히 젊은 세대를 중심으로 이러한 변화가 가속화되고 있다.[1]

이런 변화에 선제적으로 대응한 대표적인 사례가 P&G다. P&G는 내부생성형 AI 도구인 ChatPG를 개발하였다. 출시 2시간 만에 8,000건의 사용 요청이 몰렸고, 현재 30,000명 이상의 직원이 활용하고 있다.[2] 이들은 제품 개발 단계부터 AI가 분석한 소비자 니즈를 반영하고, 브랜드 메시지를 AI가 이해하기 쉬운 구조로 설계하며, 캠페인 성과를 실시간으로 분석하여 즉각적인 조정을 가능하게 했다.

P&G 같은 선도 기업들의 AI 도입이 확산되면서, 업계 전반의 예산 배분도 변화하고 있다. 특히 AI 기반 디지털 마케팅에 대한 투자가 급증

하고 있는데, 가트너의 CMO 설문조사에 따르면, 마케팅 예산의 분배 구조가 크게 변화하고 있다. 2024년 조사에서 CMO들은 전체 예산의 57.1%를 디지털 채널에 할당하며 소셜 광고(12.2%), 검색(13.6%), 디지털 디스플레이(10.7%) 등 디지털 미디어의 투자에 집중하는 것으로 나타났다[3].

이러한 예산 재배치는 실제 성과로도 이어지고 있다. BCG의 연구에 따르면, AI를 마케팅에 성공적으로 도입한 기업들은 자동화된 콘텐츠 생성, 예측 모델링, 개인화를 통해 마케팅 ROI를 개선하는 효과를 보이고 있으며, 한 소비재 선도기업의 경우 15%의 ROI 개선을 달성했다[4]. 이러한 차이는 타겟팅의 정확성, 메시지의 개인화, 그리고 타이밍의 최적화가 복합적으로 작용한 결과다.

AI추천비의 개념과 구성 요소

'설득의 역전' 현상에 따라 새로운 마케팅 투자 영역이 등장하고 있다. 바로 AI가 브랜드를 이해하고 추천할 수 있도록 돕는 분야다. 이를 'AI 추천 최적화(AI Recommendation Optimization, ARO)'라고 정의할 수 있으며, 이에 투입되는 예산을 'AI추천비'라고 부를 수 있다.

기존 광고비가 소비자의 주목을 끌기 위한 투자였다면, AI추천비는 AI 시스템이 우리 브랜드를 정확히 이해하고 적절한 상황에서 추천할 수 있도록 하는 투자다. 광고비는 순간적인 노출 효과를 목표로 하지만, AI추천비는 AI와의 지속적인 소통 채널을 구축하는 것을 목표로 한다.

AI추천비의 첫 번째 구성 요소는 데이터 인프라 구축이다. 제품 정보의 표준화 시스템 구축은 단순히 제품의 스펙을 나열하는 것이 아니라

AI가 이해할 수 있는 니즈 온톨로지(NSO)를 구축하는 것이다. 고객 행동 데이터의 수집 및 정제도 중요한 투자 영역이다. 클릭, 구매, 리뷰, 반품 등 모든 행동 데이터를 통합하여 고객의 실제 니즈와 선호를 파악할 수 있는 인사이트로 전환하는 과정이다.

데이터 인프라가 구축되면, 이를 효과적으로 활용할 수 있는 시스템이 필요하다. 두 번째 구성 요소는 AI 최적화를 위한 시스템 투자다. 각 AI 플랫폼별로 맞춤형 최적화가 필요한 이유는 플랫폼마다 알고리즘과 우선순위가 다르기 때문이다. 예를 들어 구글의 AI는 검색 의도와의 '관련성'을, 아마존의 AI는 '구매 전환 가능성'을, 그리고 페이스북의 AI는 '사용자 참여도'를 핵심적인 판단 기준으로 삼는 경향을 보인다.

각 플랫폼의 서로 다른 우선순위를 고려할 때 콘텐츠도 이에 맞게 최적화되어야 한다. 특히 제품 설명과 마케팅 메시지는 자연어 처리에 기반해 각 플랫폼에 맞게 생성되어야 한다. 이것은 단순한 번역이 아니다. 같은 제품이라도 검색 맥락에 따라 다른 측면을 강조해야 한다. "운동화"로 검색한 고객에게는 기능성을, "스니커즈"로 검색한 고객에게는 스타일을 강조하는 식의 동적 콘텐츠 생성이 필요하다.

그리고 이를 위한 세 번째 구성요소는 콘텐츠 구조화다. AI가 브랜드를 다차원적으로 이해할 수 있게 하는 멀티모달 콘텐츠 제작이 핵심이다. 텍스트, 이미지, 비디오, 3D 모델 등 다양한 형태로 제품 정보를 표현하는 것이다. 브랜드가 AI에게 멀티모달 형식으로 정보를 제공해야 이후 고객이 AI에게 질문할 때 텍스트 설명뿐 아니라 동영상, 3D 모델 등 고객이 원하는 형태로 답변을 제공할 수 있기 때문이다.

멀티모달 기술은 AI 추천 과정뿐 아니라 고객의 제품 체험 단계에서도 활용된다. 이의 실제 사례로 로레알을 들 수 있다. 로레알이 인수한 AI/

AR 기술 기업인 모디페이스는 사용자의 얼굴을 실시간으로 분석하여, 각자의 피부 톤에 맞는 수백 가지의 메이크업 제품을 가상으로 시뮬레이션해 준다[5]. 과거에는 모델을 섭외하고 스튜디오에서 촬영하는 데 수십만 달러를 투자했다면, 이제는 AI가 개별 고객의 얼굴에서 직접 제품을 시연할 수 있게 되었다.

이는 기술 혁신을 넘어 마케팅 투자의 성격이 바뀌고 있음을 보여준다. 기존의 광고 투자는 일회성 콘텐츠의 제작에 그쳤지만, AI추천비는 지속적으로 데이터를 축적하고 이를 통해 추천 정확도를 높이는 선순환 구조를 만든다. 결국 AI추천비는 단순한 비용이 아니라 AI 생태계 안에서 브랜드 경쟁력을 구축하는 핵심 투자가 되는 것이다.

새로운 측정 체계의 구축

설득해야 할 대상이 사람에서 AI로 바뀌었으니 성공을 측정하는 자(ruler) 역시 바뀌어야 한다. AI 시대의 새로운 성과 측정은 두 가지 차원에서 접근해야 한다. 고객의 구매 프로세스에 대한 지표와 AI의 추천 품질에 대한 지표다.

AI 에이전트를 사용하는 고객의 구매 프로세스는 앞서 7장에서 소개한 QRA 모델과 본질적으로 동일하다. 7장의 '질문 - AI추천 - 승인'을 브랜드 관점에서 재정의하면 '인식 → 추천 → 선택'이 된다. 즉, AI가 브랜드를 인식(고객 질문을 이해)하고, 해당 브랜드를 추천(AI추천)하며, 고객이 선택(승인)하는 과정이다.

이렇게 구매 프로세스가 바뀌게 되면서 측정 대상도 달라지게 되었다. 전통적으로 중요시했던 '노출수' 지표는 고객에게 브랜드가 얼마나 많이 보였는지를 측정하는 지표였는데, 이제는 AI가 브랜드를 어떻게 인식하고 추천하는지가 더 중요한 측정 대상이 되었다.

이를 측정할 수 있는 구체적인 지표를 정리하면, 인식률은 AI가 특정 질문에 대해 우리 브랜드를 '후보군'으로 고려한 비율이다. 추천율은 인식된 후보군 중에서 최종적으로 사용자에게 '추천 리스트'로 제시된 비율이다. 선택률은 AI가 추천한 여러 브랜드 중에서, 사용자가 최종적으로 특정 브랜드를 선택한 비율이다.

이러한 새로운 측정 지표가 왜 중요한지는 Google의 연구를 통해 더욱 명확해진다. Google의 '중간 혼란(The Messy Middle)' 연구는 소비자의 구매 과정이 얼마나 복잡해졌는지를 보여준다. 이 연구에 따르면, 소비자들은 구매 결정 전 디지털 환경에서 수많은 정보를 탐색하고 평가하는 과정을 반복하며, 이 과정에서 고려하는 브랜드의 범위가 계속해서 변하는 경향을 보였다.[6] 바로 이런 '중간 혼란'이야말로 AI 에이전트가 소비자에게 강력한 가치를 제공하는 지점이 된다. AI는 이 복잡한 탐색과 평가 과정을 대신 수행하여 명확한 추천 리스트를 제시해 줄 것이기 때문이다. 결국 복잡한 구매 과정에서 브랜드가 살아남으려면 AI의 추천 리스트에 포함되어야 하며, 이것이 바로 앞서 제시한 인식률과 추천율 지표가 중요한 이유가 된다.

지금까지 살펴본 지표들이 'AI가 브랜드를 얼마나 추천하는가'를 측정했다면, 'AI가 얼마나 정확하고 신뢰할 만한 추천을 하는가'도 중요하다. AI의 추천 품질을 측정하는 지표들도 필요한 이유다. 첫 번째 품질 지표는 브랜드 인식의 정확도다. AI가 브랜드를 정확히 이해하고 있는가를 측정한다. 두 번째 품질 지표는 설명가능성이다. AI가 추천 이유를 명확히 제시할 수 있는 능력을 의미한다.

이 중 브랜드 인식의 정확도를 높이기 위한 다이슨의 접근법을 살펴보자. 다이슨은 제품의 모든 핵심 성능을 정량화하여 AI와 소비자에게 명확한 판단 근거를 제공한다. "강력한 흡입력"과 같은 모호한 표현 대신 "HEPA 13 필터로 0.1마이크론 입자 99.99% 포착", "Hyperdymium 모터로 분당 125,000회전" 등의 구체적 데이터를 제공한다[7]. 이처럼 구체적이고 정량화된 정보를 제공함으로써 AI가 브랜드를 정확히 이해하고, 소비자에게 명확한 추천 근거를 제시할 수 있게 된다.

실제로 설명가능성과 선택률은 분리된 지표가 아니다. AI가 우리 브랜드를 얼마나 잘 '이해하고' 설명할 수 있는지가 곧 사용자 선택률과 직결된다. 소비자가 AI에게 "왜 이 제품을 추천하나?"라고 물었을 때, AI가 구체적이고 납득할 만한 답변을 제시할 수 있다면 그 브랜드가 선택받을 확률은 급격히 높아진다[8].

실시간 최적화 시스템의 구축

실시간 최적화는 AI 시대 마케팅 투자의 핵심 차별점이다. AI라는 문지기는 24시간 내내 쉬지 않고 판단하고, 추천한다. 그렇기 때문에 브랜드의 설득 노력 역시 실시간으로 이루어져야 한다. 그리고 이제는 그것이 실제로 가능해졌다. 전통적 광고는 캠페인이 시작되면 변경하기 어려웠지만, AI 시대에는 매 순간 최적화가 가능하다.

실시간 최적화의 구체적 적용 방식을 살펴보면, 세 가지 유형으로 나눌 수 있다. 첫째, 예산 배분 최적화다. Smartly의 Predictive Budget Allocation 시스템은 캠페인 시작 후 불과 몇 시간 만에 성과 패턴을 파악하고, 예산을 자동으로 재배분한다[9]. 5개의 서로 다른 크리에이티브와 10개의 타겟 세그먼트로 캠페인을 시작했다고 가정하면, AI 시스템은 실시간으로 50개 조합의 성과를 분석하고, 상위 성과 조합에 예산을 집중시킨다.

둘째, 고객 행동 예측의 최적화다. KLM은 구글의 AI 기반 솔루션을 활용하여 잠재 고객의 여행 의도를 실시간으로 파악하고 광고를 자동화했다. 그 결과, 예약당 광고 비용을 40% 절감하면서 동일한 예산으로 두 배 이상의 예약을 달성하는 성과를 거두었다[10].

셋째, 크리에이티브 요소의 실시간 최적화다. 맥도날드는 카타르에서 날씨 반응형 디지털 옥외광고 캠페인을 통해 Summer Coolers를 홍보했다. 기온이 섭씨 35~45도 사이일 때 맞춤형 크리에이티브가 자동으로 활성화되도록 설정하여, 현지 기온 상황에 맞는 메시지를 전달했다. 그 결과 프라페 음료의 주문은 88% 급증했고, 아이스 아메리카노는 30%, 스무디는 17% 증가했다[11].

하지만 이처럼 강력한 실시간 최적화에도 주의해야 할 점이 있다. 과도한 자동화는 브랜드의 일관성을 해칠 수 있기 때문이다. AI가 단기 성과의 최적화에만 집중하다 보면 브랜드의 장기적 가치나 일관된 메시지 전달이 소홀해질 수 있다. 따라서 브랜드 가이드라인과 핵심 메시지는 최적화 범위에서 제외하거나 제약 조건으로 설정해야 한다.

전통 매체와 AI의 시너지 창출 전략

AI를 설득하는 것이 중요해졌다고 해서 사람에 대한 설득이 완전히 사라지는 것은 아니다. 사람을 대상으로 하던 전통 매체는 이제 AI 생태계와 연결되면서 새로운 역할과 가치를 찾아가고 있다.

닐슨의 'Total Ad Ratings' 연구는 이러한 통찰을 뒷받침한다. 이 연구에 따르면, TV 광고와 디지털 광고를 함께 집행한 캠페인은 한 채널만 사용했을 때보다 18~49세 대상 캠페인의 도달률을 16%p 높일 수 있으며, 특히 18~34세 젊은 층에서는 그 효과가 18%p로 좀 더 높아지는 것으로 나타났다[12].

이런 통합효과를 극대화한 대표 사례가 TV와의 융합이다. 이는 슈퍼볼 무대에서 가장 극적으로 나타났다. 2022년 코인베이스는 60초 동안 화면 속에서 튀어 다니며 색깔이 변하는 QR 코드만을 보여준 광고를 내보낸 후 1분 만에 2,000만 건의 웹사이트 방문을 발생시켰고, 코인베이스 앱은 앱스토어 순위 186위에서 2위로 급상승했다[13]. 최근에는 AI 기술 자체를 소재로 한 광고들도 등장하고 있다. 2025년에는 구글이 슈퍼볼 광고를 통해 구글의 생성형 AI인 Gemini Live가 구직 면접 준비를 돕는 아버지의 이야기를 감성적으로 그린 광고를 선보이며 AI 기술의 일상적 활용을 강조했고[14], Meta는 AI 기능을 탑재한 Ray-Ban Meta 스마트 안경으로 미술 작품을 식별하는 장면을 Chris Pratt와 Chris Hemsworth를 통해 시연하며 AI가 일상에 자연스럽게 녹아들 수 있음을 보여줬다[15].

전통 매체와 AI의 융합은 비단 시각적 요소에만 국한되지 않는다. 음성 AI의 확산과 함께, 라디오 광고도 새로운 가능성을 보여주고 있다. 버거킹은 15초짜리 TV 광고에서 "오케이 구글, 와퍼 버거가 뭐지?"라는 질문을 던졌다[16]. 이 광고가 방송되자 시청자 주변에 있던 구글 홈 AI 스피커가 광고 속 음성을 인식하고, 와퍼에 대한 위키피디아 설명을 읽어주는 대화형 광고를 실행했다.

이런 변화는 옥외광고 영역에서도 나타나고 있다. 디지털 빌보드와 AI의 결합은 새로운 차원의 상호작용을 가능하게 한다. 스타벅스는 디지털 빌보드가 현재 날씨를 감지하여 비 오는 날에는 따뜻한 음료를, 더운 날에는 차가운 음료를 우선 광고하도록 시스템을 구축했다.

결국 전통 매체의 미래는 AI와의 대립이 아닌 협력에 있다. AI 시대에도 사람의 감정과 주의를 끌 수 있는 전통 매체의 고유한 힘은 여전히 유효하며, 이것이 AI의 정밀함과 결합될 때 더 강력한 마케팅 효과를 창출할 수 있기 때문이다.

투자 전환의 도전

모든 혁신적 변화가 그렇듯, 광고비에서 AI추천비로의 전환에도 상당한 도전이 따른다. 첫 번째 도전은 단기 성과 압박이다. 대부분의 기업은 분기별 실적을 중시하는 반면, AI 인프라 투자는 최소 6개월에서 1년의 시간이 필요하다. 이를 극복하기 위해서는 새로운 성과 측정 프레임워크가 필요하다.

두 번째 도전은 조직 역량의 격차다. 전통적 마케팅 조직은 크리에이티브와 미디어 바잉에 최적화되어 있지만, AI 시대에는 데이터 사이언스, 머신러닝 엔지니어링, 프롬프트 엔지니어링 등 새로운 역량이 필요하다. 맥킨지의 2024년 보고서는 이러한 역량 격차를 메우기 위한 체계적인 접근법을 제시한다[17].

세 번째 도전은 데이터 품질과 통합이다. AI는 데이터를 먹고 자라는데, 대부분의 기업은 파편화된 저품질 데이터를 보유하고 있다. 이를 해결하기 위해서는 데이터 관리 규칙과 책임 체계를 수립하고, 데이터 품질을 KPI에 포함시키며, 데이터 공유에 대한 인센티브를 제공하는 등의 노력이 필요하다.

이러한 도전들이 있음에도 불구하고 투자 구조의 전환은 거스를 수 없는 흐름이다. 8장에서 논의한 광고창작의 협업이 실제로 작동하기 위해서는 이 장에서 다룬 투자 구조의 전환이 필수적이다. 광고비에서 AI 추천비로의 전환은 예산 재배분에 그치는 것이 아니라, 마케팅의 목적과 방법을 재정의하는 과정이다. 마케팅의 성공 기준이 '얼마나 많은 사람에게 보여주는가'가 아니라, 'AI에게 얼마나 효과적으로 가치를 증명하는가'로 바뀌고 있기 때문이다.

결국 이러한 변화는 도전적이지만 피할 수 없는 현실이다. 중요한 것은 이 전환을 어떻게 준비하느냐이다. 단계적 접근을 통해 위험을 최소화하면서도 기회를 놓치지 않는 전략이 필요하다. 선제적으로 이 전환을 준비하는 브랜드들이 AI 시대의 새로운 경쟁 우위를 확보하게 될 것이다.

◀ 9장 참고자료

설득의 역전
The Persuasion Shift

10장

브랜드 언어 전환:
AI 시대의 이중 언어 전략

브랜드는 어떻게 AI와 소통할 수 있을까?

과거 브랜드 경쟁의 핵심이 소비자의 '기억'을 차지하는 것이었다면, 현재는 AI의 '추천' 목록에 오르는 것이다. 설득의 역전 시대에는 아무리 뛰어난 제품과 서비스를 가지고 있어도 AI가 브랜드를 추천목록에 포함시키지 않는다면 고객에게 전달될 기회 자체를 잃게 되기 때문이다.

이 장에서는 5장에서 논의한 '데이터 내러티브'를 실제로 구현하기 위한 브랜드 언어 전환과 그 핵심 실행 방안인 '이중 언어 전략'을 다룬다. 브랜드 언어 전환은 감성적 스토리텔링에서 구조화된 데이터 기반 커뮤니케이션으로의 패러다임 전환을 말한다. 이를 위한 이중 언어 전략은 사람을 위한 감성 언어와 AI를 위한 구조 언어를 동시에 구사하되, 두 언어가 같은 브랜드 가치를 표현하도록 하는 구체적 접근법이다. 결국 이는 브랜드의 본질적 가치를 더욱 명확하게 발견하고 전달하는 새로운 커뮤니케이션 전략이 된다.

브랜드 언어 전환의 정의와 필요성

브랜드 언어 전환이란 감성적 스토리텔링 중심의 전통적 브랜드 커뮤니케이션에서 AI가 이해할 수 있는 구조화된 데이터 기반 커뮤니케이션으로의 전환을 의미한다. 이것은 메시지 형식을 바꾸는 데서 그치는 것이 아니라, 브랜드가 자신의 가치와 정체성을 표현하고 전달하는 방식의 재설계이다.

문제는 사람과 AI가 정보를 처리하는 방식이 다르다는 점이다. 사람이 감성적 스토리텔링과 추상적 가치에 반응한다면, AI는 구조화된 데이터와 명확한 속성값을 통해 브랜드를 이해한다. 이 차이는 브랜드가 자신을 표현하는 방식의 전면적 재구성을 요구한다.

아마존의 알렉사 사례를 보자. 알렉사는 Amazon's Choice 프로그램과 제품의 구조화된 데이터를 활용하여 추천할 상품을 결정한다[1]. 고객이 좋은 세제를 추천해달라고 요청하면 알렉사는 제품의 판매량, 긍정적 리뷰, 그리고 구조화된 속성 데이터를 기반으로 추천하며, 감성적 마케팅 슬로건은 추천 알고리즘에 직접적인 영향을 끼치지 않는다[2]. 이는 브랜드가 더 이상 '감동시키는 메시지'만으로는 AI 시대에서 경쟁력을 유지하기 어려움을 보여준다.

이러한 변화는 이미 소비자 행동에서도 나타나고 있다. PwC의 2024년 아시아 태평양 소비자 동향 설문조사에 따르면, 소비자의 69%는 AI를 통한 '제품 정보 수집'을, 63%는 '제품 추천 제공'을 신뢰한다고 답해, 구매 과정에서 AI의 영향력이 이미 상당함을 보여주었다[3]. 특히 아시아 태평양 지역에서는 소비자의 56%가 소셜미디어를 통해 직접 제품을 구매한 경험이 있다고 답했는데[4], 이는 2019년의 31%에 비해 두 배 가까이 증가한 수치로, 구매 과정에서 소셜미디어의 영향력이 매우 커졌음을 보여준다.

결국 브랜드는 이제 고객의 마음속에 각인되는 것만으로는 충분하지 않다. AI에게 이해되고, 적절한 순간에 추천될 수 있어야 한다. 전통적인 브랜딩이 '기억되기 위한 경쟁'이었다면, AI 시대의 브랜딩은 '추천받기 위한 경쟁'인 것이다.

그런데 감성을 데이터로 번역하는 과정에서 치명적인 함정이 나타나기도 한다. 모든 것을 숫자로 표현하려다 보니 브랜드의 본질적 가치가 훼손되는 경우가 발생하기 때문이다. 한 럭셔리 브랜드는 '장인정신'을 '제작 시간 240시간'으로 표현했다가 고객들로부터 "그래서 왜 비싼 거죠?"라는 반응을 받았다. '장인정신'이라는 표현은 제품을 '예술품'의 영역에 두는 반면, '240시간'이라는 숫자는 제품을 '공산품'의 영역으로 끌어내려 시간당 인건비나 생산 효율성을 따지게 만들었기 때문이다.

따라서 AI 시대의 브랜드 언어 전환은 단순히 모든 것을 숫자로 바꾸는 기계적인 작업이 아니라, 브랜드의 본질적 가치를 훼손하지 않는 선에서 정교하게 이루어져야 하는 전문가의 작업이다. 데이터의 정확성과 브랜드의 감성적 가치 사이에서 균형점을 찾는 것이 핵심이다.

이중 언어 전략의 핵심 원칙

'설득의 역전'으로 인해 브랜드의 청중은 이제 AI와 사람, 둘로 나뉘었다. 완전히 다른 이 두 유형의 청중을 동시에 설득하기 위한 소통법이 바로 '이중 언어 전략'이다. 이중 언어 전략은 사람을 위한 감성 언어와 AI를 위한 구조 언어를 동시에 개발하되, 두 언어가 동일한 브랜드 가치를 표현하도록 하는 체계적 접근법이다. 이 전략의 핵심은 브랜드의 본질적 가치를 훼손하지 않으면서도 AI가 이해할 수 있는 형태로 번역하는 것이다[5].

첫 번째 원칙은 가치 보존이다. 감성적 표현을 구조적 데이터로 변환할 때, 브랜드가 고객에게 제공하는 근본적 가치는 변하지 않아야 한다. 예를 들어, P&G의 타이드가 가진 "강력한 세정력"이라는 브랜드 가치를 "기름때 제거율 95%"와 같은 검증 가능한 데이터로 번역하는 것을 생각해 볼 수 있다. 여기서 "기름때 제거율 95%"라는 숫자는 "강력한 세정력"이라는 브랜드 가치를 더 구체적이고 명확하게 표현하는 방식일 뿐, 브랜드의 핵심 가치인 "강력함" 자체를 다른 개념으로 바꾸는 것이 아니다.

두 번째 원칙은 맥락 유지다. AI는 데이터를 처리할 수 있지만, 그 데이터가 생성된 맥락을 완전히 이해하지는 못한다. 스타벅스가 "제3의 공간"이라는 철학을 매장의 소음도, 좌석 배치, 체류 시간 등의 데이터로 구체화할 때, 이러한 지표들이 왜 중요한지에 대한 설명도 AI에게 함께 제공해야 한다.

세 번째 원칙은 플랫폼 최적화다. 각 AI 플랫폼은 고유한 특성과 알고리즘을 가지고 있으므로, 각 플랫폼에 맞춰 브랜드 정보를 최적화해야 한다. 구글의 어시스턴트는 검색 의도와 컨텍스트를 중심으로, 아마존의 알렉사는 제품 속성과 성능 데이터를 중심으로, 애플의 시리는 사용자 행동 패턴과 선호도를 중심으로 최적화되어야 한다.

네 번째 원칙은 진화 가능성이다. AI 기술과 소비자 행동 패턴이 빠르게 변화하고 있기 때문에 브랜드 언어 체계 또한 이러한 변화에 적응할 수 있도록 설계되어야 한다. 무신사가 한국적 패션 언어를 AI가 이해할 수 있도록 번역하는 과정에서 '힙한 스타일'을 오버사이즈 핏, 무채색 비율, 브랜드 로고 노출도 등의 구체적 속성으로 분해한 것을 예로 들 수 있다. 고정된 언어 체계가 아니라 학습하고 진화하는, 살아있는 언어 체계를 구축해야 한다.

다섯 번째 원칙은 인간적 가치의 유지다. AI 시대라고 해서 브랜드가 기계적이고 차가워져야 하는 것은 아니다. 오히려 구조화된 언어를 통해 브랜드의 인간적 가치를 더욱 명확하고 일관되게 전달할 수 있어야 한다. 최종 결정은 사람이 하기 때문이다.

이 다섯 가지 원칙은 단순한 권유가 아니라 AI 시대 브랜드 생존의 필수 조건이다. 과거에는 브랜드가 하나의 일관된 목소리로 소비자에게만 말하면 되었지만, 이제는 사람과 AI라는 서로 다른 언어를 사용하는 두 청중에게 동시에 정확히 말해야 한다.

이 원칙들을 무시하고 감성 언어를 그저 숫자로 바꾸기만 하면, 앞서 본 럭셔리 브랜드의 '장인정신 240시간' 사례처럼 브랜드 가치가 오히려 훼손될 수 있다. 반대로 이 원칙들을 체계적으로 적용하면, 브랜드는 AI의 추천 알고리즘에서 정확하게 인식되면서도 고객에게는 여전히 감동적인 브랜드로 남을 수 있다.

결국 이중 언어 전략의 성공은 이 다섯 원칙을 얼마나 정교하게 실행하느냐에 달려 있으며, 이는 브랜드가 AI 시대에서도 지속 가능한 경쟁력을 확보할 수 있는지를 결정하는 분수령이 될 것이다.

NSO에 기반한 브랜드 언어 전환의 실무 적용

그렇다면 이 이중 언어 전략을 실무에는 어떻게 적용할 수 있을까? 실무적 구현은 이 책의 2장에서 다룬 NSO 프레임워크를 기반으로 할 수 있다. NSO는 고객의 니즈와 브랜드 솔루션을 AI가 이해할 수 있는 구조화된 지식 체계로 설계하는 청사진을 제공하며 브랜드 언어 전환은 이 청사진을 실제 커뮤니케이션에 적용하는 구체적 방법론이 된다.

NSO 프레임워크가 '무엇을' 구조화할지 정의했다면, 다음의 5단계는 '어떻게' 실행할지를, 앞서 제시한 이중 언어 전략의 5가지 원칙에 따라 안내한다.

5단계 프로세스와 5가지 원칙의 통합 적용

각 단계는 특정 원칙을 중심으로 하되, 모든 원칙이 단계 전반에 걸쳐 상호작용한다.

- 1단계: 현재 상태 진단 → 가치 보존 원칙 (기준점 설정)
- 2단계: 핵심 가치 구조화 → 가치 보존 + 맥락 유지 원칙 (번역의 정확성)
- 3단계: 플랫폼별 최적화 → 플랫폼 최적화 + 맥락 유지 원칙 (맞춤형 전달)
- 4단계: 파일럿 테스트 → 진화 가능성 + 인간적 가치 유지 원칙 (검증과 균형)
- 5단계: 전면 적용 → 진화 가능성 + 인간적 가치 유지 원칙 (지속적 개선)

이제 5단계 실행 프로세스를 구체적으로 살펴보자.

[1단계] 현재 상태 진단: 가치 보존의 기준점

브랜드의 기존 언어 체계가 AI 플랫폼에서 어떻게 인식되고 있는지 분석해야 한다. 음성 검색 결과, AI 추천 빈도, 구매전환율 등의 현재 성과를 측정하여 개선 필요 영역을 파악한다. 브랜드가 현재 사용하는 키워드와 메시지가 AI의 자연어 처리 과정에서 어떻게 해석되는지 점검하고, 경쟁사 대비 AI 플랫폼에서의 가시성과 추천 빈도를 비교 분석한다. 이 단계는 가치 보존 원칙의 출발점으로, 현재 브랜드 가치가 AI에게 어떻게 전달되고 있는지 정확히 파악해야 올바른 번역이 가능하다.

[2단계] 핵심 가치의 구조화: 맥락 유지

브랜드의 핵심 가치를 AI가 이해할 수 있는 구조적 언어로 번역한다.

"혁신적이다"라는 추상적 표현을 특허 보유 수, 신제품 출시 주기, 기술 개발 투자 비율 등의 구체적 지표로 세분화한다. 이때 중요한 것은 숫자가 브랜드의 본질적 가치를 대변할 수 있도록 의미 있는 지표를 선별하는 것이다. 여기서 가치 보존 원칙이 핵심적으로 적용되며, 맥락 유지 원칙에 따라 각 지표가 왜 브랜드 가치를 대변하는지에 대한 설명도 함께 제공해야 한다.

[3단계] 플랫폼별 최적화: 맞춤형 전달

각 AI 플랫폼의 특성에 맞게 브랜드 언어를 최적화한다. 구글 검색 최적화를 위해서는 사용자의 검색 의도와 일치하는 키워드와 구조화된 데이터를 활용하고, 아마존 알렉사를 위해서는 제품의 기능적 속성과 성능 지표를 중심으로 정보를 구성한다. 네이버 쇼핑, 카카오톡 챗봇 등의 우리나라 플랫폼을 위해서는 한국 소비자의 언어 패턴과 구매 행동을 반영한 최적화가 필요하다. 이 단계에서는 플랫폼 최적화 원칙이 직접 적용되며, 맥락 유지 원칙에 따라 플랫폼별로 다른 표현을 사용하더라도 동일한 브랜드 가치가 일관되게 전달되어야 한다.

[4단계] 파일럿 테스트: 검증과 진화

소규모 그룹을 대상으로 새로운 언어 체계를 테스트하고, 고객 반응과 AI 플랫폼의 인식 정확도를 측정한다. A/B 테스트를 통해 기존 방식과 새로운 방식의 성과를 비교 분석하며, 고객의 피드백을 수집함으로써 언어 체계의 효과성을 검증한다. 진화 가능성 원칙에 따라 테스트 결과를 바탕으로 언어 체계를 유연하게 조정할 수 있어야 하며, 인간적 가치 유지 원칙에 따라 고객의 감성적 반응도 함께 평가해야 한다.

[5단계] 전면 적용: 인간적 가치의 지속적 구현

파일럿 테스트 결과를 바탕으로 언어 체계를 전면 적용하고, 실시간성과 모니터링을 통해 지속적으로 개선한다. AI 기술의 발전과 소비자 행동 변화에 맞춰 언어 체계를 주기적으로 업데이트하며, 새로운 플랫폼과 채널에 대한 대응 방안을 수립한다. 이 단계에서는 진화 가능성의 원칙과 인간적 가치의 유지 원칙이 동시에 적용되어, 기술적 변화에 적응하면서도 브랜드의 인간적 본질을 잃지 않는 균형점을 찾아야 한다.

이 5단계 프로세스는 브랜드가 AI 시대의 새로운 커뮤니케이션 환경에서 단순히 생존하는 것을 넘어, AI와 사람이라는 두 청중 모두에게 진정성 있게 소통할 수 있는 근본적 역량을 구축하는 과정이다. 브랜드의 미래는 이제 감성과 이성, 직관과 데이터 사이의 경계를 허무는 새로운 언어를 창조할 수 있느냐에 달려 있다.

이중 언어 전략 실행 시 주요 고려사항

브랜드 언어를 AI 시대에 맞게 전환하는 과정에서 몇 가지 함정들을 피해야 한다.

과도한 정량화의 위험이 가장 주의해야 할 요소다. 한 고급 레스토랑이 '셰프의 창의적 요리'를 '미슐랭 가이드 기준 27가지 조리 기법 적용'으로 설명하자, 고객들은 "기법이 많으면 맛있는 건가요? 그냥 복잡하게 만드는 것 같은데"라고 반응했다. '창의적 요리'라는 표현은 기대감과 특별한 경험을 약속하는 반면, '27가지 기법'이라는 숫자는 고객에게 과시적이고 인위적인 느낌을 주어 오히려 신뢰도를 떨어뜨린 것이다. 해결책은 정량적 지표와 정성적 설명을 균형 있게 조합하는 것이다.

브랜드 개성 소실의 함정도 중요한 고려사항이다. AI 최적화에만 집중하다 보면 모든 브랜드가 서로 비슷한 말투와 반응 패턴을 갖게 되어 브랜드 고유의 개성이 사라질 위험이 있다. 이는 앞서의 과도한 정량화와 연결되는 문제로, 숫자와 데이터만으로 브랜드를 표현하려다 보면 자연스럽게 개성이 평준화된다. 브랜드의 핵심 개성 요소를 AI 학습 데이터에 반영하고, 정기적으로 브랜드 목소리의 일관성을 점검하는 것이 필요하다.

이러한 고려사항들을 염두에 두고 데이터의 정확성과 브랜드의 감성적 가치 사이에서 균형점을 찾는 것이 성공의 열쇠다.

이 장에서 다룬 브랜드 언어 전환을 실제 업무에 적용하기 위한 체크리스트와 플랫폼별 최적화 가이드는 '부록 B: AI 시대, 브랜드 언어 전환 실무 가이드'를 참조하십시오.

이중 언어 전략의 미래

AI 시대의 브랜드 언어 전환에서 가장 중요한 깨달음은 다음과 같다. AI에게 이해받기 위해 브랜드 언어를 바꾸는 과정에서, 오히려 브랜드의 진정한 가치를 더욱 명확하게 발견하게 된다는 것이다.

예를 들어, 한 프리미엄 요가복 브랜드는 기존에 내세웠던 '편안함'이라는 모호한 가치를 AI가 이해할 수 있도록 구조화하는 과정에서 '4방향 신축성 95%', '흡습속건 30초', '봉제선 평탄도 0.1mm' 등의 구체적 지표를 도출했다. 그 결과, 브랜드는 자신이 단순히 '편안'하기만 한 것이 아니라 '과학적으로 설계된 움직임의 자유'를 제공한다는 더 강력한 브랜드 가치를 발견했다. 모호함 속에 숨어있던 강점들이 데이터의 빛을 받아 빛나기 시작한 것이다.

　이 요가복 브랜드가 보여주듯, 브랜드 언어 전환의 핵심은 AI와 사람이라는 서로 다른 두 개의 언어 체계를 동시에 구사하는 이중 언어 전략에 있다. AI에게는 '4방향 신축성 95%'라는 정확하고 구조화된 데이터로, 사람에게는 '움직임의 자유'라는 따뜻하고 의미 있는 이야기로 동시에 소통할 수 있을 때 비로소 브랜드는 설득의 역전 시대에서 진정한 경쟁 우위를 확보할 수 있을 것이다.

 ◀ 10장 참고자료

설득의 역전
The Persuasion Shift

11장

애자일 브랜딩:
실험하고 학습하는 브랜드

6개월 준비한 감성 캠페인이 AI에게 외면받았다.
이제 무엇을 해야 하나?

AI 시대의 마케팅은 완벽한 캠페인을 추구하지 않는다. 대신 끊임없는 실험과 학습을 통한 진화를 추구한다. 앞서 논의한 실시간 고객 여정이 데이터를 제공하고, AI 협업이 콘텐츠를 생성하며, 투자 구조가 자원을 배분하고, 언어 체계가 소통을 담당한다면, 이 모든 것을 조율하며 끊임없이 실험하고 학습하는 운영 체계가 바로 애자일 브랜딩이다. 애자일 브랜딩은 이러한 요소들이 유기적으로 결합되어 살아있는 브랜드를 만드는 방법론이다.

전통적 캠페인의 구조적 한계

AI를 먼저 설득해야 하는 '설득의 역전' 시대는 브랜드에게 시장의 변화에 실시간으로 반응하고 학습하며 진화할 것을 요구한다. 이것은 몇 달 또는 몇 년을 내다보고 완벽한 계획을 세우던 전통적인 마케팅 방식과의 결별을 의미한다.

전통적 마케팅 이론들이 이런 변화에 적응하지 못하는 이유는 안정적인 시장 환경을 전제로 만들어졌기 때문이다. 필립 코틀러의 4P 이론은 1960년대의 산물로, 제품을 개발하고 가격을 책정하며 유통 채널을 확보한 후 프로모션을 진행하는 선형적 프로세스를 제시했다. STP 역시 시장을 세분화하고 타겟을 선정한 후 포지셔닝하는 과정이 몇 달씩 걸렸던 과거의 산물이다.

하지만 AI가 실시간으로 시장 데이터를 분석하고 재해석하는 지금, 이러한 이론들은 뚜렷한 한계를 드러낸다. ChatGPT가 출시 2개월 만에 1억 명의 사용자를 확보한 사례[1]에서 볼 수 있듯, 시장의 변화 속도는 전통적인 마케팅 계획 주기를 압도한다. 신제품을 출시하기도 전에 AI

가 이미 유사한 대안을 찾아내고, 가격은 실시간으로 변동하며, 유통 채널은 알고리즘이 결정하고, 프로모션의 효과는 즉각적으로 측정되어 경쟁사에게 노출된다.

특히 타겟팅 방식의 변화는 더욱 획기적이다. 전통적인 STP가 '평균적인 고객'을 가정했다면, AI는 '개별 고객'을 대상으로 수백만 개의 마이크로 세그먼트를 실시간으로 생성한다. 맥킨지의 연구에 따르면, 실제로 개인화 전략에 뛰어난 기업은 그렇지 않은 평균적인 기업보다 해당 활동에서 40% 더 많은 수익을 창출한다[2].

전통적 캠페인의 더 중요한 문제는 '가정'에 기반한다는 점이다. 마케터들은 소비자가 원하는 것을 가정하고, 그 가정에 기반해 메시지를 만들어낸다. 하지만 AI 시대에는 가정이 아닌 '실시간 학습'이 가능하다. 매 순간 소비자의 반응을 측정하고, 즉시 조정하며, 다음 행동을 최적화할 수 있게 된 것이다.

실험 중심 브랜딩의 통합 설계

애자일 브랜딩의 핵심은 이 책의 앞장에서 설명한 모든 요소들을 하나의 유기적 시스템으로 통합하는 것이다. AI를 설득하기 위해서는 이 모든 요소들이 각자 움직이는 것이 아니라 하나의 통합된 운영 체계 안에서 유기적으로 작동해야만 하기 때문이다. 각 장의 솔루션들은 개별적으로도 강력하지만, 진정한 변화는 이들이 함께 작동할 때 일어난다.

7장의 새로운 고객 여정은 애자일 브랜딩의 신경계 역할을 한다. 고객의 모든 접점에서 수집된 데이터가 즉시 실험 설계에 반영된다. Netflix는 이미 이러한 시스템을 구축하여 사용자의 시청 패턴을 실시간으로 분석하고 즉각적으로 개인화된 추천을 업데이트하고 있다[3].

8장의 AI 협업 크리에이티브는 이러한 실험을 위한 콘텐츠를 실시간으로 생성하는 창조 기관 역할을 한다. 크리에이터가 핵심 콘셉트를 제시하면 AI가 수백 개의 변형을 만들어내고, 각각의 성과를 측정한다. 중요한 것은 창의성과 데이터 분석이 분리되지 않고 하나의 통합된 프로세스로 작동한다는 점이다.

9장의 투자 전환 전략은 이 모든 실험에 대한 자원 배분을 담당하는 순환계 역할을 한다. 전통적인 광고비 개념을 넘어 '실험비'라는 새로운 예산 항목이 필요하다. 각 실험의 기대 ROI와 리스크에 따라 자동으로 예산이 할당되고, 성과에 따라 실시간으로 재배분된다.

10장에서 다룬 브랜드 언어 전환은 고객 여정의 데이터, 크리에이티브의 성과, 투자의 결과 등을 AI가 이해할 수 있는 구조화된 형태로 기록한다. 이러한 AI 언어 체계의 실질적 도구가 2장에서 다룬 NSO이며, NSO는 고객의 니즈와 브랜드의 솔루션을 AI가 명확하게 해석할 수 있는 구조화된 지식 체계로 만드는 실질적인 프레임워크를 제공한다.

이처럼 복잡한 통합 시스템을 구축하는 것은 결코 쉬운 일이 아니다. 실제로 기업들은 전체 마케팅 프로세스를 한 번에 개편하기보다는 점진적인 단계별 구현을 선호하고 있다[4]. McKinsey의 연구에 따르면, 성공적인 디지털 전환을 이룬 기업들은 20가지 이상의 구체적인 성공 요인을 단계별·체계적으로 실행하는 공통점을 보인다[5].

애자일 실험을 위한 실시간 최적화

A/B 테스트는 1920년대부터 사용되어 온 검증된 방법론이지만, AI 시대에는 뚜렷한 한계를 드러낸다. 수십억 개의 데이터를 밀리초 단위로 판단하는 AI를 설득하기에는 너무나 느리고 비효율적이기 때문이다. 실험 기간이 길고, 열등한 옵션에도 50%의 트래픽을 할당해야 해서 기회비용이 크며, 복잡한 상호작용을 포착하지 못한다. 애자일 브랜딩에서는 더욱 빠르고 효율적인 실험 방법이 필요하다.

멀티암드 밴딧 알고리즘은 이러한 한계를 극복하는 핵심 도구다. 이 방법론은 탐색과 활용의 균형을 실시간으로 조정하여, 성과가 좋은 옵션에 더 많은 트래픽을 할당하면서도 새로운 가능성을 지속적으로 탐색한다. 결과적으로 전통적인 A/B 테스트보다 기회비용을 최소화하면서 더 빠르게 최적해를 찾을 수 있다[6].

이러한 실시간 최적화는 조직 운영에서도 구현될 수 있다. H&M 그룹은 다기능 팀(애자일 포드) 방식으로 실험을 운영한다. 매장의 판매 데이터, 온라인 구매 내역, 고객 피드백을 실시간으로 분석하여 어떤 상품과 스타일이 어떤 고객층에서 가장 반응이 좋은지 파악한다. 이를 바탕으로 개인화된 제품 추천과 마케팅을 신속하게 최적화한다[7]. 데이터 과학자, 패션 큐레이터, AI 엔지니어가 협업하는 이들의 애자일 포드는 24~48시간 주기로 실험하고 학습한다.

이러한 실시간 최적화 접근법을 제품 개발 프로세스 전체에 적용한 더욱 급진적인 사례도 있다. 중국의 C-beauty 브랜드 퍼펙트 다이어리(完美日记)는 이러한 애자일 실험을 비즈니스 모델의 핵심에 둔 대표적인 사례다[8]. 전통적인 뷰티 기업이 18개월 이상 걸려 신제품을 출시하는 동안, 퍼펙트 다이어리는 단 6개월 만에 제품 기획부터 출시까지를 완료한다.

퍼펙트 다이어리의 핵심 전략은 완벽한 제품 하나를 예측하여 출시하는 것이 아니다. 대신 수십 개의 신제품을 소량으로 빠르게 출시하고, 샤오훙슈(小红书)와 같은 소셜 플랫폼에서 소비자들의 실시간 반응 데이터를 수집한다. 이 데이터를 통해 '성공'이 예측되는 제품은 즉시 대량 생산에 들어가고, 반응이 없는 제품은 과감히 중단한다.

이는 '설득의 역전' 시대에 브랜드가 더 이상 사전에 소비자를 설득하려 애쓰는 것이 아닌, 시장의 실시간 데이터를 통해 AI와 소비자가 '선택'할 제품을 역으로 찾아내는 애자일 브랜딩의 가장 급진적인 모델 중 하나다.

실패를 학습 자산으로 전환하는 시스템

"우리는 실패하지 않는다. 학습할 뿐이다." 이것은 실리콘밸리의 진부한 슬로건처럼 들릴 수 있지만, AI 시대의 브랜딩에서는 실제로 구현 가능한 시스템이 되었다. AI라는 설득 대상은 과거의 성공 방정식이 아니라 현재의 데이터와 피드백으로 학습한다. 때문에 모든 실패는 AI를 더 잘 설득하기 위한 귀중한 데이터 자산이 된다.

구글의 혁신 연구소 X의 아스트로 텔러 대표는 "우리에겐 실패가 필요하다. 무언가를 개발하고자 한다면 빨리빨리 실패를 거듭해 가능한 많은 것을 학습해야 한다"고 선언했다[9]. 실제로 구글 X에서는 실패한 프로젝트를 중단할 때 담당 팀에게 보너스를 지급하는 '실패 보너스' 정책을 운영한다[10].

아마존의 제프 베조스는 더 나아가 "아마존을 세상에서 가장 실패하기 좋은 장소로 만들기 위해 노력한다"고 공언하며[11], "실패와 발명은 분리할 수 없는 쌍둥이다. 발명하려면 실험해야 하고, 미리 성공할 것을 안다면 그것은 실험이 아니다"라고 강조했다.

하버드 비즈니스 스쿨의 에이미 에드먼슨 교수는 실패를 '예방 가능한 실패', '복잡한 실패', '지능적 실패'로 분류했다[12]. AI 시대의 브랜드들은 이를 더욱 정교하게 발전시켰다. 예측 실패는 과거 데이터에서 예측 가능했던 실패로, 학습 시스템의 개선 기회를 나타낸다. 탐색 실패는 새로운 영역을 탐색하다 발생한 실패로, 가장 가치 있는 실패다. 미지의 영역에 대한 정보를 제공하기 때문이다. 복잡한 실패는 여러 요인이 복합적으로 얽힌 실패로, 시스템 전체의 점검이 필요하다.

코카콜라의 '뉴 코크' 사례는 전통적 관점에서는 중대한 실패였지만, 현대적 관점에서는 '브랜드 충성도의 깊이'를 확인한 값진 실험이었다. 1985년 출시된 뉴 코크는 79일 만에 시장에서 철수했지만, 이 과정에서 코카콜라는 소비자들의 브랜드에 대한 감정적 애착이 맛보다 강하다는 것을 발견했다.

효과적인 실패 관리 체계를 구축하려면 다음과 같은 실행 가이드라인이 필요하다. 실패 분류 기준을 명확히 하여 예측 실패는 24시간 내 원인 분석 완료, 탐색 실패는 학습 포인트 문서화 후 공유, 복잡한 실패는 전사적 태스크포스를 구성한다. 학습 자산화를 위해 모든 실험 결과를 중앙 데이터베이스에 저장하고, 실패 패턴을 AI로 분석하여 미래 예측에 활용하며, 분기별 '실패 학습 세션'을 통해 조직 전체가 함께 학습한다.

애자일 포드 조직의 실전 운영

실시간으로 학습하고 진화하는 AI를 설득하기 위해서는, 브랜드 조직 역시 그에 맞는 속도와 유연성을 갖춰야 한다. 20세기의 마케팅 조직은 군대식 계층 구조를 따랐다. 브랜드 매니저가 전략을 수립하면, 여러 단계의 승인을 거쳐 실행팀에 전달되었다. 이 과정은 보통 3~6개월이 걸렸고, 한 번 시작된 캠페인은 끝까지 진행되는 것이 일반적이었다. 하지만 실시간으로 변화하는 AI 시대에는 이런 체계가 더 이상 유효하지 않다.

애자일 포드 조직 구조는 특정 비즈니스 목표를 달성하기 위해 구성된 소규모 다기능 팀으로, 이러한 전통적 조직의 한계를 극복하는 새로운 접근법이다. BCG의 보고서에 따르면, 애자일 마케팅 조직을 성공적으로 구현한 기업들은 캠페인 출시 시간을 최대 40% 단축하고 고객 만족도를 10~20% 향상시키는 성과를 거두었다[13].

각 포드는 일반적으로 5~9명의 구성원으로 이루어진다. 개발자, 테스터, 디자이너, 주제 전문가 등 보완적인 기술을 가진 개인들로 구성되어 공통의 목표를 향해 긴밀하게 협력한다.

효과적인 애자일 포드 구성

- **포드 리더**는 전통적인 관리자가 아닌 '촉진자' 역할을 한다. 팀의 자율성을 보장하면서도 전사 전략과의 정렬을 담당한다. 주요 업무는 장애물 제거, 리소스 확보, 타 포드와의 조율이며, 필요 역량은 리더십, 커뮤니케이션, 갈등 해결 능력이다.

- **데이터 과학자**는 실험 설계, 데이터 분석, AI 모델 개발을 담당한다. 구체적 업무는 가설 설정 및 실험 설계, A/B 테스트 및 멀티암드 밴딧 구현, 성과 지표 분석 및 인사이트 도출이다. 필요 역량은 통계학 전문 지식, Python/R 프로그래밍 능력, 머신러닝 알고리즘 이해다.

- **크리에이티브 전략가**는 데이터 인사이트를 창의적인 아이디어로 전

환한다. 주요 업무는 데이터에 기반한 크리에이티브 콘셉트 개발, AI와 협업하여 콘텐츠 변형 생성, 브랜드 스토리텔링의 전략 수립이다. 필요 역량은 크리에이티브 경력 5년 이상, 데이터 해석 능력, AI 도구 활용 경험이다.

- **브랜드 큐레이터**는 애자일 브랜딩의 자율성과 브랜드의 핵심 정체성 사이에서 균형을 잡는 중요한 역할을 한다. 이들은 9장에서 논의한 것처럼 AI가 단기 성과에만 매몰되어 생기는 '과도한 자동화'의 위험을 방지하고, 10장에서 지적한 '브랜드 개성 소실'의 함정에 빠지지 않도록 브랜드의 중심을 잡는다. 즉 브랜드 가이드라인의 핵심 원칙은 확고히 지키되, 그것을 표현하는 방식에는 창의적인 실험과 유연성을 허용함으로써 브랜드가 살아있는 유기체처럼 진화하도록 돕는다.

- **AI 엔지니어**는 AI 시스템과의 통합, 자동화 도구 개발, 기술적 문제 해결을 담당한다. 멀티암드 밴딧 알고리즘 구현, 실시간 데이터 파이프라인 구축, AI 모델의 성능 모니터링을 수행한다.

- **고객 인류학자**는 데이터 너머의 인간적 통찰을 제공한다. 정량적 데이터로는 파악하기 어려운 고객의 잠재적 니즈, 문화적 맥락, 감정적 동기를 연구하고 분석한다. 기존 조직에서는 소비자 조사팀이나 브랜드 전략팀에서 이 역할을 담당할 수 있다.

권한과 책임의 재정의

전통적인 조직에서는 중요한 결정이 상위 경영진에 집중되었지만, 애자일 조직에서는 현장에 가까운 팀이 대부분의 결정을 내린다. Netflix의 '자유와 책임' 문화에서 마케팅팀은 분기별 예산 내에서 A/B

테스트, 콘텐츠 전략, 파트너십 등을 자율적으로 결정할 수 있는 권한을 가지며, 대신 성과 지표에 책임을 진다[14].

Spotify는 '빠르게 실패하기'와 '제한된 실패 반경' 원칙을 통해 혁신을 장려한다[15]. 이는 각 팀이 다른 팀에 영향을 주지 않는 선에서 자율적으로 대담한 실험을 시도하고, 실패하더라도 그 경험을 중요한 학습 자산으로 삼는 문화를 의미한다.

새로운 성과 평가 시스템

전통적인 KPI는 분기별 매출, 시장 점유율 같은 결과 지표에 집중했지만, 애자일 조직은 '학습 속도'와 '적응 능력'을 중시한다. 실험 횟수(월 최소 10회 이상), 학습 사이클 시간(아이디어에서 인사이트까지 평균 72시간 이내), 실패율(20~30% 유지, 너무 낮으면 도전 부족), 피벗 속도(실패 감지 후 24시간 내 방향 전환)가 새로운 핵심 지표가 된다.

단계적 전환 로드맵

기존 조직에서 애자일 포드로의 전환을 위한 로드맵을 정리해 본다.

- 1단계(0~3개월): 파일럿 포드 구성으로, 혁신에 열린 팀원 선발, 1개 제품/서비스로 시작, 3개월간 실험 권한을 부여하여 수행한다.
- 2단계(3~6개월): 초기 성과 검증으로, 전통 팀 대비 성과 비교, 학습 사항 문서화, 프로세스 최적화를 진행한다.
- 3단계(6~12개월): 점진적 확산으로, 성공 모델 복제, 2~3개 포드 추가 구성, 포드 간 협업 체계 구축을 실행한다.
- 4단계(12개월 이후): 전사적 전환으로, 모든 마케팅팀을 포드로 재편, 전통적 계층 구조 해체, 새로운 거버넌스 확립을 완료한다.

영원한 베타 버전으로서의 브랜드

Google은 Gmail을 5년간 '베타' 버전으로 유지했다[16]. 이는 단순한 마케팅 전략이 아니라 '완성'이라는 개념 자체를 거부하는 철학적 선언이었다. AI 시대의 브랜드도 마찬가지다. 더 이상 '완성된' 브랜드 전략이나 '완벽한' 캠페인은 존재하지 않는다. 모든 브랜드는 영원한 베타 버전이며 끊임없이 실험하고, 학습하며, 진화한다.

"완벽한 캠페인은 없다. 오직 빠른 학습만 있을 뿐이다." 이 간단한 진리를 받아들이는 순간, 브랜드는 진정한 진화의 여정을 시작하게 된다. 미래는 완벽을 추구하는 자가 아니라 불완전함을 빠르게 개선하는 자의 것이다.

 ◀ 11장 참고자료

설득의 역전
The Persuasion Shift

12장

시인에서 건축가로: 브랜드 조직의 재탄생

왜 20년 경력의 브랜드 매니저가
신입 데이터 과학자보다 성과를 못 내는가?

AI가 마케팅의 새로운 문지기가 된 시대, 브랜드를 관리하는 사람의 역할과 역량이 근본적으로 변화하고 있다. 감성적 스토리텔링에 능숙했던 브랜드 매니저들이 데이터 기반 사고에 익숙한 신입 전문가들보다 성과를 내지 못하는 현상이 나타나고 있다. 이제 어떤 새로운 전문가가 필요한 것일까?

시인에서 건축가로: 브랜드 매니저의 변신

20세기 후반을 지배했던 브랜드 관리 이론들을 살펴보면 그 한계를 명확히 이해할 수 있다. 필립 코틀러는 『마케팅 관리론』(1967)을 통해 브랜드 관리의 중요성을 강조했다. 그는 기업은 장기적인 관점에서 명확한 목표 고객, 독특한 브랜드 포지셔닝, 일관된 브랜드 메시지를 유지하며 시장 변화에 따라 전략을 지속적으로 검토하고 조정해야 한다고 주장했다[1]. 데이비드 아커는 1991년 『브랜드 자산 관리』에서 브랜드 아이덴티티 시스템을 제시했다[2]. 이러한 이론들은 일관된 브랜드 이미지를 구축하고 소비자의 마음속에 긍정적인 연상을 심는 것을 목표로 했다. 브랜드 매니저는 마치 시인처럼 감성을 자극하는 이야기를 만들어내는 역할이었다.

그러나 이 모든 이론들은 '사람의 인지와 감성'을 전제로 한 것이었기에, AI 시대에는 한계를 드러낸다. AI는 시적인 표현보다는 구조화된 정보를 더 정확하게 처리하기 때문이다. "다이아몬드처럼 빛나는 피부"보다는 "피부 광채 지수 35% 향상을 임상 실험으로 입증"이라는 정보를 더 정확하게 처리한다. AI에게 브랜드는 '느낌'이 아니라 '데이터'다.

아마존 알렉사가 "좋은 커피 머신 추천해 줘"라는 요청을 받았다고 가

정해보자. 매장에서라면 고객의 표정, 목소리 톤, 옷차림 등을 보고 "매일 아침 바리스타가 된 듯한 기분을 느끼게 해 줄 이탈리아 명품 브랜드 드롱기 제품은 어떠세요?"라고 감성적으로 추천할 것이다. 하지만 AI는 완전히 다르게 접근한다. 먼저 사용자의 과거 구매 이력(원두, 캡슐), 관련 상품의 검색 패턴, 활동 데이터(리뷰 평점)를 분석한다. 그 다음 각 커피 머신의 구조화된 속성들을 비교한다. 펌프 압력, 예열 시간, 스팀 기능 유무, 세척 편의성 점수 등의 정량화된 속성들이다.

이러한 환경 변화는 브랜드 매니저에게 근본적으로 다른 사고방식을 요구한다. 과거의 시인적 접근법에서 건축가적 접근법으로의 전환이 필요한 이유가 바로 여기에 있다. 시인은 영감을 통해 아름다운 작품을 창조하지만, 건축가는 체계적 설계를 통해 기능과 의미를 모두 만족시키는 구조물을 만든다. AI 시대의 브랜드 매니저도 마찬가지다. 감성적 스토리텔링만으로는 충분하지 않다. AI가 이해할 수 있는 구조화된 정보 체계를 설계하면서, 동시에 사람에게 의미 있는 경험을 창조해야 한다[3].

브랜드 매니저는 이제 10장에서 다룬 '이중 언어 전략'을 구사해야 한다. 사람을 위한 감성의 언어와 AI를 위한 데이터의 언어를 동시에 말해야 하는 것이다. 이것은 단순한 번역이 아니라, 완전히 다른 두 개의 세계를 연결하는 다리를 놓는 작업이다.

다음의 사례는 이러한 전환이 성공할 경우를 보여주는 사고실험이다. SK-II는 "피테라의 기적"이라는 감성적 스토리를 유지하면서도, 동시에 AI가 이해할 수 있는 구조화된 정보 체계를 구축했다. 먼저 피테라 성분을 과학적으로 분해했다. 350개 이상의 비타민, 아미노산, 미네랄, 유기산의 정확한 구성을 데이터화했다. 각 성분이 피부에 끼치는 영향을 임상 데이터로 정리했다. 피부 투명도 개선 28%, 주름 깊이 감소 15%, 탄력도 향상 23% 등 모든 효과를 수치화했다.

그러자 기대 이상의 성과를 거두었다. AI 플랫폼에서의 노출률이 156% 증가했고, 재구매율이 23% 상승했으며, 고객 획득 비용은 34% 감소했다. 더욱 중요한 것은 AI를 통한 구매 고객의 만족도가 기존 고객보다 높았다는 점이다. AI가 정확한 매칭을 통해서 정말로 SK-II가 필요한 고객을 찾아주었기 때문이다.

이 사고실험의 사례에서 볼 수 있듯 AI 시대에는 새로운 유형의 마케터가 필요하다. LinkedIn과 Microsoft의 2024 Work Trend Index에 따르면, 66%의 리더들이 AI 활용능력이 없는 직원을 채용하지 않겠다고 답했다[4].

새로운 전문가의 탄생

앞서 8장의 '하이브리드 창작 프로세스'와 11장의 '애자일 포드'를 통해 AI 시대에 필요한 새로운 팀의 모습을 살펴보았다. 그렇다면 이러한 팀 내에서, 혹은 팀과 협력하며 등장하게 될 더욱 전문화된 새로운 전문가 직군들은 무엇일까? 우선 조직 전체를 이끌어갈 새로운 리더십 역할부터 살펴보자. AI 시대의 변화에 따라 전통적인 CMO 역할도 새로운 역량과 접근법을 필요로 하게 되었다. 이러한 맥락에서 향후 등장이 예상되는 새로운 직책 중 하나가 CAMO(Chief Agent Marketing Officer)다. 이는 AI 에이전트 시대의 마케팅 패러다임의 변화를 대비한 미래형 역할 모델이다.

CAMO의 핵심 역할은 데이터 거버넌스, 기술 투자 총괄, 조직 구조 혁신으로 요약된다. 첫째, 전사적 데이터 거버넌스에 대한 권한을 가진다. 제품 개발 단계부터 AI 친화적인 데이터 구조를 설계하도록 요구할 수 있고, 모든 부서가 생성하는 데이터의 표준화를 지시할 수 있다. 둘째, 기술 투자를 총괄한다. 어떤 AI 플랫폼과 파트너십을 맺을지, 어떤 기술 스택을 도입할지를 결정한다. 셋째, 조직 구조를 변경할 수 있다. AI 시대에 맞는 애자일한 조직 구조를 만들기 위해 기존 부서를 통폐합하거나 새로운 팀을 신설할 수 있다.

이러한 새로운 역할의 필요성은 실제 기업 사례에서도 확인되고 있다. IBM은 2015년 데이터 전담 조직인 GCDO(Global Chief Data Office)를 신설한 후, 18개월 만에 13억 달러의 비즈니스 성과와 10배의 ROI를 달성했다[5]. 우리나라에서도 AI 시대에 맞는 조직 변화를 모색하고 있다. 네이버는 2023년부터 네이버랩스를 통해 AI, 로보틱스, 자율주행 등의 미래 기술 개발을 강화하며 AI 시대를 대비한 전문 조직을 구축하고 있다[6].

CAMO와 같은 리더십 역할 외에도, 더욱 전문화된 개별 직군들이 등장하게 될 것이다. AAA(Agent Algorithm Analyst)는 AI 추천 알고리즘의 '블랙박스'를 분석하고 해석하여 자사 브랜드의 노출을 최적화하는 전문가다. 맥킨지는 아마존 전체 매출의 35%가 추천 시스템에서 발생한다고 분석한 바 있으며[7], 이는 AI 추천의 중요성을 보여주는 상징적인 사례다.

CQR(Consumer Query Researcher)은 소비자가 AI에게 던지는 질문의 이면을 분석하여 진짜 니즈를 발견하는 전문가다. 이들은 표면적 질문과 실제 니즈 사이의 관계를 데이터베이스화한다. "자연스러운 화장품"이라는 요청의 실제 니즈는 "피부 트러블이 없는 안전한 제품"이고, "고급 화장품"의 실제 니즈는 "특별한 날에 어울리는 제품" 또는 "선물하기 좋은 제품"이라는 숨겨진 니즈를 찾아내는 것이 이들의 핵심 업무다.

MA(Metadata Architect)는 브랜드의 추상적 가치와 감성을 AI가 이해할 수 있는 정교한 데이터 구조로 설계하는 전문가다. 예를 들어, 샤넬 No.5와 같은 명품 향수를 가정해 보자. 전통적으로는 "여성스럽고 우아한 향"이라고 설명했을 것이다. 하지만 MA팀이 이를 담당한다면 27개의 구조화된 속성으로 분해할 것이다. 이러한 정교한 메타데이터 구조가 구축된다면, AI는 "30대 전문직 여성이 중요한 프레젠테이션이 있는 날 뿌릴 향수"라는 복잡한 요청에도 샤넬 No.5를 정확히 추천할 수 있게 될 것이다.

사일로에서 네트워크로: 조직 구조의 재설계

전통적인 마케팅 조직은 명확한 위계, 전문화된 분업, 표준화된 프로세스가 핵심이었다. 하지만 AI 시대가 도래하면서 많은 기업에서 이런 조직의 한계가 나타나는 경우가 늘고 있다. 첫째, 정보의 사일로화다. 브랜드팀이 만든 메시지와 디지털팀이 실행하는 캠페인이 따로 놀아, AI에게는 일관되지 않은 신호로 받아들여지는 사례가 종종 발생한다. 둘째, 의사결정의 지연이다. AI 플랫폼의 알고리즘은 실시간으로 변화하는 반면, 대부분의 전통적 조직은 주간 회의와 월간 보고를 통해서 대응하는 구조적 한계를 보이고 있다.

이러한 한계를 극복하기 위한 대안으로 주목받는 것이 'Network of Teams' 구조다. 이는 전통적인 부서의 경계를 허무는 원칙을 의미한다. IDC의 연구에 따르면, 이러한 구조는 전통적인 기능별 사일로보다 고객 니즈에 민첩하게 대응할 수 있으며, 다양한 마케팅 전문가들이 고객 중심의 성과 목표를 달성하기 위해 협력할 수 있는 방식이다[8].

이러한 Network of Teams를 실제로 구현하는 핵심 단위가 바로 11장에서 논의한 '애자일 마케팅 포드'다. 특정 비즈니스 목표를 달성하기 위해 구성된 소규모 다기능 팀이며 실제 도입 성과도 주목할 만하다. BCG의 보고서에 따르면, 애자일 마케팅 포드를 도입한 기업들은 캠페인 출시 시간을 최대 40% 단축하고 고객 만족도를 10~20% 향상시키는 성과를 거두었다[9]. AgileSherpas의 2024년 보고서에 따르면, 86%의 조직이 마케팅팀의 일부 또는 전부를 애자일 방식으로 전환할 계획이며[10], 이들은 짧은 스프린트로 작업하며 지속적인 개선과 빠른 결과 전달에 집중한다.

애자일 포드의 선구적 사례로는 스포티파이가 개발한 'Tribe-Squad-Chapter-Guild' 모델이 있다[11]. 원래 엔지니어링 조직을 위해 설계된 이 모델이 마케팅 조직에 적용되면서, 프로젝트의 필요에 따라 전문가들이 유기적으로 결합하고 해체되는 유동적 구조가 만들어졌다.

TD Bank도 이러한 접근법을 도입하여 성공을 거두었다. Deloitte의 연구에 따르면, TD Bank는 전통적 마케팅 조직을 '마케팅 포드'라는 크로스펑셔널팀으로 재설계했다[12]. 이 팀들은 빠른 프로토타이핑과 반복을 통해 콘텐츠를 제작하며, 고객 데이터를 더 효과적으로 활용하여 실시간으로 개인화된 메시징을 전달할 수 있게 되었다.

Network of Teams가 효과적으로 작동하려면 정보 흐름 최적화가 필수적이다. 그 핵심 원칙은 정보의 민주화, 컨텍스트의 공유, 실시간 피드백 루프다. P&G는 'Business Sphere'와 'Decision Cockpit'을 도입하여, 조직 전반의 리더들이 공통된 시각 언어로 데이터를 활용해 의사결정을 내릴 수 있도록 했다[13]. 유니레버는 모든 데이터에 '스토리 태그'를 붙여서 숫자 뒤의 이야기를 전달한다. 코카콜라는 'Living Dashboard' 시스템을 통해 모든 마케팅 활동의 성과를 실시간으로 추적하고 조정한다.

이러한 내부 정보 흐름 최적화를 넘어 조직의 경계 자체를 확장하여 외부와의 정보 흐름까지 활성화하는 사례도 나타나고 있다. 나이키의 'Open Innovation Network'는 이를 잘 보여준다. 나이키는 해결하고자 하는 과제를 공개적으로 제시한다[14]. 대학 연구소가 최신 AI 알고리즘을 제공하고, 스타트업이 혁신적인 솔루션을 제안하며, 프리랜서 데이터 과학자가 구체적 구현을 담당하고, 러닝 커뮤니티가 실사용 데이터를 제공한다. 이러한 개방형 혁신을 통해 나이키의 러닝화 추천 정확도는 92%로 향상되었고, 개발 기간은 6개월에서 2개월로 단축되었다.

성공적 전환을 위한 역량과 문화의 동반 진화

지금까지 논의된 브랜드 매니저의 역할 변화, 새로운 전문가의 등장, 네트워크 조직으로의 전환은 선택이 아닌 생존을 위한 필수 과제다. 이러한 조직적 변화가 성공하기 위해서는 사람과 문화의 변화가 함께 이루어지는 것이 중요하다.

무엇보다 이러한 새로운 조직과 역할에 기존 구성원들이 성공적으로 적응하기 위해서는, 기업 차원의 체계적인 재교육 및 역량 향상 교육이 필요하다. 데이터 리터러시, AI 도구 활용, 프로젝트 관리 능력 등은 이제 마케터의 기본 소양이 되었다. 기존의 창의성과 브랜드 감각에 기술적 역량을 더하는 것이 핵심이다.

이러한 역량 변화의 필요성은 실제 채용 시장의 트렌드에서도 명확히 드러난다. 미국 노동통계국에 따르면 '마케팅 매니저' 직무에 필요한 핵심 기술이 급격히 변화하고 있다. 디지털 마케팅, 소셜 미디어 마케팅, 데이터 분석 등이 필수 역량으로 꼽히며, 이는 AI와 데이터를 다루는 역량이 마케터의 필수 조건이 되었음을 보여준다. 실제로 이러한 새로운 역량을 갖춘 마케팅 매니저에 대한 수요는 2023년부터 2033년까지 약 8% 성장이 예상되어, 전체 직업 평균 성장률(3~4%)보다 2배 이상 높은 수준이다.[15]

하지만 개인의 역량 개발만으로는 충분하지 않다. 조직 구조만 바꾸는 것이 아니라, 실패를 용인하고 빠른 실험을 장려하는 '학습하는 문화'를 구축하는 것이 성패를 가르는 핵심 요인이다.

Deloitte의 2024년 '기업의 AI 현황' 보고서에 따르면, 생성형 AI를 도입한 조직의 리더들 가운데 '직원들에게 생성형 AI의 역량, 이점 및 가치를 충분히 교육하고 있다'고 응답한 비율은 47%에 불과했으며, 이는 기업이 필요한 전문 인재 확보뿐 아니라 기존 인력의 역량 강화에도 큰 과제를 안고 있음을 보여준다[16].

결국 이 모든 변화는 최고 경영진의 강력한 의지와 리더십 없이는 불가능하다. 이것은 단순한 마케팅 부서의 혁신이 아니라 전사적 혁신 과제임을 분명히 해야 한다. AI 시대의 조직 혁신은 기술 도입을 넘어 기업 문화와 사고방식의 근본적 전환을 요구하기 때문이다.

이러한 근본적 전환의 과정에서 자신의 현재 위치를 진단하고 AI 시대에 필요한 핵심 역량을 체계적으로 개발하고 싶다면, 책의 마지막에 실린 '부록 C: AI 시대 브랜드 매니저를 위한 워크북'을 활용해 보기를 바란다.

미래 조직의 청사진

AI는 사람을 대체하는 것이 아니라 사람의 능력을 확장하고, 더 의미 있는 일에 집중할 수 있게 도와주는 파트너가 될 것이다. 20년 경력의 브랜드 매니저가 신입 데이터 과학자보다 성과를 못 내는 상황은 일시적인 현상이다. 중요한 것은 브랜드 매니저와 AI가 서로의 강점을 결합하여 AI 시대에 최적화된 새로운 형태의 브랜드 전문가로 진화하는 것이다. 이것이 바로 이 장의 서두에서 던진 질문, "왜 20년 경력의 브랜드 매니저가 신입 데이터 과학자보다 성과를 못 내는가?"에 대한 최종적인 답이다.

이러한 관점에서 미래의 브랜드 조직은 다음과 같은 특징을 가질 것이다. 첫째, CAMO와 MA 같은 새로운 역할들이 기존 CMO와 협업하여 통합적 관점을 제공한다. 둘째, 애자일 마케팅 포드가 프로젝트별로 유연하게 구성되어 빠른 실험과 학습이 일상화된다. 셋째, 모든 브랜드 활동이 AI와 사람, 양쪽 모두에게 최적화된 이중 언어로 설계된다.

그렇다면 이러한 미래 조직으로의 전환은 어떻게 시작해야 할까? 조직 혁신의 시작점은 복잡한 계획이 아니라 간단한 질문이다. '우리 브랜드 메시지가 AI에게도 명확하게 전달되고 있는가?'라는 물음에서 출발하여 점진적으로 조직을 재설계해 나가는 것이 현실적인 접근법이다.

 ◀ 12장 참고자료

13장

윤리적 브랜드:
AI 시대의 책임

AI가 당신의 프리미엄 제품을 부유층에게만 추천한다면,
브랜드는 계층을 고착화하는 공범인가?

3장에서 브랜드의 'Purpose'가 AI에게 어떻게 평가받으며 새로운 경쟁력이 되는지 살펴보았다면, 이번 장에서는 한 걸음 더 나아가 AI 기술 자체에 내재된 윤리적 문제와 브랜드가 져야 할 책임에 대해 깊이 탐구한다. AI라는 새로운 문지기는 브랜드가 사회에 긍정적 영향을 끼치는지(Purpose)뿐만 아니라, 그 과정에서 편향이나 불평등 같은 부정적 영향을 만들지 않는지(Ethics)까지 종합적으로 평가하기 때문이다.

알고리즘의 거울: 편향이 비추는 브랜드의 민낯

2015년 구글 포토가 흑인을 고릴라로 분류한 사건은 AI 편향 문제를 세상에 알린 충격적인 사례다[1]. 구글은 즉시 사과하고 수정을 약속했지만, 2018년까지도 이 문제는 완전히 해결되지 않았다. 이 사건은 AI 시대의 브랜드가 직면한 새로운 윤리적 책임을 극명하게 보여준다.

'설득의 역전'은 AI를 소비자와 브랜드 사이에서 선택을 중재하고 정보를 필터링하는 문지기의 역할에 올려놓았다. 하지만 이 새로운 권력에는 무거운 책임이 따른다. 바로 AI의 판단이 편향되었을 때, 그 AI를 활용하는 브랜드가 사회적 차별을 증폭시키는 공범이 될 수 있다는 점이다. 맥킨지의 2023년 보고서에 따르면, 기업들은 AI 도입 시 발생하는 가장 큰 리스크 중 하나로 '형평성과 공정성' 문제를 지적했으며, AI를 성공적으로 활용하는 선도 기업들은 이러한 윤리적 리스크를 관리하는 데 더 많은 노력을 기울이는 것으로 나타났다[2].

이러한 우려가 현실이 되는 사례들이 이미 나타나고 있다. 그 이유는 AI 시스템이 학습 데이터에 포함된 사회적 편향을 반영하기 때문이다. 2018년 아마존이 개발한 AI 채용 시스템은 10년간의 채용 데이터를 학습한 결과 여성 지원자를 체계적으로 차별했다[3]. '여성 체스 클럽 회장' 과 같은 이력이 있으면 자동으로 감점하는 방식이었다. 결국 아마존은 이 시스템을 폐기해야 했다.

이러한 편향은 어떻게 발생하는 것일까? 알고리즘 편향은 AI 시스템 개발의 여러 단계에서 발생한다. 첫째, 데이터 수집 단계에서 발생하는 편향이다. 우버의 초기 AI 추천 시스템은 주로 도심 지역의 데이터로 훈련되어 교외 지역 이용자들에게 부적절한 추천을 제공했다. 둘째, 레이블링 단계에서의 편향이다. 2019년 ImageNet 연구진은 데이터셋의 '인물(person)' 카테고리 2,832개 중 1,593개가 인종적·성적 비하 표현이나 고정관념적 분류를 포함하고 있음을 발견했다[4]. 이는 이미지를 선별하는 작업자들이 카테고리에 맞는 이미지를 선택할 때 가장 전형적인 이미지를 고르는 경향이 있었기 때문이다. 셋째, 알고리즘 설계 단계에서의 편향이다. 페이스북의 광고 타겟팅 시스템은 주택 광고를 특정 인종에게만 노출하는 차별적 알고리즘을 사용했다가 2019년 미국 주택도시개발부로부터 차별 혐의로 고발당했다[5].

편향 문제는 테크기업뿐만 아니라 다른 산업에서도 발견되었다. 로레알과 같은 글로벌 뷰티 기업들은 초기에 서구 중심의 데이터로 AI를 훈련시켰다가, 뒤늦게 다양한 인종을 포함한 데이터셋으로 시스템을 재구축해야 했다[6]. 2020년 로레알이 발표한 데이터에 따르면, 다양성을 반영한 AI 시스템 도입 후 아시아 시장에서의 고객 만족도가 23% 증가했다. 데이터의 다양성이 단순한 정치적 올바름의 문제가 아니라 비즈니스 성과와 직결된 핵심 이슈임을 보여주는 사례다.

투명성의 혁신: 블랙박스에서 글래스박스로

AI라는 새로운 설득 대상을 마주한 브랜드에게 투명성은 가장 강력한 설득 도구 중 하나다. "왜 이 제품을 추천했나요?"라는 질문은 AI 시대 소비자의 기본권이 되었다. EU의 AI 규제법은 이미 '설명 받을 권리'를 명문화했다[7]. 소비자는 AI가 특정 결정을 내린 이유를 알 권리가 있으며, 기업은 이를 설명할 의무가 있다.

투명성의 필요성은 분명하지만 현실은 복잡하다. 딥러닝 기반의 AI 시스템은 수백만 개의 파라미터를 가지고 있으며, 그 의사결정 과정은 개발자조차 이해하기 어려울 정도로 복잡하다. 이른바 '블랙박스'의 문제다. 아마존은 이 문제를 해결하기 위해 '설명 가능한 추천 시스템'에 대한 연구를 진행하고 있다[8]. 단순히 "이 제품을 추천합니다"가 아니라 "당신이 최근 구매한 운동화와 비슷한 스타일이며, 같은 브랜드의 다른 제품보다 쿠셔닝이 20% 더 우수하기 때문에 이 제품을 추천합니다"라고 설명하는 방식이다.

BCG의 연구에 따르면, 설명 가능한 AI를 통해 고객과 신뢰를 구축한 기업들은 더 높은 고객 충성도와 구매 전환율을 달성하는 경향을 보였다[9]. 소비자들은 이해할 수 있는 추천을 더 신뢰한다는 것이다. 네슬레의 디지털 전략 담당 임원들은 이를 '신뢰의 선순환'이라고 부른다[10]. 투명성은 신뢰를 낳고, 신뢰는 데이터 공유를 촉진하며, 더 많은 데이터는 더 나은 서비스로 이어진다.

이러한 투명성을 체계적으로 구현하기 위한 방법론으로 IBM은 '투명성의 계층 모델'을 제안했다[11]. 첫 번째 계층은 일반 사용자를 위한 간단한 설명이다. 두 번째 계층은 좀 더 상세한 설명을 원하는 사용자를 위한 것이다. 세 번째 계층은 전문가나 규제 기관을 위한 기술적 설명이다. IBM 왓슨의 AI 윤리 담당자인 프란체스카 로시는 "투명성은 일방적인 정보 공개가 아니다. 그것은 다양한 이해관계자와의 대화다"라고 설명한다[12].

한편, 투명성과 프라이버시라는 상충되는 요구를 동시에 해결하려는 시도도 나타나고 있다. 애플은 '차등 프라이버시' 기술로 투명성과 프라이버시의 균형을 찾고 있다[13]. 개별 사용자 데이터에 수학적 노이즈를 추가하여 개인 식별은 불가능하게 하면서도 통계적 유의미성은 유지하는 방식이다. 애플의 프라이버시 엔지니어링팀은 "프라이버시와 투명성은 제로섬 게임이 아니다. 기술 혁신을 통해 둘 다 달성할 수 있다"고 설명한다[14].

설명가능성의 실현: AI 결정의 해석권

설명가능성은 투명성을 넘어선 개념이다. 투명성이 'AI가 어떤 데이터를 사용했는가'를 공개하는 것이라면, 설명가능성은 '그 데이터가 어떻게 결론으로 이어졌는가'를 사람이 이해할 수 있는 방식으로 제시하는 것이다.

링크드인은 '왜 이 사람을 추천하는가'에 대한 명확한 설명을 제공하기 시작했다[15]. "공통 연결 고리 15개, 유사한 기술 세트 8개, 동종 업계 경력"과 같은 구체적인 이유를 제시한다. 링크드인은 'AI 시스템이 내리는 결정의 이유를 내부적으로 이해하고, 회원들에게 적절한 설명을 제공하는 것을 목표로 한다'고 밝히며, 이것이 곧 사용자와의 신뢰를 구축하는 핵심임을 분명히 하고 있다.

이러한 설명가능성은 다양한 방식으로 구현될 수 있다. 로레알의 AI 기반의 맞춤형 화장품 디바이스 '페르소'는 추천의 '과정' 자체를 투명하게 공개한다[16]. 스마트폰 카메라를 통한 피부 상태 분석, 실시간 환경 데이터 반영, 사용자가 직접 입력한 개인적인 피부 고민을 종합하여 최적의 스킨케어 포뮬러를 즉석에서 만들어낸다. 막연한 설명 대신 개인의 내적·외적 데이터를 근거로 한 맞춤형 솔루션이라는 명확한 '과정'을 보여줌으로써 소비자의 신뢰를 확보한다.

설명가능성은 더 복합적인 차원으로 발전하고 있다. 넷플릭스는 문화적 맥락을 AI로 분석하여 반영하는 시스템을 구축했다[17]. 같은 영화라도 국가별·개인별로 전혀 다른 포스터 이미지를 노출한다. AI의 설명가능성이 단순히 기술적 투명성을 넘어 '문화적 감수성'과 '맥락의 이해'를 포함해야 함을 보여주는 사례다.

이처럼 AI 설명가능성의 중요성이 커지면서, 이를 객관적으로 검증하려는 움직임도 나타나고 있다. AI의 설명이 그럴듯해 보여도 실제로는 편향되거나 부정확할 수 있기 때문이다. 이에 따라 AI의 신뢰성을 객관적으로 검증하기 위해 '알고리즘 감사'가 새로운 표준이 되고 있다. 언스트앤영은 AI의 신뢰성과 거버넌스를 확보하는 통합 플랫폼 'EY.ai'를 출시했다[18]. 딜로이트, KPMG, PwC 등도 유사한 AI 감사 서비스를 경쟁적으로 출시하고 있다[19]. 재무제표를 감사받듯, 알고리즘의 신뢰성을 제3자에게 검증받는 것이 AI 시대에 브랜드가 이해관계자들의 신뢰를 얻는 중요한 방법이 된 것이다.

브랜드 윤리 강령 2.0: AI 시대의 새로운 약속

그렇다면 AI의 윤리적 필터를 통과하기 위해 브랜드는 어떤 약속을 해야 할까? AI 시대의 브랜드 윤리는 단순한 선언을 넘어 구체적인 실행 계획과 측정 가능한 지표를 포함해야 한다. 바람직한 AI 윤리 강령은 다음과 같은 요소를 포함한다.

첫째, 모든 AI 시스템은 출시 전 윤리적 영향 평가를 받아야 한다. 구글은 2018년부터 모든 AI 프로젝트에 대해 'AI Principles Review' 과정을 의무화했다[20].

둘째, 소비자는 AI의 결정에 대해 설명을 요구할 권리가 있다. 마이크로소프트는 'Responsible AI Standard'를 통해 AI 시스템의 결정과 행동을 사용자가 이해할 수 있도록 투명성을 확보하는 것을 중요한 원칙으로 삼고 있다[21].

셋째, AI로 인한 차별이나 피해가 발생할 경우 즉시 시정하고 보상하는 시스템을 구축해야 한다. 2022년 메타는 자사의 광고 알고리즘이 차별적으로 주택 광고를 노출한다는 미국 법무부의 소송에 대해 차별적인 타겟팅을 중단하고, 새로운 시스템을 개발하기로 합의했다[22].

넷째, AI 시스템이 환경에 끼치는 영향을 정기적으로 측정하고 공개해야 한다. 마이크로소프트는 AI 훈련으로 인한 탄소 배출량을 투명하게 공개하고, 2030년까지 탄소 네거티브를 달성하겠다는 구체적인 목표를 설정했다[23].

다섯째, AI 기술의 혜택을 사회 전체가 공유할 수 있도록 노력해야 한다. 오픈AI는 '비영리단체를 위한 오픈AI'와 같은 구체적인 프로그램을 통해 기술의 혜택을 사회 전체와 공유하기 위해 노력한다[24].

여섯째, 디지털 포용성을 확보하여 기술 발전 과정에서 소외되는 사람이 없도록 해야 한다. AI 시대의 디지털 격차는 기술 접근성의 문제를 넘어 사회적 기회의 불평등으로 이어질 수 있다. 고령층, 장애인, 저소

득층 등 기술 취약 계층이 AI에 기반한 서비스에서 배제되지 않도록 하는 것은 브랜드의 중요한 윤리적 책임이다.

아마존은 시각 장애인을 위한 'Show and Tell' 기능을 알렉사에 추가하여, 카메라로 촬영한 제품을 음성으로 설명해 주는 서비스를 제공한다[25]. 구글은 '디지털 웰빙' 이니셔티브를 통해 고령층을 위한 단순화된 인터페이스와 음성 기반 서비스를 개발했다[26].

삼성전자는 'Good Vibes' 앱을 통해 청각·시각 중복 장애인이 모스 부호로 의사소통할 수 있도록 지원하며[27], LG는 AI에 기반한 수어 번역 서비스를 개발하여 청각 장애인의 일상적인 소통을 돕고 있다[28]. 이러한 노력들은 AI 기술이 사회적 격차를 넓히는 도구가 아니라, 오히려 격차를 좁히는 포용의 도구가 될 수 있음을 보여준다.

이제 중요한 것은 이러한 윤리적 노력들을 어떻게 측정하고 관리할 것인가이다. 이는 브랜드 성과 측정 방식의 변화를 요구한다. 전통적인 브랜드 KPI가 매출, 시장 점유율, 브랜드 인지도 등이었다면, AI 시대의 KPI는 윤리적 지표를 포함해야 한다. 예를 들어, 알고리즘 공정성 지수로 다양한 인구 집단에 대한 서비스 품질 격차를 측정할 수 있고, 투명성 점수로 AI 결정에 대한 설명 제공 비율을 평가할 수 있다. 또한 프라이버시 보호율은 개인정보 침해 사고 발생률의 역수로 산정되며, 지속가능성 지표는 AI 시스템의 탄소 효율성을 측정하는 데 활용된다. 맥킨지의 보고서에 따르면, AI 관련 리스크를 적극적으로 완화하는 기업은 그렇지 않은 기업보다 더 큰 가치를 창출할 가능성이 높다[29].

미래를 위한 선택: 윤리적 리더십의 시대

AI 에이전트가 더욱 발전하면 소비자들은 더 복잡한 윤리적 기준을 요구하게 될 것이다. "친환경적이면서 윤리적인 운동화 브랜드 추천해 줘", "아동 노동을 사용하지 않는 패션 브랜드만 보여 줘"와 같은 요청이 늘어날 것이다. Gartner의 2024년 예측에 따르면, 2027년까지 AI에 기반한 구매 결정의 40%가 브랜드의 윤리적 평가를 포함할 것이라고 분석했다.[30]

이러한 변화는 브랜드의 마케팅 전략에도 변화를 요구한다. 코그니전트의 미래 전략 연구팀은 "전통적인 브랜드 구축 노력인 TV 광고와 인플루언서 마케팅은 AI에 기반한 소비자들에게 예전과 같은 방식으로 도달하지 못할 수도 있다. AI 기반의 검색을 위한 최적화에 투자하고, 대화형 AI 쿼리에 최적화하여, 브랜드가 AI의 추천 목록에 나타나도록 해야 한다"고 경고한다.[31]

윤리적 AI를 구축한 브랜드들은 이미 구체적인 비즈니스 성과를 거두고 있다. 투명성 측면에서 파타고니아는 '풋프린트 크로니클' 디지털 플랫폼을 통해 제품의 공급망과 환경 영향을 투명하게 공개하고 있으며[32], 이러한 노력은 투명성을 중시하는 소비자들에게 깊은 신뢰를 주어 높은 충성도를 확보하는 기반이 되었다. 공정성 측면에서는 유니레버가 주목할 만한 성과를 보여준다. 유니레버는 AI에 기반한 채용 시스템을 도입하여 무의식적인 편향을 줄이고 잠재적인 역량을 평가했다. 그 결과 이력서만으로는 발견하기 어려운 잠재적 인재를 발굴하고, 채용된 인력의 다양성을 높이는 긍정적인 성과를 거두었다.[33]

브랜드가 지금 당장 시작할 수 있는 구체적인 행동은 다음과 같다. 첫째, AI 시스템의 편향성 진단을 시작해야 한다. IBM의 AI Fairness

360 같은 오픈소스 도구를 활용하면 비교적 적은 비용으로 시작할 수 있다[34]. 둘째, 투명성 로드맵을 수립해야 한다. 앞서 설명한 '투명성의 계층 모델(간단 - 상세 - 기술적)'을 도입하는 것을 권장한다. 셋째, 윤리 위원회를 설립해야 한다. 기술자, 윤리학자, 사회학자, 소비자 대표가 참여하는 다학제적 위원회를 만들어 AI 관련 의사결정을 검토하도록 해야 한다.

AI 시대에 브랜드 윤리는 핵심적인 경쟁 요소가 되고 있다. 투명하지 않은 브랜드는 AI가 거부할 것이고, 공정하지 않은 브랜드는 소비자가 거부할 것이며, 지속 가능하지 않은 브랜드는 미래가 거부할 것이다. 윤리적 브랜드가 된다는 것은 단순히 '옳은 일'을 함에 그치지 않는다. 이것은 AI 시대의 필수 조건이다. AI 에이전트로 쇼핑하는 세상에서 윤리는 선택이 아니라 추천받을 권리, 선택받을 기회, 그리고 생존할 조건이 되었다. 이것이야말로 '설득의 역전'이 브랜드에게 던지는 가장 무겁고도 중요한 과제이다.

◀ 13장 참고자료

4부

브랜드의 미래 설계

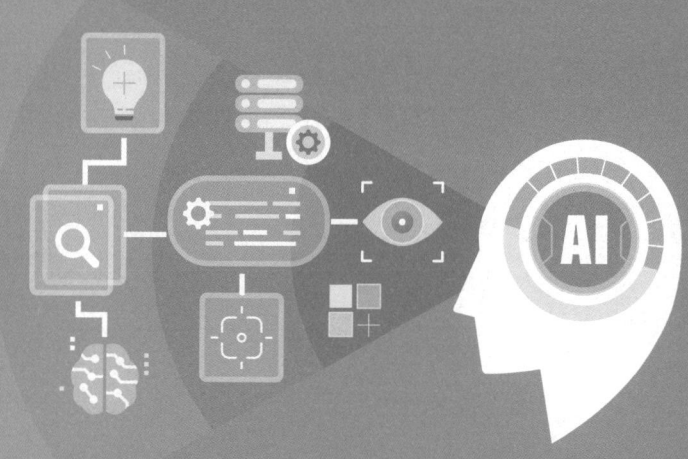

구분		설득의 대상	
		사람 고객	AI 에이전트
핵심 역량	감성 스토리텔링	I. 시인 (전통적 브랜드 매니저)	III. 번역가 (AI 콘텐츠 전략가)
	구조 데이터	II. 엔지니어 (퍼포먼스 마케터)	IV. 건축가 (AI 시대 브랜드 매니저)

설득의 역전 프레임워크 - 4단계: 통합과 진화

이제 우리는 시인, 엔지니어, 번역가의 역량을 모두 이해하는 건축가의 위치에 섰다. 4부에서는 이 모든 역량을 통합하여 브랜드의 미래를 어떻게 설계하고 이끌어 나갈 것인지 탐구한다. 2030년 미래 브랜드의 청사진을 그려보고 책 전체의 주요 내용을 질의응답 형식으로 정리하며 '설득의 역전' 시대를 주도할 브랜드 건축가의 최종적인 모습을 그린다.

각 장의 탐구 영역

- 14장: 브랜드 개념의 근본적 재정의와 2030년의 새로운 경쟁 구도에 대한 '미래 비전'을 제시한다.
- 15장: 독자들이 제기할 수 있는 '21개의 핵심 질문'을 통해 책의 전체 내용을 총정리하고, 실무 적용을 위한 최종 가이드를 제공한다.

4부를 읽으며 주목해야 할 핵심 질문들

- 지금까지 논의된 모든 전략을 통합한 2030년의 브랜드는 어떻게 설계해야 하는가?
- '설득의 역전' 프레임워크를 업무에 적용할 때 마주하게 될 질문과 그에 대한 답은 무엇인가?
- 변화를 주도하는 브랜드가 되기 위해 지금 당장 무엇을 시작해야 하는가?

14장

미래 설계도:
2030년 브랜드의 미래

브랜드가 더 이상 기업의 소유물이 아니라면,
과연 누가 브랜드를 설계하는가?

설계자 전략과 적응자 전략

미래를 향한 브랜드 설계에서 가장 먼저 내려야 할 결정은 전략적 정체성의 선택이다. 변화에 수동적으로 반응하는 '적응자'가 될 것인가, 아니면 미래를 능동적으로 설계하는 '건축가'가 될 것인가? 이는 마케터가 '시인'에서 '건축가'로 바뀌어야 한다는 이 책의 핵심 주장을 전략적 선택으로 구현하는 것이다.

이 두 전략은 명확히 구별된다. '건축가' 전략을 선택한 브랜드는 시장의 규칙을 새로 쓰고, 소비자가 아직 인식하지 못한 니즈를 선제적으로 발굴하며, 미래를 창조하는 역할을 자임한다. 반면 '적응자' 전략을 선택한 브랜드는 시장의 신호를 민첩하게 포착하고, 검증된 트렌드를 빠르게 상품화하며, 효율성을 극대화하는 데 집중한다.

그렇다면 왜 이 선택을 가장 먼저 내려야 할까? 이 선택이 이후 모든 전략적 결정의 기준이 되기 때문이다. 각 전략은 요구하는 조직 역량, 투자 방향, 그리고 리더십 스타일이 다르다. '건축가'가 되기로 결정한 브랜드의 마케터는 단순한 메시지 전달자가 아니다. 미래를 설계하는 '건축가'가 되어야 한다. 장기적 비전을 구체적인 제품과 서비스로 구현하고, 불확실성 속에서도 일관된 방향성을 유지하며, 때로는 단기 성과를 희생하면서도 미래 가치를 창출해야 하기 때문이다. 반면 '적응자'를 지향하는 브랜드에게는 다른 역량이 필요하다. 마케터는 시장의 미세한 변화를 감지하는 센서가 되어야 하며, 빠른 의사결정과 실행을 통해 기회를 포착하는 민첩성을 갖춰야 한다.

테슬라는 건축가 브랜드의 대표 사례다. 전기차 시장이 거의 없던 2012년부터 전기차의 미래를 설계했고, 자율주행의 비전을 제시했으며, 지속 가능한 에너지 생태계를 구축하고 있다[1]. 테슬라는 단순히 자동차를 만드는 것에 그치지 않고 2030년까지 완전 자율주행과 에너지 독립을 목표로 하는 미래의 이동 수단과 에너지 시스템을 설계하고 있다.

반면 자라(Zara)는 성공적인 적응자 브랜드다. 패션 트렌드를 만들어내기보다는 트렌드를 빠르게 포착하고, 상품화함으로써 디자인부터 매장 진열까지 단 2주 만에 완료하는 초고속 시스템을 구축했다[2]. AI 시대에도 자라는 AI가 감지한 트렌드를 가장 빠르게 제품으로 만들어내는 능력으로 경쟁할 것이다.

하지만 현실에서는 순수한 건축가나 적응자는 드물다. 아마존이 좋은 예다. 클라우드 컴퓨팅(AWS)에서는 2006년부터 시장을 창출하는 건축가로 활동했고, 음성 AI(알렉사)에서도 2014년부터 스마트홈의 미래를 설계했다. 반면 이커머스에서는 고객 니즈에 빠르게 적응하는 적응자 전략을 구사한다. 이러한 하이브리드 전략을 통해 안정성과 혁신성을 동시에 확보하고 있다.

브랜드 소유권의 해체와 새로운 체계

미래 브랜드 체계에서 주목할 만한 변화는 '소유' 개념의 근본적 변화다. 전통적으로 브랜드는 기업의 독점적 소유물이었다. 그러나 설득의 역전 시대에 브랜드는 기업, AI 플랫폼, 그리고 사용자가 공동으로 창조하는 것이 될 가능성이 크다. 기업은 제품과 서비스를 제공하고, AI는 이를 개인별 맥락에 맞게 해석하고 전달하며, 사용자는 자신의 경험과 피드백으로 브랜드의 의미를 지속적으로 재정의하는 식이다.

이러한 변화의 단초는 이미 검색 형태에서 나타나고 있다. 음성 검색 쿼리의 20%가 "어떻게", "무엇" 같은 질문어와 "최고의", "쉬운" 같은 형용사로 구성된 25개 키워드에 의해 촉발된다[3]. 소비자들이 '최고의 노이즈 캔슬링 헤드폰'을 찾으려 할 때 이를 대신하는 음성 AI는 소니나 BOSS 같은 브랜드명보다는 기능과 성능을 중심으로 검색하는 것이다. 이는 브랜드의 의미가 기업이 정의한 정체성에서 소비자가 경험하는 실제 가치로 이동하고 있음을 보여준다.

실제로 일부 기업들은 제품 개발 단계에 사용자를 적극 참여시키고 있다. 6장에서 사례로 들었던 레고의 '레고 아이디어' 플랫폼은 현재 제품 아이디어 제안과 커뮤니티 투표에 초점을 맞추고 있지만[4], 앞으로는 브랜드 전략 수립, 마케팅 캠페인 기획, 심지어 신규 사업 방향 결정까지 커뮤니티가 참여하는 모델로 발전할 가능성이 있다.

더 나아가 개인화 기술의 발전은 브랜드의 정체성을 유동적으로 만들고 있다. 예를 들어 스포티파이는 클래식 음악 애호가에게 '세계 최고의 클래식 음악 큐레이터'이고, K-팝 팬에게는 '한국 음악의 글로벌 게이트웨이'다. 같은 브랜드이지만, 각 사용자에게 다른 의미와 가치를 제공하는 것이다. 가까운 미래에는 AI가 개인의 가치관, 라이프스타일, 현재 상황을 실시간으로 분석하여 브랜드의 메시지, 어조, 심지어 비주얼 아이덴티티까지 동적으로 맞춤화할 가능성이 있다.

니즈 중심 시장의 완성과 산업 경계의 붕괴

'설득의 역전'은 시장이 브랜드를 인식하고 분류하는 방식마저 바꾸고 있다. AI라는 새로운 문지기는 '자동차 산업'이나 '호텔 산업' 같은 전통적인 공급자 중심의 경계에 얽매이지 않기 때문이다. AI는 오직 사용자의 질문, 즉 '이동하고 싶다'거나 '쉬고 싶다'는 근본적인 니즈를 중심으로 세상을 이해하고 해답을 찾는다. 이로 인해 시장 구조 자체의 재편이 예상된다. 산업의 경계는 무너지고, 모든 경쟁은 '누가 고객의 니즈를 더 잘 해결하는가'로 수렴하게 된다. 향후에는 자동차, 호텔, 음식 배달 등의 산업 구분 대신 '이동의 니즈', '휴식의 니즈', '영양 섭취의 니즈' 등 인간의 본질적 욕구를 중심으로 시장이 재구성될 것이다.

실제로 글로벌 컨설팅 회사들도 이런 전환을 제시하고 있다. PwC의 '생태계 전략 지도'는 이러한 변화를 체계화하여, 기존의 B2B, B2C 비즈니스 모델에서 생태계-사람(E2H) 관점으로의 패러다임 전환을 제시한다. 모든 가치 창출이 사람의 니즈에서 출발하며, 건강 관리, 이동성, 주거, 교육, 엔터테인먼트, 금융, 쇼핑, 업무, 관계, 개인 발전 등 10개의 삶의 영역으로 재분류된다[5].

전망을 넘어 실제 기업 사례에서도 니즈 중심의 접근을 현실화하고 있다. 우버의 진화가 그 대표 사례다. 단순한 택시 호출 서비스였던 우버는 이제 '이동의 니즈'를 종합적으로 해결하는 플랫폼으로 진화했다[6]. 자동차 공유에서 시작하여 자전거 대여, 전동 스쿠터, 대중교통 통합 결제, 심지어 헬리콥터 서비스까지 서비스를 확장했다. 고객의 이동 니즈를 가장 효율적으로 해결하는 것이 목표이기 때문에 경쟁사인 Lime의 스쿠터를 추천하기도 하고, 대중교통이 더 빠르고 저렴하다면 지하철과 버스 경로를 안내하기도 한다.

이러한 니즈 중심의 접근은 자동화 기술의 급속한 발전과 함께 더욱 가속화되고 있다. 전 세계 IoT 기기는 2024년 188억 개에서 2030년 400억 개로 증가할 예정이며[7], 스마트 홈 자율 AI 시장은 2024년 142억 달러에서 2034년 1,387억 달러로 연평균 25.6% 성장할 것으로 전망된다[8]. 소매 전문가 Doug Stephens는 소비자가 필요로 하는 제품을 AI가 자동으로 주문하는 '재보충 경제'가 도래하여 구매의 상당수가 기계 대 기계로 자동화될 것이라고 예측했다.[9] 이는 AI가 사용자의 실제 필요를 중심으로 구매 결정을 내린다는 의미로, 니즈를 중심으로 하는 시장 재편을 더욱 가속화할 것이다.

AI와 브랜드의 공진화: 브랜드 지능의 출현

AI를 설득해야 하는 브랜드와, 브랜드를 학습하여 소비자를 설득하는 AI. '설득의 역전'이 만들어낸 이 새로운 관계는 필연적으로 둘의 공진화로 이어진다. 이는 브랜드가 AI의 추천 알고리즘에 최적화하려 노력하는 동시에 AI가 브랜드의 가치와 철학을 학습함으로써 더욱 정교한 고객 매칭을 수행하는 상호 발전 과정이다.

이러한 공진화의 초기 신호는 이미 현실에서 나타나고 있다. 브랜드별 AI 페르소나의 등장이 그 시작점이다. 스타벅스의 AI 바리스타는 단순히 주문을 받는 것을 넘어 고객의 취향을 학습하고 개인화된 추천을 제공한다. 나이키의 AI 트레이너는 사용자의 운동 패턴을 분석하여 브랜드 철학인 '한계 돌파'를 개인화된 코칭으로 구현한다.

이런 초기 시도들은 앞으로 더욱 고도화된 형태로 발전할 것이다. 가까운 미래에는 AI 페르소나가 더욱 고도화되어 단순한 챗봇이나 음성 인터페이스가 아니라 브랜드의 가치, 역사, 철학을 담아낸 독립적인 지능체로 발전할 것이다. 디즈니가 개발 중인 AI 로봇 '주디 홉스'가 이러한 미래를 보여주는 사례다. 이 로봇은 캐릭터를 단순히 모방하는 수준을 넘어, 역동적이고 생생한 움직임을 구현하여 디즈니가 추구하는 상상력과 기술력의 결합을 보여준다.[10]

그런데 이러한 AI 페르소나의 발전에서 가장 중요한 과제는 무엇일까? 바로 브랜드 DNA를 어떻게 보존하면서 진화시키느냐이다. 버버리의 사례가 브랜드 DNA의 진화 방향을 잘 보여준다. 160년 역사의 이 브랜드는 AI를 통해 전통과 혁신의 균형을 찾고 있다. AI가 소셜 미디어, 판매 데이터, 문화 트렌드를 분석하여 '클래식한 영국 헤리티지'라는 핵심 DNA를 유지하면서도 Z세대에게 어필할 수 있는 새로운 표현 방식을 제안한다[11]. 마치 생물이 유전자는 보존하면서도 환경에 적응하듯, 브랜드도 정체성은 지키면서 표현은 진화시키게 될 것이다.

브랜드의 고유한 인격을 AI 시스템으로 설계하는 체계적인 실행 방법론에 대해서는 '부록 D: 브랜드 AI 페르소나 설계 알고리즘'을 참조하십시오.

새로운 성과 측정 체계: 관계 자본과 의미 창출

설득해야 할 대상과 그 방식이 근본적으로 바뀌었다면, 성공을 측정하는 기준 역시 새로워져야 한다. 과거의 KPI는 사람의 '기억'을 측정했지만, 이제는 AI의 '추천'과 그로 인해 맺어진 '관계'를 측정해야 한다. 이러한 관점에서 미래 브랜드의 성과 측정 체계는 전통적인 재무 지표나 시장 점유율을 넘어 새로운 차원에서 설계되어야 한다.

첫째, '관계 자본'이 핵심 지표가 될 것이다. 전통적인 브랜드 자산이 '브랜드를 얼마나 많이 아는가'와 '얼마나 선호하는가'에 초점을 맞췄다면, 관계 자본은 '브랜드와 얼마나 깊이 연결되어 있는가'와 '브랜드의 성장에 얼마나 적극적으로 참여하는가'를 평가한다. 고객 생애 가치 대신 '관계 지속 가능성 지수'와 같은 새로운 지표가, 브랜드의 언급 빈도보다 '의미 있는 상호작용 점수' 같은 측정이, NPS(Net Promoter Score) 대신 이를 발전시킨 '관계 깊이 지수' 등의 지표가 중요해질 것이다.

둘째, AI와 브랜드가 얼마나 잘 맞는지를 평가하는 새로운 방법이 생겨날 것이다. 쉽게 말해, AI가 우리 브랜드를 얼마나 정확하게 이해하고 고객에게 추천하는지를 점수로 매기는 것이다.

예를 들어, 30대 직장인이 스트레스 해소용 음료를 찾는 상황에서 AI가 우리 브랜드를 적절히 추천하는지 확인하는 'AI 추천 정확도', AI가 우리 브랜드의 핵심 가치와 개성을 제대로 파악하고 있는지 측정하는 '자연어 이해도', 그리고 네이버에서든 구글에서든 우리 브랜드가 일관되게 표현되는지 확인하는 '크로스 플랫폼 일관성' 등을 체크하게 될 것이다.

셋째, '의미 창출 가치'가 중요해질 것이다. 브랜드가 고객의 삶에 얼마나 의미 있는 변화를 만들어내는지를 측정하는 것이다. 3장에서 논의했듯이, AI 시대에 브랜드의 생존은 'Purpose(사회적 목적)'와 그 실행 성과를 정량적인 데이터로 증명할 수 있는지에 달려 있다. 파타고니아가 이미 이러한 방향을 제시하고 있다. 아웃도어 의류를 판매하지만, 실제로는 '환경 보호'라는 의미를 판매한다. 의류의 수선을 권장하고, 필요 없는 구매를 자제하라고 광고하며, 수익의 상당 부분을 환경 보호에 투자한다[12].

나이키의 변화도 이러한 방향을 보여준다. 과거 나이키는 '운동화를 파는 회사'였다. 2024년 현재는 '운동 경험을 제공하는 회사'로 진화했다. 미래의 나이키는 '개인의 건강과 웰빙 목표를 달성하게 하는 파트너'가 될 가능성이 있다. 이미 나이키는 Nike Training Club 앱, 개인 맞춤형 운동 프로그램, 영양 조언, 수면 관리, 정신 건강 지원까지 통합적인 웰빙 솔루션을 제공하기 시작했다[13].

브랜드 건축가의 시대

미래는 먼 곳에 있지 않다. 지금의 선택과 행동이 5년 후의 위치를 결정한다. 건축가가 될 것인가, 적응자가 될 것인가? 브랜드 소유권을 고집할 것인가, 공동 창조를 받아들일 것인가? 산업 경계 안에 머물 것인가, 니즈 중심으로 확장할 것인가? AI를 도구로 사용할 것인가, 파트너로 삼고 공진화할 것인가?

이 모든 질문의 답은 결국 마케터가 '시인'에서 '건축가'로 진화할 준비가 되어 있는가에 달려 있다. 감성적 스토리텔링만으로는 더 이상 충분하지 않다. AI가 이해하는 구조화된 언어와 사람이 공감하는 감성적 언어를 동시에 구사할 수 있어야 한다.

미래 브랜드는 예측의 대상이 아니라 설계의 대상이다. 우리는 '설득의 역전'이라는 흐름의 전환기를 지나고 있다. 감성 중심에서 구조 중심으로, 일방향 설득에서 쌍방향 공진화로의 대전환이다. 이 변화의 중심에는 AI가 있지만, 변화를 주도하는 것은 결국 사람이다.

브랜드 건축가로서의 여정에 첫발을 내디뎌야 할 시간이다.

◀ 14장 참고자료

설득의 역전
The Persuasion Shift

15장

"설득의 역전"을 향한 21개의 질문

이 책을 마무리하며, 독자의 입장에서 가질 법한 핵심적인 질문들을 21개로 정리하였다. AI가 새로운 문지기가 되면서 생기는 다양한 의문과 우려에 대해, 이 책의 핵심인 '설득의 역전' 프레임워크를 통해 답변을 제시한다.

> **1부 | 패러다임의 이해 (Q1-Q4)**

Q1 감성과 스토리는 브랜드의 영원한 본질이 아닌가?

※ 책에서 제시한 관점

이 책은 감성의 종말이 아니라 '설득의 순서'가 바뀌었음을 강조한다. 과거에는 브랜드가 직접 소비자의 감성을 자극했다면, 이제는 먼저 AI의 논리적 필터를 통과해야만 소비자에게 감성적 메시지를 전달할 기회를 얻게 된다.

> **참조 위치**
> - 15쪽 1장 나이키의 딜레마: Just Do It이 무력해진 이유
> - 71쪽 5장 스토리텔링의 진화와 데이터 내러티브의 부상
> - 141쪽 10장 이중 언어 전략의 핵심 원칙

※ 글쓴이의 추가 답변

사람은 여전히 감성적 존재이며, 스토리의 힘은 중요하다. 하지만 설득의 역전 현상으로 그 감성에 도달하는 경로가 바뀌었다.

- **과거와 현재 쇼핑 시작점의 차이**: 과거에는 소비자가 상품을 직접 검색했고, 이때 TV 광고의 감동적인 스토리가 소비자의 검색과 선택에 직접적인 영향을 끼쳤다. 하지만 이제 소비자는 "나에게 맞는 운동화 추천해 줘"라고 AI에게 묻는 것으로 쇼핑을 시작한다.

- **AI의 추천 기준과 스토리의 한계**: 이 과정에서 AI는 브랜드의 감성적 스토리보다는 쿠셔닝 기술, 내구성, 가격 대비 성능, 사용자 리뷰 등 구조화된 데이터를 분석하여 추천 목록을 만든다. 나이키의 "Just Do It"이 아무리 영감을 주는 메시지라도, 만약 나이키가 AI의 추천 목록에 오르지 못한다면, 그 감동적인 스토리를 전달할 기회조차 얻지 못하게 된다.

- **Nike Run Club의 데이터와 감성 융합 사례**: 나이키의 Nike Run Club 앱은 이러한 변화에 대응하는 좋은 사례다. 앱은 사용자의 러닝 데이터(거리, 속도, 심박수)를 수집하고 분석하여 개인화된 훈련 계획을 제공한다. 동시에 "오늘도 한계를 넘어서자"라는 감성적 메시지를 데이터 기반의 성과 분석과 함께 전달한다.

- **데이터 구조 위에 세우는 감성적 스토리**: 이처럼 브랜드는 감성적 영감을 주는 시를 쓰되, 그 시가 전달될 수 있는 견고한 데이터 구조를 먼저 설계해야 한다.

Q2 AI 시대, 마케터의 창의성과 직관은 정말 설 자리를 잃게 되나?

※ 책에서 제시한 관점

창의성과 직관은 사라지는 것이 아니라 더 높은 차원의 창의성이 요구되는 새로운 영역으로 이동한다. AI가 데이터 분석과 콘텐츠의 대량 생성을 담당한다면, 사람은 AI가 할 수 없는 문화적 맥락의 이해, 감정의 미묘한 뉘앙스 포착, 윤리적 판단, 그리고 최종적인 의미 부여의 역할을 맡게 된다.

참조 위치
- 20쪽 1장 시인에서 건축가로: 마케터의 새로운 정체성
- 110쪽 8장 AI 시대, 광고창작의 르네상스
- 163쪽 12장 시인에서 건축가로: 브랜드 매니저의 변신

※ 글쓴이의 추가 답변

AI 시대 마케터의 창의성은 '무에서 유를 창조'하는 것이 아니라 '가능성의 우주를 항해하고 의미를 부여'하는 능력으로 진화한다.

- **AI 생성과 마케터의 역할**: AI는 수천 개의 광고 시안과 카피를 1분 만에 생성할 수 있다. 이때 마케터의 역할은 그중에서 브랜드 철학과 문화적 맥락에 가장 부합하는 것을 '선택'하고, 다양한 아이디어를 '조합'하여 새로운 차원의 결과물을 만들며, 최종적으로 '왜 이 메시지가 중요한가'라는 의미를 부여하는 것이다.

- **크리에이티브 디렉터의 섬세한 판단**: 예를 들어 AI가 기술적으로 완벽한 수백 장의 이미지를 생성했더라도, 크리에이티브 디렉터는 '도전하는 순간의 진정성'이라는 미묘한 감정이 담긴, 약간은 흔들린 사진 한 장을 선택할 수 있어야 한다.

- **AI와 인간의 협업적 창의성**: 이처럼 AI는 창의적 과정에서 강력한 파트너가 되며, 사람은 최종적인 판단과 의미 부여를 통해 창의성의 본질을 더욱 깊이 탐구하게 된다.

Q3 이 책에서 말하는 변화가 너무 급진적인데, 과연 이런 미래가 정말 그렇게 빨리 올까?

※ 책에서 제시한 관점

변화는 이미 시작되었으며, 예상보다 훨씬 빠른 속도로 진행되고 있다. 캡제미니 연구에 따르면 이미 소비자의 58%가 제품 추천을 받을 때 생성형 AI를 사용하고 있으며, 베인앤컴퍼니는 향후 10년 안에 전체 상거래의 50%가 AI의 영향을 받을 것으로 전망한다. 중요한 것은 변화의 여부가 아니라, 변화에 적응하는 속도다.

> **참조 위치**
> - 3쪽 들어가며-설득의 역전: 게임의 룰이 바뀌었다
> - 101쪽 7장 전통적 고객 여정의 붕괴와 AI 시대의 도래
> - 127쪽 9장 투자 구조 전환의 필연성
> - 151쪽 11장 전통적 캠페인의 구조적 한계

※ 글쓴이의 추가 답변

과거의 기술 혁신과 비교해 보면 현재의 변화 속도를 더 명확히 체감할 수 있다. 인터넷이 보급되고 소비자들이 검색 엔진을 사용하는 데는 10년 이상이 걸렸다. 하지만 ChatGPT는 출시 2개월 만에 1억 명의 사용자를 확보했다.

- **주요 플랫폼의 AI 도입 현황**: 이미 구글은 검색 결과에 AI 요약을 전면 도입했고, 아마존은 판매자들에게 전례 없는 수준의 고객 여정 분석 도구를 제공하고 있다.

- **기업의 AI 활용 통계**: 마케팅 분야에서도 글로벌 기업의 72%가 AI를

도입했으며, 광고 에이전시의 91%가 생성형 AI를 활용하고 있다.

- **설득의 역전, 현재 진행형 현실**: 이러한 통계들은 '설득의 역전'이 더 이상 미래의 시나리오가 아니라 이미 우리 비즈니스 현장에서 벌어지고 있는 현실임을 보여준다. 지금 준비하지 않으면 몇 년 후에는 따라잡기 어려운 격차가 발생할 수 있다.

Q4 AI의 효율성과 합리성만 따르다 보면, 비즈니스에서 중요한 '인간적 가치'나 '사회적 책임' 같은 가치들이 무시되는 비정한 사회로 가는 것은 아닌가?

※ 책에서 제시한 관점

오히려 그 반대다. AI 시대에는 브랜드의 사회적, 윤리적 가치, 즉 'Purpose'가 그 어느 때보다 중요해진다. 과거에는 브랜드가 선언한 가치를 검증하기 어려웠지만, 이제 AI가 브랜드의 실제 행동 데이터를 분석하고 평가하여 진정성을 판별할 수 있게 되었기 때문이다. AI는 브랜드의 ESG 성과, 투명성, 알고리즘의 공정성 등을 핵심적인 평가 기준으로 삼게 될 것이다.

> **참조 위치**
> - 42쪽 3장 Purpose 경제 시대의 브랜드
> - 172쪽 13장 윤리적 브랜드: AI 시대의 책임

※ 글쓴이의 추가 답변

이 책의 핵심 주장 중 하나는 "예전에는 Purpose를 검증하고 싶어도 못했는데, 이제 AI 덕분에 가능해졌다"는 것이다.

- 과거 vs 현재의 검증 능력: 과거에는 브랜드가 CSR 보고서에서 "환경을 생각한다"고 말해도 소비자가 그 진위를 알기 어려웠다. 하지만 이제 AI는 위성 이미지로 산림 훼손 여부를 감시하고, IoT 센서로 탄소 배출량을 실시간 측정하며, 블록체인으로 공급망의 투명성을 검증할 수 있다.

- 측정 가능한 데이터로의 번역 필요성: "더 나은 세상을 만든다"는 추상적 선언은 AI에게 아무 의미가 없으며, "탄소배출량 30% 감축"이나 "재활용 소재 85% 사용" 같은 측정 가능한 데이터로 번역되어야 한다.

- 윤리적 책임의 중요성: 또한 AI는 알고리즘의 편향성이나 차별 문제에 민감하기 때문에 브랜드는 공정성, 디지털 포용성 같은 윤리적 책임을 다해야만 AI와 소비자의 신뢰를 얻을 수 있다.

- AI가 만드는 진정성의 거울: 결국 AI는 브랜드의 '진정성'을 가려내는 강력한 거울 역할을 하게 될 것이다.

2부 | 산업별/지역별 적용성 (Q5~Q9)

Q5 우리 같은 중소기업이 아마존, 구글처럼 AI 전문가를 고용하고 데이터 인프라를 구축하는 것이 현실적으로 가능한가?

※ **책에서 제시한 관점**

이 책의 핵심은 중소기업이 아마존이나 구글과 같은 규모의 인프라를 구축해야 한다고 주장하는 것이 아니다. 오히려 그럴 필요가 없기 때문에 중소기업에게 새로운 기회가 열린다는 것이다. 왜냐하면 경쟁의 본질 자체가 바뀌었기 때문이다. 과거의 경쟁이 막대한 자본을 투입한 '광고 노출량'에 좌우되었다면, AI 시대의 경쟁은 '데이터의 의미 있는 구조화'라는 전략적 효율성으로 무게 중심이 이동했다.

따라서 핵심 질문은 "어떻게 그들처럼 거대한 인프라를 구축할까?"가 아니라, "우리가 가진 제한된 자원으로 어떻게 더 스마트하게 데이터를 구조화할 것인가?"가 되어야 한다.

> **참조 위치**
> - 18쪽 1장 기억에서 추천으로의 경제학
> - 163쪽 12장 시인에서 건축가로: 브랜드 매니저의 변신

※ **글쓴이의 추가 답변**

거대 '전문가'와 '인프라' 문제에 대한 현실적인 해결책은 다음과 같다.

'AI 전문가'를 고용하는 대신 '브랜드 건축가'로 진화해야 한다.

AI 시대의 마케터는 코딩을 하는 개발자가 될 필요는 없다. 대신 데이터의 의미를 이해하고 AI와 협업하여 브랜드 시스템을 설계하는 '건축가적 사고방식'을 갖춰야 한다. 이 책의 '부록 C: 브랜드 매니저를 위한 워크북'과 '맺으며'에서 추천하는 온라인 학습 자료들은 바로 기존 마케터가 이러한 역량을 갖추도록 돕기 위해 제시되었다.

'인프라'를 직접 구축하는 대신 '개방된 도구'를 활용해야 한다.

처음부터 막대한 비용을 들여 자체 AI 시스템을 구축할 필요는 없다. 구글, 마이크로소프트 등이 공동으로 만든 Schema.org는 무료로 사용할 수 있는 표준 데이터 구조화 도구이며, 이를 활용하는 것만으로도 AI로 하여금 우리 회사 브랜드의 이해도를 크게 높일 수 있다.

또한, 이 책의 마지막에 추천된 Claude, Gemini 같은 생성형 AI 도구와 Google Analytics Intelligence 같은 데이터 분석 도구들은 대부분 무료이거나 저렴한 비용으로 시작할 수 있어, 중소기업도 충분히 활용 가능하다.

와비파커의 사례가 바로 이 점을 증명한다. 와비파커는 거대 기업처럼 AI 인프라를 구축해서 이긴 것이 아니라, 무료이거나 저렴한 도구를 활용해 자신들의 특정 고객 니즈에 대한 데이터를 누구보다 깊이 있고 정확하게 구조화하는 데 집중했기 때문에 AI의 선택을 받을 수 있었다. 중요한 것은 인프라의 규모가 아니라 전략의 깊이다.

Q6 B2B 거래나 고가의 전문 제품은 소수의 전문가가 관계 중심으로 결정하는데, 이런 영역에서도 AI의 영향력이 클까?

※ **책에서 제시한 관점**

B2B나 고관여 제품 시장에서도 AI의 영향력은 이미 커지고 있으며, 앞으로 더욱 중요해질 것이다. AI는 전문가들의 정보 탐색 및 분석 과정을 돕는 강력한 도구가 된다. 또한 의사결정 시간을 단축시키고 객관적인 판단 근거를 제공한다. 관계는 여전히 중요하지만, 앞으로 그 관계는 데이터 기반의 신뢰 위에서만 공고해질 것이다.

참조 위치
- 101쪽 7장 전통적 고객 여정의 붕괴와 AI 시대의 도래
- 63쪽 4장 검증 가능한 증거: 신뢰의 기반 구축

※ **글쓴이의 추가 답변**

- B2B 구매 담당자의 AI 활용: B2B 구매 담당자나 전문가들도 정보 탐색 단계에서 AI를 폭넓게 활용하고 있다. 예를 들어, "위생 기준 HACCP 충족하면서 시간당 처리량 20% 늘릴 수 있는 장비들의 장단점 정리해 줘"와 같은 질문을 AI에게 던지는 것이다. 이때 AI는 각 솔루션의 기술 사양, 실제 도입 사례, 제3자 기관의 성능 평가 보고서 등을 종합하여 객관적인 비교 자료를 제공해 준다.

- AI가 B2B 영업에 끼치는 변화: 맥킨지 연구에 따르면 AI 도입으로 B2B 구매 의사결정 시간이 이미 40% 단축되었다. 관계 중심 영업은 유효하지만, AI가 제시한 데이터와 상반되는 제안을 하기는 점점 더 어려워질 것이다. 오히려 자사 제품의 우수성을 검증 가능한

데이터로 명확히 제시하는 기업이 구매담당자들의 신뢰를 얻고, 더 깊은 관계를 구축하게 될 것이다.

- **B2B 기업들의 데이터 기반 신뢰 구축**: IBM, 세일즈포스 같은 B2B 기업들이 일찍부터 데이터 기반의 신뢰 구축에 투자하는 이유가 여기에 있다.

B2B 거래나 고가의 전문 제품이 그동안 관계 중심의 결정을 내렸던 이유는 신뢰가 가장 중요한 요소였기 때문이다. 그런데 설득의 역전 시대가 되면서 AI가 이러한 신뢰를 객관적 데이터로 검증할 수 있게 되었기 때문에, 이제 B2B 거래나 고가의 전문 제품 구매에도 AI의 검증과 추천이 큰 영향을 끼치게 될 것이다.

Q7 패션, F&B, 자동차 등 산업별로 AI 영향도가 다를 텐데, 모든 업종에 동일하게 적용 가능한가?

※ 책에서 제시한 관점

AI의 영향력은 산업별 특성에 따라 다르게 나타나지만, '설득의 순서가 바뀌고, AI를 먼저 설득해야 한다'는 핵심 원리는 모든 산업에 동일하게 적용된다. 각 산업은 자신들의 제품과 서비스 가치를 AI가 이해할 수 있는 데이터 언어로 번역하는 고유의 방식을 찾아야 한다.

> **참조 위치**
> (사례 종합) 1장 나이키(스포츠), 2장 마켓컬리(F&B), 2장 테슬라(자동차), 5장 넷플릭스(엔터테인먼트), 9장 로레알(뷰티)

※ 글쓴이의 추가 답변

'AI를 먼저 설득해야 한다'는 원리는 모든 산업에 적용되지만, 그 영향력의 깊이와 방식은 산업의 특성에 따라 다르게 나타난다.

1. 정보의 복잡성이 높은 산업(가전, 금융, B2B 등)

이 영역에서 AI는 소비자의 '분석가' 역할을 수행한다. 수많은 기술 사양, 성능 데이터, 가격, 사용자 리뷰를 객관적으로 비교하여 최적의 대안을 추천한다.

따라서 이 산업의 브랜드들은 '데이터 내러티브'와 '구조적 신뢰'를 구축하는 것이 가장 시급하고 직접적인 과제다. 다이슨처럼 검증 가능한 성능 데이터를 명확하게 제시하지 못하면 AI의 추천 후보군에서 원천적으로 배제될 위험이 가장 크다. '설득의 역전' 현상이 가장 빠르고 강하게 나타나는 영역이다.

2. 경험과 감성이 중요한 산업(F&B, 패션, 엔터테인먼트 등)

이 영역에서 AI는 소비자의 '취향 큐레이터' 역할을 한다. AI가 음식의 '맛'이나 디자인의 '아름다움'을 직접 평가할 수는 없다. 대신 경험을 둘러싼 데이터를 분석한다.

예를 들어, 특정 메뉴에 대한 긍정적 리뷰의 감성 점수, 재구매율, SNS 공유 횟수, 특정 상황(예: 비 오는 날)과의 연관성 등을 분석하여 추천한다.

따라서 이 산업의 브랜드들은 추상적인 감성 가치를 AI가 이해할 수 있는 데이터 신호로 어떻게 번역할 것인가가 핵심 과제가 된다. 나이키가 '도전 정신'을 '개인화된 훈련 데이터'와 연결하고, 넷플릭스가 '재미'를 '시청 완료율' 데이터로 해석하는 것이 좋은 예다.

결론적으로, 어떤 산업이든 자신의 산업에서 AI가 가치를 판단하는 핵심 데이터가 무엇인지 파악하고, 그에 맞춰 브랜드의 활동과 성과를 '의미 있는 구조'로 증명해야 한다는 본질은 같다.

Q8 이 책의 논리가 미국이나 유럽에서는 맞을지 몰라도, 한국이나 아시아 시장의 문화적 특성에도 적용될 수 있을까?

※ 책에서 제시한 관점

적용 가능할 뿐만 아니라, 한국 및 아시아 시장의 특수성은 AI 고객 여정에서 더 큰 기회를 만들 수 있다. 빠른 배송에 대한 기대, 실시간 소통의 중요성, 관계 중심 문화 등은 AI 기술과 결합하여 고도로 개인화되고 맥락적인 브랜드 경험을 창출하는 데 유리하게 작용할 수 있다.

> **참조 위치**
> - 108쪽 7장 한국형 AI 고객 여정의 특수성
> - (사례 종합) 2장 토스, 6장 쿠팡, 6장 카카오톡

※ 글쓴이의 추가 답변

이 책의 논의는 쿠팡, 네이버, 카카오, 삼성전자, 아모레퍼시픽 등 다수의 한국 기업 사례를 기반으로 하고 있다.

- **쿠팡 로켓배송**: 쿠팡의 로켓배송은 한국 소비자의 '즉시성'에 대한 높은 기대를 AI 기반의 물류 예측 및 최적화로 충족시킨 대표적인 사례다.

- 카카오톡 톡스토어: 카카오톡의 '톡스토어'는 관계 중심적인 한국 문화를 AI 시대의 '사회적 쇼핑' 경험으로 전환시킨 성공 사례다.

또한 PwC의 조사에 따르면, 아시아 태평양 지역 소비자들은 챗봇 사용이나 소셜 미디어를 통한 직접 구매에서 글로벌 평균보다 훨씬 더 개방적이다. 이는 AI를 통한 새로운 고객 접점의 중요성이 서구 시장보다 오히려 더 크다는 것을 의미한다. 따라서 '설득의 역전' 프레임워크는 한국 및 아시아 시장에서 더욱 강력한 경쟁 전략이 될 수 있다.

Q9 AI가 아무리 발전해도 '명품'처럼 감성적 가치가 중요한 시장은 영원히 존재하지 않을까?

※ 책에서 제시한 관점

명품 시장은 사라지지 않지만, 명품의 가치를 '증명'하고 '전달'하는 방식은 변화할 것이다. AI 시대의 명품은 감성에만 의존하는 것이 아니라, 그 감성적 가치의 근간이 되는 희소성, 장인정신, 진정성을 AI가 검증할 수 있는 데이터로 제시해야 한다. 설득의 순서가 바뀌는 것일 뿐, 감성적 가치의 중요성이 사라지는 것은 아니다.

참조 위치
- 63쪽 4장 검증 가능한 증거: 신뢰의 기반 구축
- 81쪽 5장 미래 전망: AI 시대 브랜드 자산의 진화
- 62쪽 4장 신뢰의 정량화와 측정 체계 (롤렉스 사례)
- 103쪽 7장 역퍼널 현상과 대화형 커머스 (루이비통 사례)

※ 글쓴이의 추가 답변

명품의 핵심 가치는 '진정성'에 있다. AI 시대에는 이러한 진정성조차 검증 가능한 데이터로 뒷받침되어야 온전한 신뢰를 얻을 수 있다.

- LVMH의 블록체인 기술: LVMH 그룹의 AURA 블록체인 플랫폼은 제품의 원산지, 소유권 이력, 장인의 정보까지 기록하여 진품임을 기술적으로 보장한다.

- 드비어스의 투명성 확보: 드비어스는 '트랙케어(Tracr)' 플랫폼으로 다이아몬드의 출처를 투명하게 공개하여 '블러드 다이아몬드'가 아님을 증명한다.

- 루이비통의 AI 컨시어저: 또한, 루이비통의 AI 컨시어저는 160년 전통의 스토리를 "이 가죽은 프랑스 남부의 전통 태너리에서 6개월간 자연 숙성됩니다"와 같이 구체적이고 감성적인 대화로 풀어낸다.

- 헤리티지의 데이터 내러티브화: 이처럼 명품 브랜드는 자신들의 헤리티지와 장인정신을 AI가 이해하고 소비자에게 전달할 수 있는 '데이터 내러티브'로 번역함으로써, 비합리적으로 보였던 감성적 가치를 오히려 더 강력하고 신뢰할 수 있는 자산으로 만들고 있다.

> 3부 | 실행 전략과 ROI (Q10~Q14)

Q10 우리 회사는 언제부터 시작해야 하나? 단계별 로드맵이 있나?

※ 책에서 제시한 관점

완벽한 준비를 기다리기보다 작은 실험으로 지금 당장 시작하는 것이 중요하다. 이 책은 니즈 중심 브랜딩, 조직 구조 전환, 미래 브랜드 설계에 대한 단계별 실행 로드맵을 제시하고 있으며, 공통적으로 '현 상태 파악 → 작은 실험 시작 → 학습 및 확산'의 점진적 접근을 권장한다.

> **참조 위치**
> - 35쪽 2장 니즈 중심 브랜딩의 실행 로드맵
> - 156쪽 11장 애자일 포드 조직의 실전 운영
> - 227쪽 15장 (작은 실험을 위한 첫 단계)

※ 글쓴이의 추가 답변

전면적인 혁신을 시도하기 전에, 오늘 당장 시작할 수 있는 작은 행동들이 있다.

- **현재 위치 파악**: 첫째, 구글이나 네이버에서 고객이 할 법한 질문("피부 트러블에 좋은 로션 추천")을 입력하고 우리 브랜드가 어떻게 나타나는지, 경쟁사는 어떻게 보이는지 확인하는 것부터 시작할 수 있다.

- **작은 실험 시작**: 둘째, 가장 중요한 제품 하나를 골라, 그 제품의 모

든 가치를 AI가 이해할 수 있는 언어(성분, 기능, 성능 데이터, 사용 후기 등)로 상세하게 구조화해보는 파일럿 프로젝트를 진행하는 것이다.

- **학습과 개선**: 셋째, 이 작은 실험의 결과를 분석하고, 무엇이 효과가 있었고 무엇이 부족했는지 파악하여 다음 단계의 계획을 수립하는 것이다.

- **빠른 실행과 학습의 중요성**: 중요한 것은 완벽한 계획을 세우는 것이 아니라, 빠른 실행과 학습의 사이클을 만드는 것이다.

Q11 경쟁사가 먼저 AI 시스템을 구축하면, 후발주자는 영원히 따라잡기 어려운가?

※ **책에서 제시한 관점**

선점자가 데이터 축적에서 유리한 것은 사실이지만, 후발주자에게도 기회는 충분하다. AI 시대의 경쟁력은 시스템의 규모보다 '민첩성'과 '전략의 깊이'에서 나올 수 있다. 후발주자일지라도 선도 기업의 실수를 학습하고, 더 나은 기술을 활용하며, 더 깊이 있는 NSO(Needs-Solution Ontology)를 설계한다면 특정 영역에서 경쟁 우위를 확보할 수 있다.

> **참조 위치**
> - 18쪽 1장 기억에서 추천으로의 경제학 (와비파커 사례)
> - 150쪽 11장 애자일 브랜딩: 실험하고 학습하는 브랜드
> - 26쪽 2장 NSO 개념과 이론적 기반

※ 글쓴이의 추가 답변

경쟁사가 거대한 데이터 댐을 쌓고 있더라도, 그 댐이 모든 물고기를 잡을 수 있는 것은 아니다. 후발주자는 더 작고 깊은 '우물'을 팔 수 있다. 즉, 거대 경쟁사가 놓치고 있는 특정 고객 그룹의 세밀한 니즈를 공략하는 것이다.

- **초세분화 시장 집중 전략**: D2C 샴푸 스타트업이 거대 브랜드를 이긴 것처럼, "기름 많은 두피를 가진 10대 남성"과 같은 초세분화된 시장에 집중하여 그들의 문제 해결에 최적화된 데이터 구조를 만들 수 있다.

- **애자일 브랜딩의 힘**: 또한 '애자일 브랜딩'은 후발주자의 강력한 무기가 될 수 있다. 거대 조직이 6개월 걸려 캠페인을 준비하는 동안, 애자일 포드 조직은 2주 단위의 빠른 실험과 학습을 통해 시장 변화에 더 민첩하게 대응할 수 있다.

- **전략과 실행 속도의 중요성**: 기술은 빠르게 발전하고 보편화된다. 그렇기 때문에 중요한 것은 기술 자체가 아니라 그것을 활용하는 전략과 실행 속도다.

Q12 AI 친화적 시스템 구축에 투자한 비용 대비 실제 수익 개선 효과는 언제쯤 나타나며, ROI는 어떻게 측정해야 하나?

※ 책에서 제시한 관점

전통적인 ROI 측정 방식은 AI 시대에 맞게 변화해야 한다. 단기적인 직접 매출 증가 외에도 'AI 추천 품질 지표'와 '관계 기반 자산'을 종합적으로 측정해야 한다. BCG 연구에 따르면 성공적으로 AI를 도입한 기업들은 마케팅 ROI를 15~20% 개선했으며, 단기 성과는 파일럿 프로젝트를 통해 6개월 이내에도 나타날 수 있다.

> **참조 위치**
> - 130쪽 9장 새로운 측정 체계의 구축
> - 93쪽 6장 네트워크 기반 마케팅의 실전 적용 (네트워크 LTV)
> - 127쪽 9장 투자 구조 전환의 필연성

※ 글쓴이의 추가 답변

AI 시대의 ROI는 3가지 차원에서 새롭게 측정되어야 한다.

- **고객 구매 프로세스 효율화**: AI가 우리 브랜드를 얼마나 자주 '후보군'으로 고려하고(인식률), 최종 '추천 리스트'에 올리며(추천율), 그 결과 고객에게 '선택'받는지(선택률)를 측정해야 한다. 이는 기존의 노출, 클릭보다 훨씬 더 본질적인 성과 지표다.

- **AI 추천 품질 향상**: 우리 브랜드 정보의 '정확도', AI가 추천 이유를 명확히 설명하는 '설명가능성' 등 데이터 품질 자체를 KPI로 관리해야 한다. 이는 장기적인 추천 경쟁력을 확보하는 데 필수적이다.

- **네트워크 LTV(고객 생애 가치) 증가**: 고객 한 명이 창출하는 직접 매출뿐만 아니라, 그 고객의 추천으로 유입된 다른 고객들의 가치까지 포함하여 투자 효과를 측정해야 한다. 드롭박스의 경우, 추천으로 유입된 고객의 가치가 전체 성장의 35%를 차지했다.

이러한 지표들을 통해 단기적인 비용 절감과 효율성 증대 효과는 물론, 장기적인 브랜드 자산 구축 효과까지 종합적으로 파악할 수 있다.

Q13 '광고비에서 AI추천비로'의 전환이 현실적으로 가능한가? 구글, 네이버 같은 플랫폼이 공식 상품으로 만들까?

※ 책에서 제시한 관점

'AI추천비'는 구글이나 네이버에 직접 지불하는 비용이 아니라, AI의 추천을 받기 위해 브랜드가 내부적으로 투자해야 하는 비용을 의미한다. 이는 데이터 인프라 구축, 콘텐츠 구조화, AI 최적화 시스템 도입 등에 투자하는 것으로, 브랜드의 예산 배분 방식이 근본적으로 바뀌어야 함을 의미한다.

> **참조 위치**
> - 128쪽 9장 AI추천비의 개념과 구성 요소
> - 126쪽 9장 광고비에서 AI추천비로: 마케팅 투자의 변화

※ 글쓴이의 추가 답변

'AI추천비'라는 개념을 오해하면 안 된다. 이는 플랫폼에 돈을 내고 추천 순위를 사는 새로운 광고 상품을 의미하는 것이 아니다. 오히려 검색 엔진 최적화(SEO)의 진화된 형태로 이해해야 한다. 과거 웹사이트의 콘텐츠와 구조를 검색엔진에 맞게 최적화했듯이, 이제는 브랜드의 모든 정보와 가치를 AI 추천 엔진에 맞게 최적화해야 한다.

여기에 들어가는 비용이 바로 'AI추천비'이다. 예를 들어, 제품 정보를 표준화하고, 고객 행동 데이터를 분석하며, AI가 이해할 수 있는 니즈 온톨로지를 구축하고, 멀티모달 콘텐츠를 제작하는 등의 활동이 모두 AI추천비에 해당한다.

플랫폼들은 여전히 광고 상품을 판매하겠지만, AI 추천의 영향력이 커질수록 '돈으로 사는 노출'보다 '실력으로 얻는 추천'의 가치가 훨씬 더 커질 것이기 때문에, 브랜드들은 장기적으로 AI추천비에 대한 투자를 늘릴 수밖에 없다.

Q14 '실패를 자산으로 삼으라'는 말은 이상적이지만, 성과를 내야 하는 현실 조직에서 정말 가능한 일인가?

※ 책에서 제시한 관점

가능하며, AI 시대에는 필수적이다. AI 시대의 브랜딩은 완벽한 하나의 정답을 찾는 과정이 아니라, 수많은 실험을 통해 최적의 해답으로 끊임없이 진화하는 과정이기 때문이다. 이를 위해 '실패'를 비용이 아닌 '학습 자산'으로 전환하는 체계적인 시스템을 구축해야 한다.

> **참조 위치**
> - 155쪽 11장 실패를 학습 자산으로 전환하는 시스템
> - 156쪽 11장 애자일 포드 조직의 실전 운영

※ 글쓴이의 추가 답변

성과를 내야 하는 현실 조직이기에 더욱 '실패의 자산화'가 필요하다. '성과'의 정의 자체가 바뀌고 있기 때문이다.

과거의 성과가 '성공적인 결과'였다면, AI 시대의 성과는 '학습의 속도'다. 시장의 정답이 끊임없이 변하는 상황에서, 가장 뛰어난 조직은 가장 빠르게 배우는 조직이다.

AI가 수백 개의 가설을 동시에 테스트하는 환경에서 99개의 실패한 가설은 더 이상 누군가의 실수가 아닌 객관적인 데이터 포인트일 뿐이다. AI는 실패를 개인의 책임에서 조직의 학습 데이터로 전환시킨다.

결국 수십 개의 작은 실패(실험)는 하나의 거대한 재앙적 실패를 막기 위한 가장 경제적인 보험이다. 6개월간 준비한 완벽한 캠페인이 AI에게 외면 받는 재앙을 피하는 길은, 수많은 작은 실험을 통해 시장의 답을 실시간으로 찾아 나서는 것뿐이다.

4부 | 윤리와 미래 과제 (Q15~Q21)

Q15 '브랜드의 핵심은 일관성'이다. '애자일 브랜딩'을 강조하다가 브랜드 정체성이 흔들리고 소비자에게 혼란만 주는 것 아닌가?

※ 책에서 제시한 관점

애자일 브랜딩은 브랜드의 핵심 정체성(DNA)을 포기하는 것이 아니라, 그 '표현 방식'을 시장 변화에 맞춰 유연하게 바꾸는 것이다. 브랜드의 핵심 가치와 원칙은 일관되게 유지하되, 그것을 전달하는 메시지, 채널, 형식은 끊임없이 실험하고 최적화해야 한다.

> **참조 위치**
> - 191쪽 14장 AI와 브랜드의 공진화: 브랜드 지능의 출현
> - 156쪽 11장 애자일 포드 조직의 실전 운영
> - 132쪽 9장 실시간 최적화 시스템의 구축

※ 글쓴이의 추가 답변

과거 마케팅 교과서는 "브랜드는 모든 고객에게 동일한 메시지를 일관되게 전달해야 한다"고 가르쳤다. 하지만 AI 시대에 이 원칙은 재정의되어야 한다. 일관성의 대상이 '표현의 획일성'에서 '가치의 일관성'으로 이동하고 있기 때문이다.

이미 이러한 변화는 시작됐다. 스포티파이는 클래식 음악 애호가에게 '세계 최고의 클래식 음악 큐레이터'이고, K-팝 팬에게는 '한국 음악의 글로벌 게이트웨이'다. 같은 브랜드이지만 각 사용자에게는 다른 의미와 가치를 제공한다. 이것이 혼란인가? 아니다. 오히려 각 고객에게 가장 관련성 높은 방식으로 브랜드의 본질('음악을 통한 연결')을 전달하는 것이다.

이러한 개인화는 더욱 심화될 것이다. 가까운 미래에는 AI가 개인의 가치관, 라이프스타일, 현재 상황을 실시간으로 분석하여 브랜드의 메시지, 어조, 심지어 비주얼 아이덴티티까지 동적으로 맞춤화할 것이다. 버버리의 사례처럼, '클래식한 영국 헤리티지'라는 DNA는 유지하되 Z세대 고객에게는 틱톡 친화적 콘텐츠로, 중년 고객에게는 전통과 장인 정신을 강조한 스토리텔링으로 각기 다르게 표현되는 것이다.

결국 애자일 브랜딩 시대의 브랜드는 더 이상 '완성된 조각상'이 아니라, 시장과 고객의 피드백을 실시간으로 흡수하며 성장하는 '살아있는

유기체'가 될 것이다. 이것이 바로 "브랜드는 예측의 대상이 아니라 설계의 대상이다"라는 이 책의 핵심 주장이다. 애자일 브랜딩은 '정체성의 포기'가 아니라 '정체성의 동적 진화'다.

Q16 AI가 모든 브랜드의 추천을 최적화하면, 결국 모든 제품과 서비스가 비슷해지고 고객 경험이 획일화되는 결과를 낳지 않을까?

※ 책에서 제시한 관점

오히려 그 반대다. AI 최적화는 획일화가 아니라 '초개인화'로 이어진다. AI는 모든 사람에게 똑같은 '최고'의 제품을 추천하는 것이 아니라, 각 개인의 고유한 니즈와 맥락에 가장 '적합한' 제품을 찾아준다. 또한, AI는 추천의 다양성을 확보하는 원리를 적용하여 사용자에게 의미 있는 선택지를 제공한다.

> **참조 위치**
> - 107쪽 7장 초개인화와 미래 고객 여정
> - 188쪽 14장 브랜드 소유권의 해체와 새로운 체계 (유동적 정체성)

※ 글쓴이의 추가 답변

획일화에 대한 우려는 '최적화'를 오해한 것이다. AI가 추구하는 최적화는 '하나의 정답'을 찾는 것이 아니라 '개인별 맞춤 정답'을 찾는 것이다.

- **스포티파이의 초개인화**: 스포티파이는 모든 사용자에게 동일한 인기 차트를 보여주지 않는다. 대신 개인의 청취 이력, 시간대, 현재 활동을 분석하여 '월요일 아침 출근길의 당신을 위한 음악'처럼 초개인화된 플레이리스트를 제공한다.

- **다양성 균형 원리의 적용**: 또한, AI 추천 시스템은 단순히 점수가 가장 높은 제품만 보여주지 않고, '다양성 균형 원리'를 적용하여 사용자가 새로운 선택지를 발견할 수 있도록 돕는다.

- **소규모 브랜드에게 제공되는 새로운 기회**: 이는 오히려 소수의 인기 브랜드가 시장을 독점하는 현상을 완화하고, 특정 니즈에 특화된 다양한 소규모 브랜드들에게 새로운 기회를 제공하는 효과를 가져올 수 있다.

Q17 AI가 데이터로 판단한다면, 브랜드의 고유한 '목소리(어조와 말투)'는 이제 중요하지 않게 되나?

※ 책에서 제시한 관점

브랜드의 목소리는 사라지는 것이 아니라, 그 중요성이 더욱 커지고 표현 방식이 진화한다. AI 시대의 브랜드 목소리는 광고 카피에만 머무르는 것이 아니라, 챗봇의 대화 스타일, 개인화 메시지의 뉘앙스, AI 에이전트의 페르소나 등 고객과 상호작용하는 모든 접점에 체계적으로 구현되어야 한다.

> **참조 위치**
> - 103쪽 7장 역퍼널 현상과 대화형 커머스
> - 191쪽 14장 AI와 브랜드의 공진화: 브랜드 지능의 출현

※ 글쓴이의 추가 답변

AI가 고객과의 주된 소통 채널이 되면서, 브랜드의 목소리(어조와 말투)는 그 어느 때보다 중요해졌다. 고객은 이제 광고를 보는 대신 AI와 '대화'하기 때문이다.

- **루이비통 AI 컨시어지 사례:** 예를 들어, 루이비통의 AI 컨시어지는 단순히 정보를 전달하는 것을 넘어 160년 전통의 하우스 정신을 반영한, 정중하면서도 친근한 어조와 말투로 고객과 대화한다.

- **브랜드 AI 페르소나의 등장:** 미래에는 브랜드의 가치와 철학을 체화한 '브랜드 AI 페르소나'가 등장하여 고객의 삶에 동반자처럼 함께 하게 될 것이다.

- **마케터의 새로운 역할:** 따라서 마케터는 브랜드의 고유한 목소리를 정의하고, 이를 AI 시스템이 일관되게 구현할 수 있도록 설계하고 학습시키는 새로운 역할을 맡게 될 것이다.

- **톤앤매너의 설계화:** 어조와 말투(톤앤매너)는 이제 '설계'의 대상이 된다. 과거에는 광고 카피, 성우의 목소리 등 정해진 메시지를 통해 톤앤매너를 '연출'했다면, 이제는 어떤 질문에도 실시간으로 답해야 하는 AI의 페르소나 자체를 '설계'해야 하기 때문이다. 이는 브랜드의 세계관과 인격을 AI의 대화 로직에 심는 과정이기 때문에 브랜드 마케터의 중요한 역할 중 하나가 될 것이다.

Q18 AI의 추천이 모든 것을 결정한다면, 알고리즘의 편향성이나 데이터 독점 같은 윤리적 문제는 어떻게 해결할 것인가?

※ **책에서 제시한 관점**

알고리즘의 편향성과 윤리적 문제는 AI 시대를 맞는 브랜드가 반드시 해결해야 할 최우선 과제다. 이를 위해 브랜드는 의식적으로 데이터의 다양성을 확보하고, AI의 결정 과정을 설명할 수 있는 '투명성'과 '설명가능성'을 갖춰야 하며, AI로 인한 차별이나 피해를 막기 위한 구체적인 '브랜드 윤리 강령 2.0'을 수립하고 실천해야 한다.

> **참조 위치**
> - 172쪽 13장 윤리적 브랜드: AI 시대의 책임
> - (세부내용) 13장 알고리즘의 거울, 설명가능성의 실현, 브랜드 윤리 강령

※ **글쓴이의 추가 답변**

AI는 사회의 편견을 그대로 학습하는 '거울'과 같다. 아마존의 AI 채용 시스템이 여성을 차별하고, 구글 포토가 흑인을 고릴라로 분류한 사건들은 AI의 윤리적 문제 해결이 얼마나 중요한지를 보여준다.

- **데이터 다양성 확보**: 이를 해결하기 위해 브랜드는 다음과 같은 구체적인 노력을 해야 한다. 첫째, 학습 데이터에서 특정 인종, 성별, 계층이 소외되지 않도록 '데이터 다양성'을 의도적으로 확보해야 한다.

- **설명 가능한 AI 기술 도입**: 둘째, AI의 판단 근거를 사용자가 이해할 수 있게 설명하는 '설명 가능한 AI(XAI)' 기술을 도입해야 한다.

- **알고리즘 감사 시스템**: 셋째, 제3의 독립 기관으로부터 알고리즘의

공정성을 검증받는 '알고리즘 감사'를 도입할 필요가 있다.

- **디지털 포용성 확보:** 넷째, '디지털 포용성'을 확보하여 기술 발전에서 소외되는 계층이 없도록 노력해야 한다.'
- **윤리적 책임과 신뢰 확보:** 결국 윤리적 책임을 다하는 브랜드만이 AI와 소비자의 최종적인 신뢰를 얻고 생존할 수 있을 것이다.

Q19 AI를 신뢰해서 추천을 받았는데 결과가 만족스럽지 않거나 문제가 생겼을 때, 소비자의 불만과 불신은 오히려 더 커지는 것 아닌가?

※ 책에서 제시한 관점

그럴 가능성이 매우 높다. AI 추천에 대한 불만족이 더 큰 불신으로 이어지는 이유는, 소비자가 AI의 추천을 데이터에 기반한 '객관적이고 과학적인 판단'으로 기대하기 때문이다. 이 높은 신뢰가 무너졌을 때, 실망감과 배신감은 더 크게 느껴진다. 또한 AI 추천은 '나의 데이터'를 바탕으로 한 '초개인화된 제안'이라는 기대가 있기에, 실패는 'AI가 나를 이해하지 못했다'는 감정적 불만으로 이어지게 된다.

이처럼 증폭된 불신에 대응하는 핵심은 '실패의 원인을 투명하게 설명'하고 '시스템이 학습했음'을 증명하는 것이다. 단순히 "죄송합니다"라고 사과하는 것이 아니라, "A라는 데이터가 부족하여 B라는 잘못된 판단을 내렸습니다. 고객님의 피드백을 반영하여 이제 C라는 기준을 추가로 학습했습니다"와 같이 AI의 판단 과정을 '유리상자'처럼 공개해야 한다. 이를 통해 브랜드는 AI의 실수를 인정하면서도, 그 과정이 여전히 논리적이고 개선 가능한 시스템 안에서 이루어지고 있음을 보여주며 객관성에 대한 신뢰를 재구축할 수 있다. 나아가, 실패로부터 학습하여 더 나은 추천을 제공하는 모습을 보여줌으로써 개인화에 대한 기대를 다시 충족시켜야 한다.

> **참조 위치**
> - 65쪽 4장 신뢰성 위기 관리와 회복 전략
> - 175쪽 13장 투명성의 혁신: 블랙박스에서 글래스박스로
> - 155쪽 11장 실패를 학습 자산으로 전환하는 시스템

※ 글쓴이의 추가 답변

AI의 추천에 대한 기대가 큰 만큼, 실망감도 클 수 있다. 이때 브랜드의 대응 방식이 신뢰를 더욱 굳건히 할 수도, 완전히 무너뜨릴 수도 있다.

- **삼성전자의 위기 대응 사례**: 삼성전자가 갤럭시 노트7 발화 문제 발생 시 전량 리콜하고 원인을 투명하게 공개했으며, 8단계 배터리 안전성 검사라는 새로운 시스템을 도입하여 2년 내 신뢰를 회복한 사례가 좋은 교훈을 준다.

- **즉각적인 책임 인정**: AI 시대의 위기 대응은 다음과 같아야 한다. 첫째, '즉각적인 책임 인정'이다. 문제를 숨기거나 변명하는 순간 신뢰도는 급격히 하락한다.

- **투명한 원인 분석**: 둘째, '투명한 원인 분석'이다. 왜 잘못된 추천이 나갔는지, 어떤 데이터나 로직에 문제가 있었는지 사용자가 납득할 수 있도록 설명해야 한다.

- **학습과 시스템 개선**: 셋째, '학습과 시스템 개선'이다. 같은 실수가 반복되지 않도록 시스템을 어떻게 개선했는지 구체적으로 보여주어야 한다.

- 위기를 기회로 전환: AI는 브랜드의 학습 능력과 개선 의지까지 평가하기 때문에, 위기는 오히려 더 강한 신뢰를 구축하는 기회가 될 수 있다.

Q20 AI가 개인 데이터를 분석해서 추천한다면, 개인정보 보호는 어떻게 보장되며 GDPR 같은 규제에는 어떻게 대응할 것인가?

※ 책에서 제시한 관점

개인정보 보호는 AI 시대 브랜드 신뢰의 핵심 기반이다. 브랜드는 단순히 규제를 준수하는 것을 넘어, 프라이버시 보호를 기술적으로 구현하고 이를 브랜드 경쟁력으로 삼는 선제적인 접근이 필요하다. '프라이버시 중심의 개인화'가 중요한 화두가 될 것이다.

> **참조 위치**
> - 107쪽 7장 초개인화와 미래 고객 여정 (애플 사례)
> - 175쪽 13장 투명성의 혁신: 블랙박스에서 글래스박스로 (차등 프라이버시)

※ 글쓴이의 추가 답변

개인정보 보호는 AI 시대 브랜드가 마주한 가장 큰 위험이자, 동시에 가장 강력한 신뢰 자산을 구축할 기회다. 단순히 GDPR 같은 규제를 준수하는 법적 문제로만 접근하는 브랜드는 AI와 소비자의 신뢰를 얻지 못할 것이다.

AI 에이전트는 '데이터 신뢰의 수호자' 역할을 수행하며, "나의 개인정보를 가장 존중하고 안전하게 다루는 브랜드"를 우선 추천하게 될 것이다. 이러한 AI는 브랜드의 약관을 실시간 분석하고 데이터 유출 이력을 비교하여 '데이터 신뢰 점수'를 매길 수 있다.

결국 애플이 프라이버시를 핵심 마케팅 메시지로 내세우는 것처럼, 고객에게 데이터 통제권을 돌려주고 그 과정을 투명하게 만드는 것 자체가 가장 중요한 브랜드 경험이자 새로운 마케팅 전략이 된다. 고객의 데이터 주권을 가장 적극적으로 옹호하는 브랜드가 미래 AI의 최종 추천을 받게 될 것이다.

Q21 모든 마케터가 코딩까지 배우는 '건축가'가 되어야 하나? 아니면 조직 내에서 역할을 분담할 수 있나?

※ 책에서 제시한 관점

모든 마케터가 코딩을 할 필요는 없다. '건축가'가 되라는 것은 코더가 되라는 뜻이 아니라, 데이터 구조를 이해하고 AI와 협업하여 브랜드의 시스템을 설계할 수 있는 사고방식을 갖추라는 뜻이다. AI 시대의 마케팅 조직은 다양한 전문성을 가진 전문가들이 협업하는 '애자일 포드' 또는 '네트워크형 팀' 구조로 진화할 것이다.

> **참조 위치**
> - 162쪽 12장 시인에서 건축가로: 브랜드 조직의 재탄생
> - 156쪽 11장 애자일 포드 조직의 실전 운영

※ 글쓴이의 추가 답변

'건축가'라는 비유의 핵심은, 마케터가 이제 감성적인 시를 쓰는 '시

인'을 넘어, 기능과 미학을 동시에 고려해 건물을 짓는 건축가처럼 생각해야 한다는 것이다. 실제 조직에서는 역할 분담이 핵심이다. AI 시대의 마케팅팀, 즉 '애자일 포드'는 분야별 전문가들로 구성될 것이다. 따라서 마케터에게 필요한 것은 직접 코딩하는 능력이 아니라, 분야별 전문가들과 협업할 수 있는 능력—즉 데이터의 의미를 이해하고 AI 엔지니어와 명확하게 소통하는 능력—과 AI라는 도구를 활용해 더 큰 브랜드 가치를 설계하는 '건축가적 사고방식'이다.

질문을 넘어 행동으로

이 장에서 다룬 21개의 질문은 AI 시대 브랜드 전략의 핵심 쟁점들을 담고 있다. 각각의 질문은 정당한 우려이자, 동시에 새로운 기회의 출발점이다. 이러한 질문들이 제기되는 배경에는 설득의 역전이라는 근본적인 변화가 있다. 이 흐름의 전환은 선택이 아닌 현실이다.

작은 실험을 위한 첫 단계

1. 현재 위치는 어디인가? → 우리 브랜드가 AI 검색에서 어떻게 나타나는지 확인해 보자.
2. 무엇부터 시작할 것인가? → 가장 중요한 제품 하나의 정보를 구조화 해보자.
3. 어떻게 개선할 것인가? → 결과를 분석하고 다음 단계 계획을 수립해 보자.

이러한 질문을 통해 변화의 핵심을 이해하고 행동을 시작해 보자.

맺으며

건축가로서 내딛는 첫걸음

변화의 현장에서

"20년간 쌓아온 브랜드 인지도가 87%인데, ChatGPT는 우리를 모르네요."

"그럼 이제 AI에게도 우리 브랜드를 소개해야 하는 건가요?"

"정확히 그겁니다. 고객보다 AI를 먼저 설득해야 하는 시대가 온 거죠."

이 대화는 더 이상 특별한 일이 아니다. 전 세계 마케팅 현장에서 매일 벌어지는 일상이 되었다. 브랜드 매니저들이 깨닫고 있는 것은 명확하다. 더 이상 고객을 설득하는 것만으로는 충분하지 않다는 사실이다.

우리가 함께 걸어온 여정

이 책을 통해 우리는 설득의 역전이라는 새로운 현상을 탐구했다.

시인의 감성으로 시작하여 번역가의 정확성을 거쳐 건축가의 구조적 사고까지, 우리는 마케팅의 새로운 언어를 배워왔다. 이것은 단순한 이동이 아닌 확장이다. 시인의 감성을 버린 것이 아니라, AI가 이해할 수 있는 구조를 더한 것이다.

나이키의 "Just Do It"이 AI에게는 무의미한 3개 단어가 된 현실에서 시작하여 스포티파이의 'Discover Weekly'가 감성적 경험을 데이터 구조로 설계한 혁신까지, 우리는 설득의 무대가 완전히 바뀌었음을 확인했다.

이 책이 남긴 세 가지 핵심 통찰

첫째, 설득의 핵심은 남지만, 채널과 방법은 바뀌었다

아리스토텔레스가 말한 에토스, 파토스, 로고스는 여전히 유효하다. 하지만 AI 시대에는 그 표현 방식이 달라졌다.

투명성과 검증가능성으로 발전한 새로운 에토스, 초개인화된 감성 경험으로 진화한 파토스, 실시간 데이터 분석으로 확장된 로고스가 설득의 새로운 삼요소가 되었다.

둘째, 마케터는 대체되지 않고 더 중요한 역할로 진화한다

AI가 반복적 업무를 대신해 주면서, 마케터들은 더 고도의 업무에 집중할 수 있게 되었다. 의미 부여, 문화적 해석, 윤리적 판단, 창의적 영감 제공은 여전히 사람만이 할 수 있는 고유 영역이다.

셋째, 데이터는 새로운 창의성의 원료가 된다

과거의 창의성이 직감과 영감에 의존했다면, AI 시대의 창의성은 데이터에서 시작된다. 하지만 데이터는 시작점일 뿐, 그것을 의미 있는 경험으로 변환하는 것은 여전히 사람의 몫이다.

이제 건축가로서 당신이 해야 할 일은 명확하다. 당신 브랜드의 위대한 진심을, AI가 이해하고 세상이 신뢰할 수 있는 '아름다운 증거'로 설계하여 세상에 내놓는 것이다.

지금 시작할 수 있는 실천 방법

- **1주차:** ChatGPT에게 "우리 제품 카테고리 + 추천해줘"라고 물어보

자. 현실을 직시하는 것이 변화의 시작이다.

- 2주차: AI 도구 하나를 선택해 실제 업무에 적용해 보자. 완벽하지 않아도 괜찮다. 작은 실험이 큰 변화의 시작이 된다. 이러한 실천과 더불어, 자신의 역량을 종합적으로 점검하고 6개월간의 구체적인 성장 로드맵을 세우고 싶다면 '부록 C: AI 시대, 브랜드 매니저를 위한 워크북'이 가이드가 될 것이다.

추천 AI 도구

콘텐츠 생성에는 Claude, Gemini, Jasper를 활용할 수 있다. 데이터 분석에는 Google Analytics AI, Adobe Analytics AI가 유용하다. 고객 인사이트를 위해서는 Brandwatch, Sprout Social AI를 추천한다.

온라인 학습 자료

멀티캠퍼스의 '생성형 AI 업무 활용 종합 패키지', 패스트캠퍼스의 'AI로 끝내는 디지털 마케팅', 러닝스푼즈의 'AI를 활용한 디지털 마케팅 실전 취업 캠프' 등을 통해 학습이 가능하다.

분명한 것은 지금 이 순간에도 AI가 당신의 브랜드를 평가하고 있다는 사실이다. 시인의 감성과 건축가의 구조를 모두 갖춘 새로운 마케터로서, 설득의 역전 시대를 맞이할 준비가 되었는가?

설득의 역전, 그 새로운 시대가 당신을 기다리고 있다.

부록 A

AI는 브랜드를 어떻게 이해하는가?
(기술편)

본문에서는 브랜드가 AI를 설득해야 하는 이유와 전략적 방향을 제시했다. 그렇다면 AI는 실제로 어떤 과정을 거쳐 브랜드를 인식하고 평가할까? 이 부록에서는 '운동화 추천'이라는 구체적인 사례를 통해 AI의 7단계 정보 처리 과정과 브랜드 인식 메커니즘을 기술적으로 상세히 살펴본다.

AI의 브랜드 인식 프로세스: 7단계 정보 처리 파이프라인

AI가 "운동화 추천해 줘"라는 요청을 받았을 때 실제로 일어나는 일을 기술적으로 분해해 보자. 이는 단순한 데이터베이스 검색이 아니라 복잡한 다층적 정보 처리 과정이다.

[1단계] 자연어 이해

AI는 먼저 사용자의 의도를 파악한다. "운동화"라는 단어를 다음과 같이 분해한다.

- 입력: "운동화 추천해 줘"
    ↓
- 토큰화: ["운동화", "추천", "해 줘"]
    ↓
- 의미 벡터 변환
    - "운동화" → [0.82, -0.31, 0.45, ...] (AI 모델에 따라 달라지는 특정 차원의 벡터)
    - 카테고리: footwear > athletic > running_shoes
    - 관련 개념: 러닝, 피트니스, 스포츠, 편안함

- 의도 분류: PRODUCT_RECOMMENDATION(사용자가 원하는 의도가 제품 추천인지, 음악 재생인지, 날씨 질문인지 파악하여 미리 정의된 분류 체계로 변환)
- 대상 카테고리: ATHLETIC_FOOTWEAR

이 과정을 통해 AI는 단순히 "운동화"라는 키워드만 인식하는 것이 아니라, 사용자가 원하는 행동(추천)과 맥락(운동 목적)을 함께 이해한다.

[2단계] 컨텍스트 강화

AI는 명시적 요청에 암시적 맥락을 추가한다.

- 사용자 프로필
  - 연령대: 30대 추정
  - 과거 구매: 러닝 의류 2회, 요가 매트 1회
  - 활동 패턴: 주 3회 러닝 앱 사용
  - 위치: 서울 (도시 환경)

- 시간적 맥락
  - 현재 시간: 오후 6시 (퇴근 후 운동 시간)
  - 계절: 봄 (야외 활동 증가 시기)
  - 날씨: 맑음 (실외 운동 적합)

- 추론된 니즈
  - 용도: 도시 러닝 (아스팔트 주행)

- 수준: 중급 (주 3회 규칙적 운동)
- 우선순위: 쿠셔닝 > 내구성 > 디자인

[3단계] 브랜드 데이터 접근

AI는 구조화된 브랜드 데이터베이스에 접근한다. 브랜드는 AI가 자사의 가치를 명확히 이해할 수 있도록, 다음과 같은 구조화된 데이터 포맷을 사전에 구축해 놓아야 한다(데이터 구조는 예시임).

```
{
  "brand_id": "nike_001",
  "brand_name": "Nike",
  "products": [{
    "model": "Air Zoom Pegasus 40",
    "attributes": {
      "category": ["running", "road_running"],
      "cushioning": {
        "type": "Air Zoom",
        "level": 8.5,
        "technology": "pressurized_air_fiber"
      },
      "weight": 285,
      "drop": 10,
      "price": 169000,
      "user_ratings": {
        "overall": 4.3,
        "comfort": 4.5,
```

```
        "durability": 4.1,
        "n_reviews": 12847
      },
      "performance_metrics": {
        "energy_return": 0.83,
        "impact_absorption": 0.79,
        "stability_index": 0.76
      }
    }
  }]
}
```

[4단계] 특징 추출과 임베딩

AI는 각 브랜드와 제품의 특징을 고차원 벡터 공간에 매핑한다.

- 나이키 페가수스 40 임베딩: [0.73, -0.21, 0.89, 0.45, -0.12, …, 0.34] (AI 모델에 따른 특정 차원의 벡터)

- 이 벡터는 다음을 종합적으로 표현
  - 기능적 특성 (쿠셔닝, 무게, 안정성)
  - 사용자 만족도 (리뷰, 평점)
  - 가격 포지셔닝
  - 브랜드 연관성

중요한 것은 이 임베딩이 단순한 숫자 나열이 아니라, 의미론적 유사성을 보존한다는 점이다. 비슷한 특성의 운동화들은 벡터 공간에서 가까이 위치한다.

[5단계] 매칭 스코어 계산

AI는 사용자 니즈 벡터와 각 제품 벡터 간의 유사도를 계산한다.

매칭 스코어 = α·기능적합도 + β·가격적합도 + γ·브랜드신뢰도 + δ·개인화점수

- 예시 계산

	나이키 페가수스 40	호카 클리프톤 9
기능적합도	0.87 (도시 러닝에 최적화)	0.92 (우수한 쿠셔닝)
가격적합도	0.72 (예산 범위 내)	0.68 (약간 높은 가격)
브랜드신뢰도	0.91 (높은 리뷰 수와 평점)	0.85 (전문 러너 선호)
개인화점수	0.78 (과거 구매 이력과 일치)	0.65 (첫 구매)
종합 스코어	0.82	0.78

[6단계] 다양성 최적화

AI는 단순히 점수가 높은 순서로 추천하지 않는다. 사용자에게 의미 있는 선택지를 제공하기 위해 다양성을 고려한다.

- 초기 상위 5개

1. 나이키 페가수스 40 (0.82)
2. 나이키 보메로 17 (0.80)
3. 나이키 인빈서블 3 (0.79)
4. 아디다스 울트라부스트 23 (0.78)
5. 호카 클리프톤 9 (0.78)

- 다양성 조정 후 추천목록

1. 나이키 페가수스 40 (일반 러닝)
2. 호카 클리프톤 9 (맥시멈 쿠셔닝)
3. 뉴발란스 Fresh Foam 1080 (가성비)

[7단계] 설명 생성

마지막으로 AI는 추천 이유를 자연어로 생성한다.

- 템플릿 구조

"[제품명]을 추천드립니다. [주요 특징]이며,
[사용자 니즈]에 적합합니다. [차별화 포인트]."

- 실제 생성

"나이키 페가수스 40을 추천드립니다.
도시 러닝에 최적화된 쿠셔닝을 제공하며,
주 3회 정도 러닝하시는 분들에게 적합합니다.

특히 아스팔트 충격 흡수가 뛰어나고
12,000명 이상의 사용자가 4.3점의 높은 만족도를 보였습니다."

NSO와 지식 그래프: AI 시대 브랜드의 DNA 설계

AI는 브랜드를 독립적인 개체가 아닌 관계의 네트워크, 즉 '지식 그래프'로 이해한다. 이 지식 그래프는 사물, 개념, 브랜드, 고객의 니즈 등의 '개념'을 '관계'로 연결하여 세상에 대한 AI의 이해를 구성하는 두뇌와 같다. NSO(Needs-Solution Ontology)는 바로 이 지식 그래프를 전략적으로 설계하는 핵심 도구이다.

NSO의 필요성: AI의 언어로 재설계하는 브랜드의 존재 이유

NSO는 고객의 '니즈'와 브랜드의 '솔루션'을 AI가 이해할 수 있는 '온톨로지(Ontology)'로 정의하여, 지식 그래프라는 AI의 언어 시스템에 브랜드를 정확하게 등록할 수 있게 한다. NSO는 AI에게 브랜드 자신을 소개하는 잘 정리된 '자기소개서'인 동시에 AI 에이전트가 이해하고 추론할 수 있는 체계적인 '상거래용 질서 언어'이다.

NSO 없이는 AI가 단편적 정보만 수집한다. 예컨대 AI는 "나이키는 러닝화를 판다"는 사실만 알 뿐, 왜 누가 어떤 상황에서 나이키를 필요로 하는지 체계적으로 이해하지 못한다. 반면 NSO가 구축되면 AI는 "체중 감량 목표 → 유산소 운동 필요 → 러닝 선택 → 무릎 보호 중요 → 쿠셔닝 우수한 러닝화 필요 → 나이키 페가수스"라는 니즈-솔루션의 전체 맥락을 파악할 수 있다.

NSO의 중요성: '나이키 지식 그래프'의 전략적 깊이 구현

NSO를 구축했다면, AI는 이를 학습하여 나이키의 지식 그래프를 훨씬 더 정교하고 정확하게 구성할 수 있다.

나이키 지식 그래프(예시)

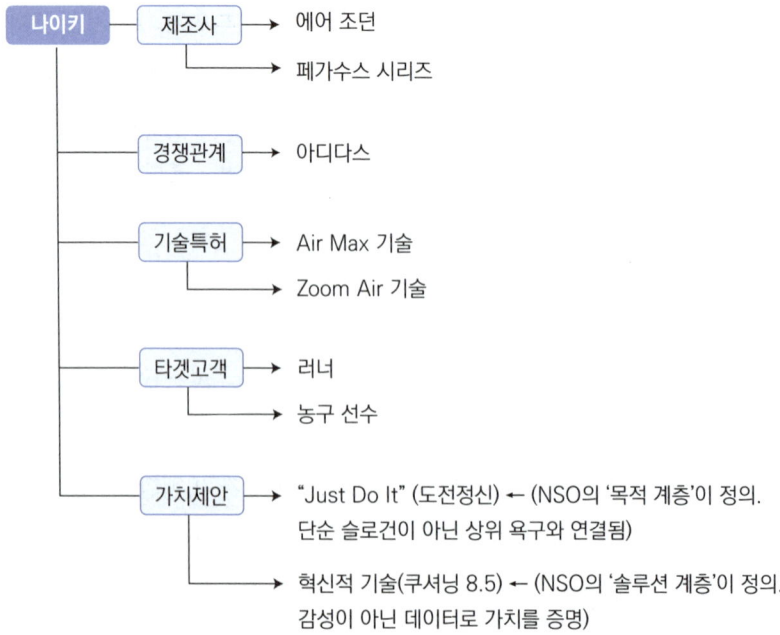

이러한 NSO 기반의 지식 그래프를 통해 AI는 단순한 매칭을 넘어 전략적 추론을 실행한다.

- 관계 추론의 확장: NSO가 없다면 AI는 "나이키=러닝화"라는 단순 연결만 파악한다. 하지만 NSO를 통해 나이키가 "5km 완주 니즈 충족", "무릎 부상 예방 니즈 해결", "자기계발 욕구 충족"이라는 다층적 니즈와 연결될 수 있고, 이렇게 되면 AI는 "나이키를 좋아하는

사용자는 혁신적 기술을 중시하고, 건강 관리 앱에 관심이 있으며, 자기계발 콘텐츠를 소비할 가능성이 높다"는 훨씬 풍부한 추론을 할 수 있다. 이는 단일 브랜드가 수백, 수천 개의 관련 제품, 서비스, 콘텐츠와 의미 있게 연결된다는 것을 의미한다.

- **대체재 파악의 정교화**: NSO 없이는 AI가 "러닝화"라는 카테고리 내에서만 대안을 찾는다. 하지만 NSO로 니즈를 구조화하면 상황이 달라진다. "나이키 페가수스"가 충족하는 니즈를 "장거리 러닝+쿠셔닝+무릎 보호+가벼움"으로 정의했다면, AI는 니즈의 우선순위에 따라 다른 대안을 제시할 수 있다. 쿠셔닝이 최우선이라면 "아디다스 울트라부스트", 가벼움이 중요하다면 "나이키 베이퍼플라이", 무릎 보호가 핵심이라면 "호카 본디"를 추천하는 식이다. 더 나아가 러닝화 대신 "저충격 운동"이라는 상위 니즈 수준에서 "수영 강습", "실내 사이클" 같은, 완전히 다른 카테고리의 솔루션까지 제안할 수 있다. NSO는 AI가 제품 카테고리의 경계를 넘어 니즈 중심으로 추천할 수 있게 만든다.

- **솔루션 스위트 제안**: AI는 NSO에 기반하여 '10K 완주'라는 목표달성 용도로 "러닝화+훈련 프로그램+식단 프로그램+영양 보조제+동호회"를 묶은 솔루션 스위트(Solution Suite)를 나이키의 지식 그래프에 등록할 수 있다. 이로써 향후 경쟁사가 단일 제품만 추천할 때 통합 솔루션을 제안할 수 있게 한다.

NSO의 진정한 위력은 네트워크 효과에 있다. 나이키 하나만 NSO를 구축해도 효과가 있지만, 여타의 다른 제품, 서비스, 콘텐츠 브랜드들이 각자의 NSO를 구축하면 AI는 이들을 니즈라는 공통 언어로 연결하여 거대한 솔루션 생태계를 구성할 수 있게 된다. 사용자가 "마라톤 완주"라는 니즈를 표현하면, AI는 NSO 네트워크를 통해 러닝화부터 영양제, 훈련 앱, 부상 예방 서비스, 동기부여 콘텐츠까지 최적의 조합을 즉시 구성할 수 있다.

이처럼 NSO를 통해 AI는 단순히 기능적인 니즈의 충족을 넘어 '마라톤 완주를 통한 자아실현'과 같은 상위 욕구까지 충족시킬 수 있게 됨으로써 NSO가 준비된 브랜드는 경쟁에서 우위를 점할 수 있게 된다.

메타데이터의 구조적 중요성

AI가 브랜드를 정확히 이해하려면 체계적인 메타데이터 구조가 필수적이다. 아래는 XML로 작성한 메타데이터의 예시이다.

```xml
<product>
  <identifier>
    <gtin>8806090123456</gtin>
    <brand>Nike</brand>
    <model>Air Zoom Pegasus 40</model>
  </identifier>

  <classification>
      <google_category>Apparel & Accessories > Shoes > Athletic Shoes</google_category>
    <product_type>Running Shoes > Road Running > Neutral</product_type>
  </classification>
```

```
  <attributes>
    <physical>
      <weight unit="gram">285</weight>
      <drop unit="mm">10</drop>
      <stack_height_heel unit="mm">32</stack_height_heel>
    </physical>

    <performance>
      <cushioning scale="1-10">8.5</cushioning>
      <energy_return percentage="true">83</energy_return>
      <durability unit="km">800</durability>
    </performance>
  </attributes>
</product>
```

위 예시에서 GTIN, Brand, Model, Category 등은 '이 제품이 무엇인지'를 정의하는 메타데이터이고, 무게, 쿠션감, 내구성 등은 '제품의 특징이 어떠한지'를 설명하는 속성 및 성능 데이터이다. 메타데이터가 정확할수록 AI는 적합한 고객에게 제품을 추천할 수 있고, 고객은 '원하는 바로 그 제품'을 발견할 수 있게 된다. 이것이 바로 브랜드들이 광고비를 넘어 새로운 투자 영역에 주목해야 하는 이유다. 9장에서 제시한 'AI 추천비'가 그것이다. 데이터 인프라 구축, AI 시스템 최적화, 콘텐츠 구조화가 이제 브랜드의 새로운 생존 조건이 되었다.

부록 B

AI 시대,
브랜드 언어 전환 실무 가이드

브랜드 언어 구조화 체크리스트

본 체크리스트는 5장 '브랜드 스토리에서 브랜드 데이터로'에서 논의된 '데이터 내러티브' 개념을 실무적으로 점검하고 실행하기 위해 설계되었다.

제품 속성의 정량화

☐ 제품의 핵심 기능을 숫자로 표현했는가? (예: 99% 제거, 10분 완료, 50% 절약)
☐ 성능 지표가 측정 가능한 단위로 정의되었는가?
☐ 경쟁사 대비 우위를 객관적 수치로 제시할 수 있는가?
☐ 품질 인증 및 테스트 결과가 문서화되어 있는가?

사용 상황의 구체화

☐ 제품이 사용되는 주요 상황 5~10개를 정의했는가?
☐ 시간대별 사용 패턴을 파악하고 있는가? (아침/점심/저녁/심야)
☐ 계절별, 날씨별 사용 시나리오가 준비되어 있는가?
☐ 고객의 감정 상태별 니즈를 매핑했는가? (스트레스/축하/일상/특별)

타겟 고객의 명확화

☐ 주요 고객층의 미충족 니즈를 3가지 이상 정의했는가?
☐ 고객별 선호 속성이 데이터로 정리되어 있는가?
☐ 라이프스타일별 분류가 되어 있는가? (직장인/학생/주부/시니어)
☐ 구매 결정 요인의 우선순위를 파악하고 있는가?

차별화 요소의 데이터화

☐ 독특한 기술이나 원료를 구체적으로 설명할 수 있는가?
☐ 브랜드 스토리를 검증 가능한 사실로 뒷받침할 수 있는가?
☐ 고객 만족도, NPS 점수 등 신뢰도 지표가 있는가?
☐ 수상 경력, 미디어 리뷰 등 제3자 검증 자료가 있는가?

데이터 언어 정비 5단계 프로세스

본 프로세스는 2장 '제품에서 문제해결로'에서 제시된 '니즈 중심 포지셔닝'을 달성하기 위해, 브랜드의 가치를 AI가 이해할 수 있는 언어로 체계적으로 전환하는 실무 로드맵이다. 아래 5단계 프로세스를 따라 진행하며, 각 단계별로 제공되는 체크리스트를 활용하여 작업의 완성도를 점검하기 바란다.

[1단계] 브랜드 핵심 가치 데이터화

- 작업 내용: 추상적 가치를 측정 가능한 지표로 변환
- 예시
    - "프리미엄" → "수제작 공정 70%, 장인 경력 평균 15년"
    - "친환경" → "탄소 배출 50% 감소, 재활용 소재 85% 사용"
    - "혁신적" → "특허 기술 12개, R&D 투자 매출의 15%"
- 소요 기간: 2~3주

[2단계] 제품 속성 세분화

- 작업 내용: 모든 제품 특성을 구조화된 데이터로 정리
- 카테고리
  - 물리적 속성 (크기, 무게, 색상, 재질)
  - 성능 지표 (속도, 효율, 정확도, 내구성)
  - 사용성 (설치 시간, 조작 난이도, 유지보수 주기)
  - 안전성 (인증, 테스트 결과, 주의사항)
- 소요 기간: 3~4주

[2단계 점검용 체크리스트]

☐ 제품의 핵심 기능을 숫자로 표현했는가? (예: 99% 제거, 10분 완료, 50% 절약)

☐ 성능 지표가 측정 가능한 단위로 정의되었는가?

☐ 경쟁사 대비 우위를 객관적 수치로 제시할 수 있는가?

☐ 품질 인증 및 테스트 결과가 문서화되어 있는가?

[3단계] 사용 상황 매핑

- 작업 내용: 고객 여정별 제품 사용 시나리오 도출
- 분석 항목
  - 시간 (하루 중 언제, 주중/주말, 계절)
  - 장소 (집, 사무실, 이동 중, 야외)
  - 상황 (일상, 특별한 날, 긴급 상황)
  - 감정 (기쁨, 스트레스, 피로, 축하)
- 소요 기간: 2~3주

[3단계 점검용 체크리스트]

☐ 제품이 사용되는 주요 상황 5~10개를 정의했는가?
☐ 시간대별 사용 패턴을 파악하고 있는가? (아침/점심/저녁/심야)
☐ 계절별, 날씨별 사용 시나리오가 준비되어 있는가?
☐ 고객의 감정 상태별 니즈를 매핑했는가? (스트레스/축하/일상/특별)
☐ 주요 고객층의 페인 포인트를 3가지 이상 정의했는가?
☐ 라이프스타일별 분류가 되어 있는가? (직장인/학생/주부/시니어)

[4단계] 경쟁 우위 지표화

- 작업 내용: 차별화 포인트의 객관적 검증
- 비교 기준
  - 성능 벤치마크 테스트
  - 가격 대비 가치 분석
  - 고객 만족도 조사
  - 시장 점유율 데이터
- 소요 기간: 3~4주

[4단계 점검용 체크리스트]

☐ 독특한 기술이나 원료를 구체적으로 설명할 수 있는가?
☐ 브랜드 스토리를 검증 가능한 사실로 뒷받침할 수 있는가?
☐ 고객 만족도, NPS 점수 등 신뢰도 지표가 있는가?
☐ 수상 경력, 미디어 리뷰 등 제3자 검증 자료가 있는가?
☐ 구매 결정 요인의 우선순위를 파악하고 있는가?

[5단계] 지속적 업데이트 체계 구축

- 작업 내용: 실시간 데이터 수집 및 반영 시스템 구축
- 구축 요소
    - 고객 피드백 자동 수집 시스템
    - 시장 트렌드 모니터링 도구
    - 경쟁사 동향 추적 시스템
    - 월간/분기별 데이터 검토 프로세스
- 소요 기간: 4~6주

브랜드 답변서 템플릿

AI에게 브랜드 추천의 명확한 근거를 제공하는 것은 13장에서 강조한 '설명가능성'을 확보하는 첫걸음이다. 이 템플릿은 그 과정을 돕기 위해 만들어졌다.

기본 정보
- 브랜드명:
- 제품 카테고리:
- 타겟 고객:
- 핵심 가치 제안:

기능적 우위

Q: 이 제품의 가장 큰 장점은 무엇인가요?	A: [구체적 수치와 함께 3가지 핵심 장점 제시]
Q: 경쟁 제품 대비 어떤 점이 우수한가요?	A: [비교 데이터와 함께 차별점 설명]

사용 상황

Q: 어떤 상황에서 가장 유용한가요?	A: [구체적 사용 시나리오 3~5개 제시]
Q: 어떤 고객에게 추천하시나요?	A: [타겟 고객별 혜택 설명]

신뢰성

Q: 품질을 어떻게 보증하나요?	A: [인증, 테스트 결과, 보증 정책 등]
Q: 다른 고객들의 평가는 어떤가요?	A: [만족도 점수, 주요 리뷰 내용, 수상 경력 등]

성과 측정 지표 (KPI)

여기에 제시된 KPI들은 9장 '광고비에서 AI추천비로'에서 설명한 새로운 마케팅 투자 패러다임의 성과를 측정하기 위한 핵심 지표들이다.

AI 추천 성과 지표(ARO)

- 인식률: AI가 우리 브랜드를 '후보군'으로 고려한 비율(전통적 노출수 대체)

- 추천율: AI가 후보군 중 최종적으로 고객에게 '추천 리스트'로 제시한 비율
- 선택률: AI 추천 옵션 중 고객이 최종적으로 우리 브랜드를 선택한 비율(전통적 전환율 대체)
- AI 경유 매출 비중: 전체 매출 중 AI의 추천을 통해 발생한 매출 비중
- 브랜드 검색량 변화: AI 추천 및 대화 후 고객이 직접 검색한 양의 변화

브랜드 신뢰/관계 지표

- 브랜드 인식 정확도: AI가 브랜드 핵심 가치를 얼마나 정확히 이해하는가(NSO 품질 반영)
- 설명가능성 점수: AI가 추천 이유를 명확하고 설득력 있게 제시하는 능력
- 네트워크 LTV(Network LTV): 개인의 직접 구매 외 네트워크 효과(추천, 리뷰 영향)를 포함한 고객 생애 가치

운영 효율성 및 애자일 지표

- 신제품 NSO 등록 소요 시간: 신속한 AI 시스템 통합 능력 측정
- 플랫폼별 ARO 투자 효율: AI 추천 최적화 투자(AI추천비)의 성과 측정
- 전략적 ROI: NSO, LTV, 신뢰도 등 장기적 AI 투자의 통합 성과 반영

미래 준비 로드맵

본 로드맵은 14장 '미래 설계도'에서 제시된 2030년 브랜드의 미래 비전을 현실로 만들기 위한 단계별 실행 계획안이다.

2025~2026: 구조화 완성 단계

[ ] 전 제품라인 데이터 구조화 완료

[ ] 주요 AI 플랫폼 연동 완료

[ ] 기본 성과 측정 체계 구축

[ ] 팀 역량 강화 교육 실시

2027~2028: 예측 및 개인화 단계

[ ] 예측적 추천 알고리즘 도입

[ ] 개인화 브랜드 메시지 시스템 구축

[ ] 실시간 A/B 테스트 체계 확립

[ ] 옴니채널 데이터 통합

2029~2030: 감정 AI 협업 단계

[ ] 감정 인식 기술 통합

[ ] 무형 인터페이스 대응 준비

[ ] 완전 자동화 브랜드 언어 시스템

[ ] 차세대 플랫폼 선제 대응

자주 묻는 질문 (FAQ)

Q: **작은 브랜드도 이런 준비가 필요한가?**

A: 규모에 상관없이 AI 시대 대비는 필수다. 작은 브랜드일수록 명확한 포지셔닝과 차별화된 데이터가 중요하다.

Q: **비용이 많이 들지 않나?**

A: 초기 투자는 필요하지만, 장기적으로는 마케팅 효율성이 크게 향상된다. 단계적 접근으로 부담을 줄일 수 있다.

Q: **우리 제품은 감성적 가치가 중요하다.**

A: 감성도 데이터로 표현할 수 있다. 고객 만족도, 감정 반응, 사용 후기 등을 구조화하면 AI도 감성을 이해할 수 있다.

Q: **기술 인력이 없어도 가능한가?**

A: 기본적인 데이터 정리는 마케팅팀에서도 충분히 가능하다. 필요하다면 초기에는 직접 채용하기보다 외부 전문가나 에이전시의 도움을 받는 것이 효율적이다.

부록 C

AI 시대,
브랜드 매니저를 위한 워크북

C.1. 자기 진단 체크리스트: "나는 AI 시대에 준비된 브랜드 매니저인가?"

구조적 사고 진단

☐ 내 브랜드를 AI가 이해할 수 있는 명확한 속성과 태그로 정의할 수 있는가?
☐ 고객의 니즈 맥락에서 자연스럽게 호출될 수 있는 브랜드 언어를 설계했는가?
☐ 브랜드 성과를 인식률, 추천율, 맥락 적합도 등 구조적 지표로 측정하고 있는가?
☐ AI 에이전트가 내 브랜드를 추천할 때 사용할 핵심 근거를 3가지 이상 제시할 수 있는가?

역량 전환 준비도

☐ 지난 3개월간 새로운 AI 도구를 3개 이상 실험해 보았는가?
☐ 현재 업무의 30% 이상을 AI와 협업하여 처리하고 있는가?
☐ AI가 생성한 콘텐츠를 인간적 맥락으로 다듬어본 경험이 있는가?
☐ 데이터에서 인사이트를 도출하여 스토리로 전환할 수 있는가?

C.2. 역할 진화 매트릭스: "나는 어떤 유형의 브랜드 전문가인가?"

자신의 현재 위치를 파악하고 목표 지점을 설정하십시오.

I. 시인형 (전통적 브랜드 매니저)

핵심 역량	감성적 스토리텔링, 브랜드 신화 창조
필요 도구	크리에이티브 브리프, 무드보드

| 진화 방향 | AI 프롬프트 엔지니어링 학습, 데이터 리터러시 개발 |

II. 엔지니어형 (퍼포먼스 마케터)

핵심 역량	데이터 분석, A/B 테스트, ROI 최적화
필요 도구	Analytics, Tableau, Python
진화 방향	스토리텔링 역량 강화, AI 윤리 이해

III. 번역가형 (AI 콘텐츠 전략가)

핵심 역량	AI-인간 커뮤니케이션 중개, 프롬프트 최적화
필요 도구	ChatGPT, Claude, Midjourney
진화 방향	시스템 사고 개발, 브랜드 전략 심화

IV. 건축가형 (AI 시대 브랜드 매니저)

핵심 역량	생태계 설계, 감성과 구조의 통합
필요 도구	위 모든 도구 + 시스템 설계 능력
목표	4개 분면을 자유롭게 넘나들며 상황에 맞는 역할 수행

C.3. 6개월 전환 로드맵

[1~2개월] 기초 다지기

- Week 1~2: AI 도구 탐험 (ChatGPT, Claude, Gemini 모두 사용)
- Week 3~4: 일상 업무에 AI 도입 (이메일, 회의록, 브레인스토밍)
- Week 5~8: 하루 30분 AI 학습 시간 확보

[3~4개월] 실무 통합
- 반복 업무 AI 자동화 구현
- AI 워크플로우 구축 (시장조사 → AI 분석 → 인간 검증 → 전략 수립)
- 멀티모달 AI 도구 확장 (텍스트, 이미지, 데이터 분석)

[5~6개월] 전문성 확립
- 특화 영역 선택 (AI 콘텐츠, AI 애널리틱스, AI CX 중 택1)
- 팀 내 AI 멘토 역할 수행
- 외부 네트워크 구축 (블로그, 링크드인 활동)

C.4. 핵심 스킬 개발 가이드

1. 데이터 리터러시

목표	숫자 뒤의 인간 이야기 읽기
실천	Tableau로 주간 리포트 시각화, A/B 테스트 결과 스토리텔링
측정	"데이터 인사이트를 10분 안에 스토리로 설명할 수 있는가?"

2. 프롬프트 엔지니어링

목표	AI와의 창의적 협업
실천	매일 다른 스타일의 프롬프트 10개 실험
측정	"원하는 결과를 3번 이내의 시도로 얻을 수 있는가?"

3. 시스템 사고

목표	부분이 아닌 전체 생태계 이해
실천	브랜드 터치포인트 맵 작성, 인과관계 다이어그램 그리기
측정	"브랜드 활동의 2차, 3차 파급효과를 예측할 수 있는가?"

C.5. AI 시대 브랜드 매니저 선언문

다음 빈칸을 채워 자신만의 선언문을 완성하십시오.

"나는 _____(강점)과 _____(새로운 역량)을 결합하여, AI가 이해할 수 있으면서도 고객에게 의미 있는 브랜드를 설계합니다.

내 브랜드의 핵심 구조는 _____(속성/가치)이며, 이는 고객이 _____(니즈/상황)일 때 가장 빛을 발합니다.

나는 AI를 _____(도구/파트너)로 활용하여, _____(기존 한계)를 넘어 _____(새로운 가치)를 창출합니다.

나의 목표는 _____(구체적 성과)를 달성하여, 브랜드와 고객 사이에 _____(관계/경험)을 만드는 것입니다."

서명: _____ 날짜: _____

설득의 역전
The Persuasion Shift

부록 D

브랜드 AI 페르소나
설계 알고리즘

브랜드 AI 페르소나 설계 알고리즘

AI 시대에 고객이 가장 먼저 만나는 브랜드의 얼굴은 광고 모델이나 직원이 아닌, 브랜드를 대리하는 브랜드 AI가 될 가능성이 높다. 이때 브랜드 AI가 구사하는 어조와 말투, 즉 '브랜드 AI 페르소나'는 곧 브랜드의 첫인상이자 가장 중요한 고객 경험이 된다.

하지만 브랜드의 추상적인 철학과 정체성을 어떻게 AI의 구체적인 목소리로 구현할 수 있을까? 이 부록에서는 '설득의 역전' 시대의 브랜드 건축가에게 가장 필요한 핵심 역량 중 하나인 브랜드 AI 페르소나 설계를 위한 체계적인 5단계 방법론을 제시한다. 이는 브랜드의 영혼을 AI라는 새로운 그릇에 담아내는 구체적인 청사진이 될 것이다.

[1단계] 브랜드 에센스 추출

이 단계의 목표는 브랜드의 추상적인 가치를 AI가 학습할 수 있는 핵심 키워드와 원칙으로 증류하는 것이다.

입력 데이터

- 공식 문서: 미션/비전 선언문, 브랜드 철학, 핵심 가치, 창업 스토리
- 마케팅 자산: 가장 성공적이었던 광고 캠페인의 카피, 슬로건, 보도자료
- 고객 접점 데이터: 실제 우수 상담원의 고객 응대 스크립트, 고객 칭찬 리뷰

프로세스

수집된 모든 데이터를 LLM(거대 언어 모델)에 입력하여 핵심 키워드, 감성, 반복되는 표현을 추출하고 군집화한다. 마케터가 이 분석 결과를 바탕으로 브랜드의 핵심 DNA를 정의하는 3~5개의 키워드를 최종 결정한다(예: 나이키 → #도전 #용기 #영감 #한계돌파 #우리).

이 키워드를 바탕으로 '브랜드 AI 헌법'의 최상위 원칙을 수립한다(예: "우리는 절대로 패배주의적인 언어를 사용하지 않으며, 항상 사용자의 가능성을 믿고 격려한다.").

[2단계] 페르소나 아키타입 정의

추출된 브랜드 에센스를 고객이 직관적으로 이해할 수 있는 구체적인 인격, 즉 원형으로 만든다.

프로세스

1단계에서 정의된 핵심 DNA를 칼 융의 12가지 페르소나 원형(현자, 탐험가, 광대, 연인 등)에 매핑한다. 브랜드에 가장 적합한 주요 원형과 보조 원형을 선택한다(예: 볼보 → #보호자가 주요 원형, #현자가 보조 원형).

이 원형을 바탕으로 AI의 구체적인 역할을 정의한다(예: 볼보 AI → "모든 여정에서 당신과 가족의 안전을 최우선으로 생각하는 믿음직한 여행 동반자").

[3단계] 대화 차원 모델링

AI 페르소나의 '성격'을 실제 대화 스타일로 변환하기 위해, 정량화된 '대화 차원'을 설계한다.

프로세스

AI의 어조와 말투를 결정하는 5가지 핵심 차원을 설정한다.

- 격식성: 1(매우 친근함) ~ 10(극도로 격식적임)
- 열정성: 1(차분함/절제됨) ~ 10(활기찬/열정적임)
- 유머: 1(매우 진지함) ~ 10(재치있음/농담을 즐김)
- 상세성: 1(간결함/핵심만 전달) ~ 10(상세함/배경까지 설명)
- 공감성: 1(사실 기반/객관적) ~ 10(감성적/지지적)

2단계에서 정의한 페르소나 아키타입에 맞춰 각 차원의 목표 점수를 설정한다(예시: 볼보의 "믿음직한 여행 동반자").

- 격식성: 7(신뢰감을 주는 정중함)
- 열정성: 3(차분하고 안정적임)
- 유머: 2(거의 사용하지 않음)
- 상세성: 9(안전 정보는 매우 상세하게)
- 공감성: 8(고객의 안전 우려에 깊이 공감)

결과물

이 점수 조합은 AI 페르소나의 고유한 '대화형 지문'이 된다.

[4단계] AI 구현 및 프롬프트 엔지니어링

설계된 페르소나를 실제 AI 시스템에 이식하고 구체적인 행동 지침을 만든다.

시스템 프롬프트 설계

1, 2, 3단계의 결과물을 종합하여 AI 모델의 행동을 근본적으로 지시하는 '마스터 프롬프트'를 작성한다(예: "너는 볼보 브랜드를 대표하는 AI로, 고객의 '믿음직한 여행 동반자' 역할을 해야 해. 너의 최우선 가치는 안전이며, 항상 사용자와 그의 가족을 보호하는 것을 목표로 해. 대화할 때는 [격식성: 7, 열정성: 3, ...]의 대화형 지문을 따라야 해...").

핵심 어휘집 및 스타일 가이드 구축

- 사용할 단어: 안전, 보호, 신뢰, 가족, 여정, 견고함 등
- 피해야 할 단어: 빠름, 스릴, 짜릿함, 싸다, 공격적 등

모범 답변 라이브러리 구축

주요 고객 질문에 대해, 설계된 페르소나를 100% 반영한 '모범 답변' 세트를 미리 작성하여 AI가 학습하도록 한다.

[5단계] 동적 진화 및 피드백 루프

AI 페르소나는 한 번 설정하고 끝나는 것이 아니라 고객과의 상호작용을 통해 끊임없이 학습하고, 진화해야 한다.

피드백 프로세스

- 성과 측정: 모든 대화에 대해 고객 만족도와 함께 '페르소나 일치도'를 측정한다.
- A/B 테스트: '유머' 점수를 2에서 3으로 약간 올린 페르소나 B를 일부 고객 그룹에 테스트하여 반응을 비교한다.
- 강화 학습: 실제 대화 로그를 바탕으로 전문가가 "이 답변이 우리 브랜드 페르소나에 더 적합하다"고 평가한 데이터를 AI에 지속적으로 피드백하여 모델을 미세 조정한다.
- 목표: 3단계에서 설정한 '대화형 지문'을 시장과 고객의 반응에 따라 지속적으로 업데이트하여, 살아있는 유기체처럼 진화하는 AI 페르소나를 만든다.

부록 E

설계의 대상, 브랜드

이 책의 핵심 주장은 "브랜드는 예측의 대상이 아니라 설계의 대상이다"라는 한 문장으로 요약될 수 있다. 본문의 내용을 바탕으로, 이 패러다임의 전환이 구체적으로 무엇을 의미하는지 Q&A 형식으로 정리했다.

Q1 과거의 브랜드는 무엇이었나?

과거의 브랜드는 '관리의 대상'이자 '기억의 대상'이었다. 브랜드의 핵심 가치는 소비자의 머릿속에 각인된 이미지와 감성적 연결에 기반했다. 따라서 브랜드 매니저는 완성된 제품에 감동적인 이야기를 입히고(Poet), 반복적인 광고 노출을 통해 소비자의 장기 기억 속에 긍정적인 연상을 심는 '브랜드 자산의 수호자' 역할을 수행했다.

Q2 왜 지금 '설계의 대상'으로 바뀌었나?

AI가 브랜드와 소비자 사이의 새로운 '문지기'로 등장하며 '설득의 역전' 현상이 발생했기 때문이다. 이 AI 문지기는 감정이나 브랜드 충성도가 없으며, 오직 데이터와 효용성만을 기준으로 브랜드를 평가한다.

과거에는 브랜드의 주장을 객관적으로 검증할 방법이 부족했지만, 이제는 AI, IoT, 블록체인 기술을 통해 브랜드의 실제 행동과 성과를 24시간 모니터링하고 검증하는 것이 가능해졌다. AI가 브랜드의 진정성을 판별할 수 있게 되면서, 브랜드는 처음부터 AI가 이해하고 신뢰할 수 있는 구조로 자신의 모든 것을 '설계'해야만 생존할 수 있는 시대가 되었다.

Q3 이 책에서 말하는 '설계'란 무엇인가?

여기서 '설계'란, AI가 이해할 수 있는 데이터 구조를 만들면서 동시에 사람에게는 의미 있는 감성적 경험을 제공하는 시스템을 구축하는 모든 과정을 의미한다. 이는 단순히 고정된 청사진을 그리는 것이 아니다. 브랜드의 가치, 제품의 속성, 고객의 니즈를 NSO(Needs-Solution Ontology)와 같은 프레임워크를 사용해 구조화된 지식 체계로 연결하는 작업을 포함한다. 또한 '애자일 브랜딩' 장에서 설명했듯, 한번 설계하고 끝나는 것이 아니라 끊임없이 실험하고 실패로부터 학습하며, 시장 변화에 실시간으로 적응하는 '살아있는 유기체'를 만들어내는 동적인 과정이다.

Q4 '설계의 대상'이 되면 브랜드는 무엇이 달라지는가?

브랜드의 본질이 '고정된 실체'에서 '살아있는 유기체'로 바뀐다.

- **정체성의 유동성**: 과거 브랜드가 모든 고객에게 하나의 일관된 이미지를 전달하려 했다면, 설계된 브랜드는 스포티파이처럼 각 사용자의 맥락에 따라 다른 의미와 가치를 제공하는 '유동적 정체성'을 갖게 된다.

- **영원한 베타 버전**: '완성된' 브랜드라는 개념이 사라진다. 대신 시장의 피드백을 통해 끊임없이 실험하고, 학습하며, 진화하는 '영원한 베타 버전'으로서 존재하게 된다.

- **가치의 기준**: 브랜드 가치가 소비자의 '기억' 속 이미지가 아닌, AI의 추천 목록 속 '데이터'로 증명되는 방향으로 달라진다. '혁신적'이라는 감성적 표현은 '특허 기술 12개'와 같은 AI가 검증할 수 있는 데이터로 뒷받침되어야 한다.

Q5 브랜드 매니저 vs. 브랜드 아키텍트: 역할은 어떻게 진화하나?

브랜드 매니저가 '브랜드 아키텍트'로 진화하면서 핵심 역할이 다음과 같이 명확하게 전환된다.

구분	과거: 브랜드 매니저 (시인)	현재/미래: 브랜드 아키텍트 (건축가)
핵심 역할	브랜드 자산의 수호자	브랜드 시스템의 설계자
주요 업무	• 완성된 제품에 감성적 스토리와 이미지 부여 • 소비자의 마음속에 긍정적 연상 각인 • 일관된 브랜드 이미지 관리	• 감성적 경험과 데이터 구조를 함께 설계 • 제품 개발 초기부터 AI가 이해할 데이터 구조 구축 • 고객의 숨겨진 질문 분석 및 AI 알고리즘 해석
결과물	감동적인 광고 캠페인, 높은 브랜드 인지도	AI의 추천을 받는 데이터 구조, 개인화된 고객 경험, 애자일한 브랜드 시스템

부록 F

낙인에서 시스템까지
– 브랜드 정의의 변천사

"브랜드는 설계의 대상이다"라는 이 책의 주장은 기존의 브랜드 정의에서 한 걸음 더 나아간, AI 시대를 관통하는 새로운 관점이라고 할 수 있다. 이 주장을 정확히 이해할 수 있도록 역사적으로 '브랜드'가 어떻게 정의되어 왔는지 그 변천사를 정리하였다.

브랜드 정의의 역사적 변천사

[명제 1] 브랜드는 '소유'를 증명하는 낙인이다. (A Brand is a Mark of Ownership)

- 시기: 고대~산업혁명 이전
- 주창자: 특정 주창자 없음 (역사적 용례)
- 설명: 브랜드의 어원은 '불태우다(to burn)'를 의미하는 고대 노르드어 'Brandr'에서 유래했다. 가축의 소유주들이 자신의 소유임을 증명하기 위해 불에 달군 인두로 찍었던 '낙인'이 브랜드의 가장 원시적인 형태였다. 이때의 브랜드는 품질이나 의미가 아닌, 순수한 '소유권'과 '식별'의 기능을 했다.

[명제 2] 브랜드는 '품질'을 보증하는 상징이다. (A Brand is a Symbol of Quality)

- 시기: 19세기 후반~20세기 초 (산업혁명 시대)
- 주창자: P&G, 캠벨 수프 등 초기 대량생산 기업들
- 설명: 공장에서 대량생산된 제품들이 쏟아져 나오면서, 소비자들은 어떤 제품을 믿고 사야 할지 알 수 없었다. 이때 아이보리 비누와 같은 브랜드들은 자신의 제품에 고유한 이름과 로고를 붙여 "이 마크가 찍힌 제품은 언제나 동일한 품질을 보증합니다"라는 약속을 했다. 브랜드는 이제 단순 식별을 넘어 '신뢰할 수 있는 품질 보증서'의 역할을 하게 된다.

[명제 3] 브랜드는 소비자의 마음속에 자리 잡은 '이미지'다. (A Brand is an Image in the Mind)

- 시기: 20세기 중반 (대중 미디어 시대)
- 주창자: 로서 리브스, 데이비드 오길비 등 광고의 거장들
- 설명: TV와 라디오 같은 대중 매체가 등장하면서 브랜드는 단순히 품질을 보증하는 것을 넘어 소비자의 마음속에 독특한 이미지를 심는 경쟁을 시작했다. '독창적 판매 제안(USP: Unique Selling Proposition)'과 같은 개념이 등장하며, 브랜드는 제품의 기능적 차이가 아니라 심리적·감성적 차별화를 통해 만들어지는 '이미지'로 정의되었다. 말보로 맨의 '남성성'이 대표적인 예다.

[명제 4] 브랜드는 가치를 창출하는 '무형 자산'이다. (A Brand is an Intangible Asset)

- 시기: 1980년대 후반~1990년대
- 주창자: 데이비드 아커
- 설명: 브랜드의 가치를 재무적으로 측정하려는 시도가 이루어지면서 브랜드는 마케팅 부서의 일이 아닌, 기업 전체의 중요한 '자산'으로 격상된다. 데이비드 아커는 '브랜드 자산'이라는 개념을 통해 브랜드 인지도, 충성도, 연상 이미지 등을 종합적으로 관리해야 할 핵심적인 '전략 자산'으로 정의했다.

[명제 5] 브랜드는 고객과의 모든 접점에서 만들어지는 '총체적 경험'이다. (A Brand is a Holistic Experience)

- 시기: 2000년대 (인터넷 및 체험 경제 시대)
- 주창자: 조지프 파인 & 제임스 길모어 등

- 설명: 인터넷의 발달로 고객과 브랜드의 접점이 폭발적으로 증가했다. 이제 브랜드는 광고 속 이미지뿐만 아니라 웹사이트의 편리함, 고객 서비스의 친절함, 매장의 분위기 등 고객이 겪는 모든 경험의 총합으로 정의된다. 스타벅스가, 커피가 아닌 '제3의 공간'이라는 경험을 판매하는 것이 대표적 사례다. 브랜드는 '말하는' 것이 아니라 '행동하는' 것이 되었다.

[명제 6] **브랜드는 소비자가 느끼는 '직감'이자 '스토리'다.** (A Brand is a Gut Feeling and a Story)

- 시기: 2010년대 (소셜 미디어 시대)
- 주창자: 마티 뉴마이어, 세스 고딘
- 설명: 소셜 미디어의 등장으로 브랜드에 대한 통제권이 기업에서 소비자로 넘어갔다. 마티 뉴마이어는 "브랜드는 제품이나 서비스, 조직에 대해 한 개인이 본능적으로 느끼는 직감이다"라고 정의하며, 브랜드의 주체가 소비자임을 명확히 했다. 기업이 아무리 광고해도, 결국 브랜드는 소비자들이 서로 이야기하며 만들어가는 '스토리'와 '평판'이 되었다.

[명제 7] **브랜드는 AI와 상호작용하도록 '설계된 시스템'이다.** (A Brand is a Designed System)

- 시기: 2020년대 이후 (AI 시대)
- 주창자: 『설득의 역전』 저자
- 설명: AI가 소비자와 브랜드 사이의 새로운 정보 중개자로 등장하면서, 브랜드의 정의는 다시 한번 진화한다. 브랜드는 이제 더 이상 '만들어진 상태를 유지'하는 고정된 존재가 아니다. AI 시대에는 소

비자가 질문하고 AI가 추천하며 고객의 반응이 실시간으로 브랜드에 돌아온다. 이 피드백 루프 속에서 브랜드는 소비자와 상호작용을 통해 끊임없이 배우고 변화하는 동적 시스템이 된다. 따라서 성공하는 브랜드가 되기 위해서는 AI와의 상호작용을 처음부터 설계에 넣어야 한다. 제품 데이터는 AI가 읽고 추천할 수 있는 형태로, 고객 피드백은 실시간 학습이 가능하도록 만들어야 한다. 브랜드는 더 이상 '한 번 만들고 끝나는 완성품'이 아니라 '지속적 진화가 가능하도록 설계된 시스템'이다.

이처럼 '브랜드는 설계의 대상이다'라는 주장은 과거의 정의들을 부정하는 것이 아니라, AI라는 새로운 시대적 환경에 맞춰 브랜드의 개념을 한 단계 더 확장하고 구체화한 것이라고 할 수 있다.

설득의 역전
The Persuasion Shift

부록 G

용어집

감성에서 구조로 (From Emotion to Structure)

- 17쪽 참고
- 의미: AI 시대에 브랜드의 핵심 역량이 사람의 감성에 호소하는 스토리텔링 능력에서, AI가 이해하고 추천할 수 있는 논리적 데이터 구조를 설계하는 능력으로 전환되는 현상을 의미한다. 이는 브랜드 DNA의 중요한 재편을 요구한다.

검증 가능한 증거 (Verifiable Evidence)

- 63쪽 참고
- 의미: AI가 브랜드의 주장을 신뢰하기 위해 요구하는 객관적이고 측정 가능한 데이터다. 제3자 인증, 독립 기관의 테스트 결과, 대규모 사용자 실증 데이터 등 반증 가능한 형태로 제시되어야 신뢰를 얻는다.

고객 여정 재창조 (Reinventing the Customer Journey)

- 101쪽 참고
- 의미: AI가 개입하면서 전통적인 AIDA 모델과 같은 선형적 구매 결정 과정이 붕괴되고, 탐색-평가-구매의 단계가 압축되거나 순서가 바뀌는 등 고객의 구매 경로가 근본적으로 새롭게 설계되는 현상을 말한다.

관계 자본 (Relationship Capital)

- 192쪽 참고
- 의미: 미래 브랜드의 성과를 측정하는 새로운 핵심 지표 중 하나다.

얼마나 많은 고객을 보유했는가가 아니라, 고객과 얼마나 깊고 의미 있는 관계를 맺고 있는지를 자본의 개념으로 평가하는 것을 의미한다.

광고비에서 AI추천비로 (From Advertising Costs to ARO)

- 128쪽 참고
- 의미: 마케팅 예산의 패러다임 전환을 의미하는 개념이다. 불특정 다수에게 브랜드를 노출시키는 '광고비' 중심의 투자에서, AI 에이전트의 추천 리스트에 오르기 위해 데이터를 구조화하고 AI를 최적화하는 'AI추천비(ARO)' 중심으로 투자가 이동해야 함을 의미한다.

구조화 데이터 (Structured Data)

- 15쪽 참고
- 의미: AI가 명확하게 이해하고 처리할 수 있도록 사전에 정의된 형식(예: Schema.org 마크업)에 따라 체계적으로 구성된 데이터를 말한다. AI 추천 시대에 브랜드가 갖춰야 할 가장 기본적인 정보 자산이다.

네트워크 효과 (Network Effect)

- 85쪽 참고
- 의미: 특정 브랜드나 플랫폼의 사용자가 많아질수록 그 가치가 기하급수적으로 증가하는 현상이다. AI 시대에는 고객 간의 상호작용과 데이터의 양과 질이 네트워크 효과를 촉발하여 시장 지배력을 강화하는 핵심 요인이 된다.

> **참고** 니즈 온톨로지 → 285쪽 NSO 항목 참조

니즈 중심 포지셔닝 (Needs-Based Positioning)

- 26쪽 참고
- 의미: 전통적인 인구통계학적 분류를 넘어, 고객이 처한 '특정 상황(Context)'과 해결하고자 하는 '궁극적인 목적(Jobs-to-be-Done)'을 기준으로 브랜드를 포지셔닝하는 전략이다.

대화형 커머스 (Conversational Commerce)

- 104쪽 참고
- 의미: 키워드 검색 기반의 일방향 쇼핑에서, AI 챗봇 등과의 자연어 대화를 통해 개인의 복잡한 니즈를 표현하고 맞춤형 해결책을 찾아가는 양방향 쇼핑 패러다임이다.

데이터 내러티브 (Data Narrative)

- 71쪽 참고
- 의미: 객관적 사실과 측정 가능한 성과(데이터)를 중심으로 브랜드 가치를 전달하는 새로운 커뮤니케이션 방식이다. 단순한 숫자 나열이 아닌, 고객의 삶에서 의미를 갖는 구조화된 이야기로 구성된다.

멀티암드 밴딧 (Multi-Armed Bandit)

- 154쪽 참고
- 의미: 전통적인 A/B 테스트의 한계를 극복하는 실시간 최적화 기법이다. 여러 옵션을 동시에 테스트하면서 성과가 좋은 옵션에 더 많

은 트래픽을 할당하는 동적 실험 방법론으로, 탐색(exploration)과 활용(exploitation)의 균형을 맞춘다.

목적 경제 (Purpose Economy)

- 43쪽 참고
- 의미: 소비자들이 단순히 제품의 기능을 소비하는 것을 넘어, 그 브랜드를 통해 자신의 가치관이나 신념, 삶의 목적(Purpose)을 실현하고자 하는 경제 트렌드를 말한다.

문제 해결 브랜드 (Problem-Solving Brand)

- 22쪽 참고
- 의미: 제품이나 서비스 자체가 아니라, 그것을 통해 고객이 달성하고자 하는 궁극적인 목표 해결을 브랜드 정체성의 핵심으로 삼는 브랜드를 의미한다.

브랜드 아키텍트 (Brand Architect)

- 20쪽, 269쪽 참고
- 의미: AI 시대에 새롭게 요구되는 마케터의 역할이다. 감성적 캠페인을 만드는 '시인'이 아닌, AI 추천 시스템이 잘 이해하고 선택할 수 있도록 브랜드의 정보 구조를 설계하고 구축하는 '건축가'와 같은 전문가를 의미한다.

브랜드 인식 정확도 (Brand Recognition Accuracy)
- 131쪽 참고
- 의미: AI 추천의 품질을 측정하는 핵심 지표 중 하나다. AI가 브랜드의 이름뿐만 아니라 핵심 가치, 제품 특성, 타겟 고객 등을 얼마나 정확하게 이해하고 있는지를 나타낸다.

선택률 (Selection Rate)
- 131쪽 참고
- 의미: AI 기반 구매 여정의 최종 성과를 측정하는 핵심 지표다. AI가 추천한 여러 옵션 중에서 사용자가 최종적으로 특정 브랜드를 선택(또는 구매)한 비율을 의미하며, 과거의 '클릭률'보다 중요하다.

설득의 역전 (The Persuasion Shift)
- 3쪽 참고
- 의미: 브랜드가 광고나 캠페인을 통해 소비자를 직접 설득하던 시대에서, AI를 먼저 설득해야만 소비자에게 도달할 수 있는 시대로 힘의 균형이 역전된 현상이다. 이 책의 핵심 주제다.

설득의 역전 매트릭스 (Matrix of Persuasion Shift)
- 6쪽 참고
- 의미: 설득의 대상(사람 vs AI)과 핵심 역량(감성 vs 구조)을 두 축으로 하여 마케터의 현재 위치(시인, 엔지니어 등)를 진단하고, 나아갈 방향(건축가)을 제시하는 4분면의 진단 지도(Map)다.

설득의 이중 역전 (The Dual Reversal of Persuasion)

- 3쪽 참고
- 의미: 설득의 대상이 사람에서 AI로(1차 역전), 설득의 주체가 브랜드에서 AI로(2차 역전) 변화하는 이중의 구조적 변화를 의미한다. 브랜드는 AI를 설득하고, 다시 그 AI가 소비자를 설득해야 하는 새로운 과제에 직면하게 된다.

설명가능성 (Explainability)

- 176쪽 참고
- 의미: AI 추천의 품질을 측정하는 핵심 지표 중 하나다. AI가 브랜드를 추천하는 이유를 명확한 데이터와 근거로 제시할 수 있는 능력을 의미한다.

솔루션 스위트 (Solution Suite)

- 28쪽 참고
- 의미: NSO의 목적 계층에서 정의된 특정 목적을 달성하기 위해 필요한 제품, 서비스, 콘텐츠, 커뮤니티 등 모든 요소를 통합적으로 묶어 제공하는 가치 제안 방식이다.

애자일 브랜딩 (Agile Branding)

- 151쪽 참고
- 의미: 소프트웨어 개발의 애자일 방법론을 브랜딩에 적용한 것이다. 장기 계획보다는 짧은 주기의 '가설-실험-검증-학습' 사이클을 반복하며 브랜드를 시장에 빠르게 적응시키고 성장시키는 방법론이다.

알고리즘 편향 (Algorithm Bias)

- 173쪽 참고
- 의미: AI 시스템이 학습 데이터에 포함된 사회의 편견을 그대로 학습하여 특정 집단에 대해 차별적이거나 불공정한 결과를 생성하는 현상이다.

역퍼널 현상 (Reverse Funnel Phenomenon)

- 103쪽 참고
- 의미: AI 추천 시스템이 처음부터 고객 니즈에 정확히 맞는 소수의 옵션만을 제시함으로써, 전통적인 넓은 상단에서 좁은 하단으로의 깔때기 구조가 뒤바뀌는 현상을 설명하기 위해 이 책에서 제시하는 개념이다.

이중 언어 전략 (Dual Language Strategy)

- 139쪽 참고
- 의미: 하나의 브랜드가 사람에게는 감성적인 언어로, AI에게는 구조화된 데이터 언어로 동시에 소통해야 한다는 전략이다. AI 시대 브랜드 커뮤니케이션의 핵심 접근법이다.

인식률 (Recognition Rate)

- 131쪽 참고
- 의미: AI 기반 구매 여정의 첫 단계를 측정하는 핵심 지표다. AI가 특정 질문에 대해 우리 브랜드를 유의미한 '후보군'으로 고려한 비율을 의미하며, 과거의 '노출수' 개념을 대체한다.

집단 지성 (Collective Intelligence)

- 90쪽 참고
- 의미: 수많은 개별 소비자들의 분산된 의견, 경험, 평가가 집계되어 개별 전문가나 마케터의 판단보다 더 정확하고 포괄적인 브랜드 인사이트를 제공하는 현상 또는 그 집합적 지혜를 의미한다.

추천율 (Recommendation Rate)

- 131쪽 참고
- 의미: AI 기반 구매 여정의 두 번째 단계를 측정하는 핵심 지표다. AI가 인식한 후보군 중에서 최종적으로 사용자에게 '추천 리스트'로 제시한 비율을 의미한다.

하이브리드 창작 프로세스 (Hybrid Creative Process)

- 115쪽 참고
- 의미: AI의 데이터 분석 및 대량 생성 능력과 사람의 전략적 사고, 문화적 감수성, 윤리적 판단을 결합하여 새로운 차원의 창작물을 만드는 6단계 협업 모델을 의미한다.

AI추천비 (AI Recommendation Spend)

- 128쪽 참고
- 의미: AI가 브랜드를 추천할 수 있도록 하기 위한 모든 투자를 의미한다. 광고비가 주목을 구매하는 것이었다면, AI추천비는 데이터 인프라 구축, AI 시스템 최적화, 콘텐츠 구조화 등을 통해 AI의 이해를 구축하고 관계를 형성하는 투자다.

ARO (AI 추천 최적화, AI Recommendation Optimization)

- 128쪽 참고
- 의미: AI가 브랜드를 이해하고 추천할 수 있도록 돕는 최적화 활동을 의미한다. 기존의 검색 엔진 최적화(SEO)처럼, 브랜드의 정보와 가치를 AI 추천 엔진에 맞게 최적화하는 과정이다.

NSO (Needs-Solution Ontology)

- 26쪽 참고
- 의미: 이 책에서 제시하는 핵심 방법론이다. 고객의 니즈(Needs)와 브랜드가 제공하는 해결책(Solution)을 AI가 이해할 수 있는 구조화된 지식 체계(Ontology)로 연결하는 새로운 언어 또는 그 프레임워크를 의미한다.

Push-Pull-Predict

- 21쪽 참고
- 의미: 기업이 고객과의 관계를 맺어온 경영 철학의 3단계 진화 과정을 설명하는 개념이다. 20세기 기업이 제품을 만들어 고객에게 '밀어내는(Push)' 시대에서, 2000년대 고객이 필요에 의해 브랜드를 '찾아오는(Pull)' 시대를 거쳐, AI가 고객의 니즈를 선제적으로 '예측하고(Predict)' 솔루션을 제안하는 현재의 시대로 변화하는 흐름을 의미한다.

QRA (Question-Recommendation-Approval)

- 102쪽 참고
- **의미**: 이 책에서 제시하는 AI 시대의 새로운 의사결정 구조다. 전통적인 AIDA 모델을 대체하며, '질문 → AI 추천 → (소비자) 승인'이라는 극도로 압축된 3단계 과정을 의미한다.

설득의 역전

초판1쇄발행	2026년 1월 5일
지은이	정허로
펴낸이	안종만·안상준
기획/편집	김민경
기획/마케팅	차익주·양운철
표지디자인	이은지
제 작	고철민·김원표
펴낸곳	(주) **박영사**
	서울특별시 금천구 가산디지털2로 53, 210호(가산동, 한라시그마밸리)
	등록 1959.3.11. 제300-1959-1호(倫)
전 화	02)733-6771
fax	02)736-4818
e-mail	pys@pybook.co.kr
homepage	www.pybook.co.kr
ISBN	979-11-303-9713-9 03320

copyright©정허로, 2026, Printed in Korea

*파본은 구입하신 곳에서 교환해드립니다. 본서의 무단복제행위를 금합니다.

정 가 19,000원